資料中国史

— 近現代編 —

野口鐵郎 編

白帝社

は し が き

　本書は、中国とその周辺の地域の長い歴史の流れのなかでも、今日の世界に深く係わる近現代の部分を主とする大学の授業の教科書兼ノートとして編集された。別に、姉妹編として、『資料中国史－前近代編－』が用意されている。

　中国の近代が、いつ、どのようにして幕を開けたかについては、研究者によって多くの議論がなされている。このことは本書の冒頭部分に叙述されるが、以後、中国は長い間を自己変革に向けての努力と、他国との確執のなかで過ごさなければならなかった。隣接するアジアの他の国々や地域のみでなく、世界の拡大に伴って、全世界との有形・無形の接触を余儀なくされたのである。そして、半世紀前に、ようやく自立した自主的路線を歩み出して、今日に至った。その姿は、あたかも一本の幹から大小何本もの枝葉が出て絡み合い、かつ宿り木さえもが寄生している巨木に似ている。中国近現代史の軌跡をたどると、歩みの過程は複雑であり、従来のような叙述のみの類書のあり方では、満足する理解に達することが困難である。

　その困難を解消することを目指したのが、本書である。各章ともに、まず扱う時代の概観が示される。続く本論の偶数ページの叙述では、できるだけ文章表現を避けて矢印などの記号を多用し、理解が直感的にも果たされるような配慮が払われた。さらに、この叙述部分と等量のページをもつ奇数ページには、偶数ページの叙述を側面から助け得る地図・統計資料・コラム・写真などを排列して、左右を対照して理解が視覚的にも容易に促進されるように工夫した。さらに、クローズアップ欄を設けて、断代的な時系列のなかでは十分に触れることが不可能な近現代に特有の重要事項について、学習できるようにした。各自が教室での授業とともに、こうした内容をもつ本書のすべての部分を、みずからのなかで有機的に総合しつつ整理を行ったとき、中国近現代史の理解は、はるかに深められるはずである。いわば、読む教科書ではなく、みずからの手で教科書を作り出すための基本的素材を提供するのが本書である。教科書兼ノートと紹介したゆえんである。

　問題を専門的に深めるための演習として、課題例とそれに絡まる現今の研究状況や、問題解決の一例を挙げて、レポートや卒業論文作成の参考に供しようとすることは、前近代編と同じである。

　大学は、与えられたことを受け取るのみでなく、みずからが新しい価値を創出することに存在の意義がある。本書を利用して、中国史を学ぶなかで、新発見と何らかの価値の創造に努力されることを期待する。

　1999年秋　　　　　　　　　　　　　　　　　　　　　　　　　　　　　編著者

資料中国史 −近現代編−

目　次

はしがき
序　説　　　　　　　　03
中国近現代史の主要工具書　08

第1章　清朝の崩壊 …………………………………………14

第2章　中華民国の誕生 ……………………………………50

第3章　南京国民政府の成立と抗日戦争 …………………86

第4章　人民共和国の成立 ………………………………128

第5章　文革から改革開放へ ……………………………168

付録　　205

クローズアップ

1——上海と横浜　42
2——康有為と変法論　42
3——反乱と色　43
4——中国の近代化と学校　80
5——民族産業勃興の光と陰　80
6——中国の変革と政党　81
7——中国工業合作運動と国際反ファッショ抗日ネットワーク　118
8——華僑と抗日戦争　118
9——中国特務と抗日戦争　119
10——汪兆銘について　120
11——近現代中国の軍隊　160
12——近現代東アジア国際関係史における台湾　160
13——中国近現代史における民族問題　161
14——鄧小平時代の毛沢東批判　192
15——同時代中国研究の回顧　194

■執筆者紹介■

藤谷　浩悦（東京女学館大学助教授）————————————— 第1章

松本　武彦（山梨学院大学助教授）————————————— 第2章

菊池　一隆（大阪教育大学教授）—————————————— 第3章

上野　稔弘（東北大学助教授）——————————————— 第4章

門間　理良（文部科学省教科書調査官）———————————— 第4章

鐙屋　一（目白大学助教授）———————————————— 第5章

資料中国史

-近現代編-

经济史中国

序　説

近現代史を学ぶ意味
中国の近現代とは

　前近代中国の、より古い時代の政権による支配の形態を、個別人身支配という用語で言い表すことがある。「人身」の意味するところに差異があるが、この用語を借りれば、近代とは、まさに国家による個別人身支配が浸透してゆく過程であった、といえる。

　個人をとりまく家族・一族などの血縁的つながりや、村落・都市などの地縁的存在というさまざまなレベルの共同体が、王朝ないし国家の権力によって取り潰され、それ自体が巨大な共同体に位置づけられ、その権力による個人への支配力が強められてくるプロセスを、近代と称してよい。近代の特徴とされる国民国家の形成を、そのように理解することができる。中国の場合、いわば、個人をとり巻く儒教的倫理などによって色付けされた大小の防護壁が取り払われて、国家権力と個人とが直接に対峙する時代が近代である、という定義の仕方があってもよい。そして、この過程を中国社会にもたらした因素の一つが資本制様式であった。それがアヘン戦争を契機として西欧の圧力のもとに移入されたのか、中国独自の発展段階のなかから萌芽してきたのかは、議論の分かれるところである。

　立脚の基盤を崩そうとする資本制を、むしろ積極的におのれの側に取り込むことによって旧体制の温存を図ろうとする人びとと、逆に従来の体制を旧弊として一挙に払拭して、資本制世界に参画しようという人びととのせめぎ合いの場として、近代が運営された。この双方に、実は程度の差こそあれ儒教的しがらみが取り着いていたから、このせめぎ合いの間に、西欧先進国の中国への乗り込みが成功したともいえる。それはあるいは戦争という矛として、あるいは外交条約という盾をもって試みられ、激化されて、中国とアジアの諸地域は、帝国主義と呼ばれる極点にまでつき進んだ資本制生産の恰好の市場とされた。

　中国の近代は、形態的には外からの圧力として中国にもたらされたが、20世紀における世界の一体化は、いやおうなく中国全体を資本制様式で覆った。かつての特権的な資本制様式に、どのぐらいの人びとがどの程度主体的に係わり得たか、換言すると資本制様式がどのぐらい平等性を敷衍し得たか、という尺度によって、資本制近代のなかに現代を措定することができよう。ただし、その資本制生産は、多くをいわゆる第二次産業に依拠するものであったから、社会発展の度合いは決して平衡的ではなかった。ゆえに、こうした欠陥をもった資本制を克服する理念の火がともされたときは、現代の始期と重なった。したがって現代は、外から移入されて中国化した資本制と、その欠陥を超克しようとする共産制との相剋によって推移した。

こうした過程をたどる中国の歴史を学びなおすことは、欧米的システムの矛盾があらわになりつつある21世紀の世界を理解するのに、有効な新しい手法をもたらすようである。世界において、圧倒的な優位に立つ19世紀西欧と20世紀欧米への妥協と反撥(はんぱつ)を見せた中国の歴史姿勢のなかに、新しい世紀の世界におけるアジアの、アジアにおける日本の行く手を探る機縁が潜(ひそ)んでいるからである。

　中国の近現代をこのように理解するのは、あくまでも歴史学の解釈の一つである。他にいくつもの解釈が可能である。それまでの中国では全くといってよいほどに稀薄(きはく)であった国家という意識が、為政者はもちろん庶民のあいだにまで、個人のレベルで徐々に滲み込んだ時期が近代である、ともいえる。この方向を押し進めれば、個人と国家とのどちらを優先するべきか、という迷走の続けられているときが現代である、ということになろう。

なぜ中国なのか

　ひと頃のわが国では、政治・社会の地球規模化現象に乗って、国際交流史・国際関係史などが脚光を浴びたことがあった。比較文化という語がもて囃(はや)され、国際文化などの語が流行したこともあった。このことを、ことさらに否定する必要はない。しかし、ともすれば、英語などの欧米語を操(あやつ)ることが国際化であり、外国に行くことが国際交流であるかのように、安直に受け取られている実状がある。スーツにネクタイやローブデコルテが「国際」であって、羽織袴はそうではない、という認識がそれである。いわば、欧米に倣(なら)うことが国際化であるという明治以来の思潮傾向が、そのまま継承されているのであろう。

　それほどに、国際関係史・国際交流史なるジャンルには、誤解を恐れずにいえば、時流に乗ろうとする底の浅さと胡散(うさん)くささとが感じられる。その故に、他方で地域研究の必要がいわれているのであるが、残念なことに地域研究そのものも、その地域のもろもろの現在像の分析に急で、現在像を生み出した歴史的背景の探究には、とかく薄い。

　日本文化を「国際」のなかに位置づけようとするとき、それを先ずアジア諸地域の現況との比較のなかで考える必要があろう。日本人の精神文化はもちろん、物質文化さえも、近150年前までは、東アジア農耕文化のなかで育てられ、気性(きしょう)を与えられて、歴史的に形成されたのであるからである。そして東アジアの諸文化の淵源が中国にあることは、いまさら否定のしようもあるまい。そうであるとすれば、われわれはいまこそ中国の現在像を正しく認識し、中国のもつ諸現象が今在る姿を見せている背景を探ることによって、アジアのなかの日本のあるべき姿を描き出すよすがにすることが可能である。加えて、冷戦の終結と欧米文化の衰落の傾向のなかで迎える新しい世紀に生きる日本人は、東アジアを離れて存在することは許されない。世界の各地域の文化と対等に互することを通じて、相互理解に立つ平和を推進するためには、日本文化を東アジアのなかで理解することが必須(ひっす)であるし、その基礎に中国の動向を置くことは決して誤りではない。

序説

　本書は、近現代の中国の歴史を理解することを直接的な目的として叙述・編纂された。ここには、複雑な近現代の世界情勢を中国の観点から解こうとする試みが盛り込まれている。この試みは、同時に、日本の明日を知る素材となり得るような配慮と連動している。切開する角度などの手の加え方によって、日本を取り巻く世界のさまざまな様相が、ダイナミックに見えてくるであろう。そのためにこそ、敢えて中国の近現代史を学ぶ必要があるのである。

歴史学を学ぶ意味
歴史と歴史学

　人が、おのれとその周辺の過去に興味をもつことは、人情として当然であろう。先人の歩みの跡を辿り、その業績を偲ぶことを好む人は多い。歴史が好きだと称する人びとの多くは、憧憬と追憶の像を、事実であるとされていることがらのなかに求めようとしているのである。逆に、歴史は嫌いだ、という人も多い。それは、多分に学校教育のなかで、歴史事実といわれていることを年表風に暗記することに困惑した人びとであろう。

　この双方ともに、歴史学とは程遠い。年表風に事象の生起した年月を辿ることも歴史であり、その事象を支えた人びとや有職故実に関心をもつことも歴史である。毎日の出来事を整理して記録すること自体が歴史の属性であることは、史の語原をたどることによって証されている。しかし、歴史学は、記録することでも、暗記することでも、追憶することでもない。歴史学は、解釈学である。必要な知識への説明学をも含む解釈学である。

　歴史学は、人と人の集団の行為を対象とする学問である。史資料に依拠して、そのときにその人間のその行為が必然であった背景に注目して、合理的にその意味を考えようとする学問である。残されて手元にある史資料そのものも、実は問題を抱えている。なぜならば、それは、その記録を命じた人や記録者の意識を反映しているからである。膨大な事象に対する彼らの利害や価値観による取捨選択が働いて、今日にまでそのことが史料として伝えられているのである。そこには、純粋に客観性で占められた記録などというものは決してない。史資料に記されたことがらが、そのまま歴史事実ではないのである。極端にいえば、歴史事実は歴史を学ぶ人の手によってはじめて事実化される、ともいえる。

　したがって、歴史学は、史資料に残された事象を確定することから始められる。確定の作業は、科学的に合理的に、何らの矛盾も生ずる隙のない史資料解釈の上に立ってなされなければならない。この作業によってはじめて、その歴史研究者の歴史叙述にとっての歴史事実が確定されるのである。この過程では、物知り的博学の多くの知識を総動員する必要と、それを歴史学研究の基礎作業として慎重に進める必要とがある。

歴史学の果たす次の作業は、多く事象のなかでその事象が今日まで残存した意味を解釈することである。そのことへの自己同化による陶酔や思い込みを断然排除して、冷たく対象を突き放して、ひたすら合理的・客観的に心情を推理し、行動を解剖するのである。この過程で、事象の裏面に隠されている意味や、人間の行為の必然性や営為の当為性などが探られる。この観察自体の必然性や当為性も、自らの手で問われるべきである。そして一つの考察の完了は、連鎖的に次の考察に繋がり得る。こうして、ある程度の時間的・地域的まとまりをもったことがらへの、理論的一貫性をもった歴史的解釈が完成する。19世紀以降の中国近現代史は、こうした作業に恰好の素材を提供してくれる。

　歴史学研究の最後のステップは、歴史叙述である。研究の結果として明確になったことを叙述しなければ、何の行動もしなかったと同じであるから、成果は必ず叙述しなければならない。自分のことばで、誤解を与えてしまうことを畏れながら、整った順序に沿った筋道の立った行論によって、他を説得する熱意をもって叙述したとき、歴史学の研究は一段落を迎えることができる。

　このようにして、歴史はすでにあるもの、与えられるものではなく、自らが責任をもって描き出すものであることが了解されよう。NHKの大河ドラマは、その背後にある時代考証には歴史学の手法が用いられてはいるものの、歴史ものという範疇に属する娯楽であって、それを歴史とすることは正しくない。歴史学研究は、旺盛な知識欲と逞しい問題意識をもつものであれば、だれでも参加し得る学問である。

　なお、歴史と歴史学との関係、および歴史学研究と史資料との関連については、本書前近代編の序説を参照されたい。

19世紀と20世紀と

　過去を単に過去として捉えて、現在から遮断するような学問研究があるとすれば、それはもはや学問の名に価しないし、死に体でしかない。もし歴史学がそうであるとすれば、歴史学の存在理由はもはやない。また、古い過去は21世紀を生きようという人類にとって不要であるという議論があり、無知な人びとのかなりの共感を呼んでいるようにも見受けられるが、それは人智の蓄積である文化への冒瀆であり、余りにも便宜主義的であり、大きな過ちを冒す危惧さえ感じられる。

　歴史学の研究は、すぐれて現代への関心に始まる。したがって、それは決して過去を過去として知ろうとする好事家の学問ではない。関心ある事象の現状の淵源を探ることによって、それがそのように在る必然と当為とを確かめ、その事象の現在にある意味を探るために、歴史学はある。したがって、歴史学は現在を解剖する科学なのである。現代が膨大な過去を背負って今在るのであるから、おのれが先祖の遺伝子を継承しているように、現在の諸事象も過去の遺伝子を引きずっているのである。

序説

　現代アジアが抱える諸事象の存在の謎を解く恰好の事例が、中国の近現代史であろう。そしてそれは、19世紀・20世紀の 200年足らずの間に経緯している。人類の歴史にとっての重要事を数える試みはしばしば行なわれているが、この 200年のうちに顕現したいくつかのことがらも、重要な人類史の屈折点を形成しているようである。

　たとえば、戦争のあり方を考えてみても、19世紀までの戦争と20世紀になってからのそれとは、形態において大きく異なる。第1次世界大戦以後の無差別大量殺戮の総力戦の様相は、19世紀末の日清戦争などにおいてすでに萌してはいるものの、19世紀までの戦争の形態とは明らかに異なる。さらに20世紀半ば以降は、核の保有が抑止力になってそれの行使された事例が僅かに一例ではあるものの、瞬時に結末のつく戦争形態を予想させる要素を見せている。敵の人間を直接に目で捉えて、人力を駆使して行なった戦争から、自然科学の果実の戦争技術への応用による敵を見ないでする戦争への変態は、身近に目にして経験できる戦争から、その残虐ささえも遠い花火として家庭の映像で眺めることができ、その故に不安感のみが掻き立てられる戦争への変化に相い応じている。

　戦争という非日常の現象を挙げても、19世紀と20世紀との間には顕著な相違がある。あるいは情報の伝達や空間移動の方法とその速度の変化、知識保存の新しい方法の開発とその利用の普及などについて、19世紀と20世紀との間で比較考察してみるとよい。どの事項にも、共通して資本制様式による生産と消費・分配が存在している。このことは、資本制様式が戦争のあり方や情報伝達や知識保存の方法を変化させている、という考えを導くであろう。それでは、資本制様式が変化すれば、これらの様態はどうなるか。資本制に代わる様式は存在するのか。近現代史の学習を通して、今日の問題を解決の方向へと導く課題を見いだし得る可能性は大きい。近現代史を学ぶ意義の一つである。

　時代はすべて過渡期であるとはいえ、一つの画期のなかに、それ以前とそれ以後との事象が投影されていることを知れば、21世紀のあり方を考えることは、充分に可能である。もちろん選択肢は多数あるから、安易な予想は避けなければならないが、近現代史を学ぶことによって、21世紀のあり方の選択への姿勢を涵養することはできるようである。近現代史を学ぶ意義の他の一つが、ここにある。

　アジアの一角に場を占める中国は、20世紀末に陸地面積で全世界の十五分の一を、人口で五分の一を保っている。しかもその民族は、さまざまな形で全世界に散在している。したがって、新しい世紀への影響力は、潜在的に大きい。21世紀はアジアの世紀である、などといわれることの背景には、アジア各地にとくに多大な影響を与え得る中国の存在が意識されている。中国の近現代史を学ぶことの重要性は、以上において尽くされるであろうが、常に忘れてならないことは、近現代の前にわれわれは前近代を歩んでいた、という事実である。近現代の諸事象は、前近代の影を牽いている、ということである。

中国近現代史の主要工具書

工具書の利用

　近現代史に限らず、歴史を学び始めて、そこから自分自身の課題を見いだし、その解決に取り組もうとするとき、資料の助けが必要となる。自己の研究の拠り所として直接に必要となる史料類の他に、先人が刊行した研究の成果を利用することが多い。そのなかに、すでに学界における共通理解を得ていることがらを目的に応じて編纂したものを、とくに工具書と呼ぶ。家を建てるという作業に際して、素材である木材に寸法をいれる墨や、鋸や鉋を工具と呼ぶのと同じに、歴史学の研究という作業を進めるに当たって、素材である史料を捌くのに必要な墨壺や鋸や鉋にあたる事典・辞書・目録・統計などを、歴史学の工具書と呼ぶのである。中国近現代史にも、それに応当する書籍がある。

　課題を探り出す過程に重要な役割を果たすであろう概説類、発見した課題に関する研究現況を教えている研究動向や研究文献目録の類、特定の方向と眼によって選択された史料集の類、用語や事項を解説した字典・辞典・事典の類、年表や地図の類、統計や年鑑の類など、多くの種類の工具書が刊行されている。その多くは、各研究機関や大学の図書館・研究室などに常備されているのが普通である。これらを充分に利用することが、研究の第一歩となろう。

　ただし、これらは他の研究者が作成した研究物であるから、自己の眼と手による検証を経てはじめて、自己のために利用することが可能となることを忘れてはなるまい。優れた職人は、自分の使用する工具を自分で作り出すと同じに、真に必要とする工具書は、自分の手で作り出すのがよいのである。既成・自製の資料を利用して史料を読み解き、自己が発見した課題に自己が解答を与え得たときの喜びは、なにものにも代え難い。

　以下に、原則として日本で近年に刊行された、比較的入手し易い工具書を、分類して掲げる。中国に関する学問であるから、中国人の手によって編著され、中国語で記述された工具書があり、欧米の研究者の手に成る欧米語のそれがあることはもちろんであるが、いまは除いた。したがって、以下は決して網羅されたものではなく、書目としては不完全である。研究の拡大と進展の度合いに応じて、さらに高度で専門的な工具書を備えなければならないことは、いうまでもない。

1．概説書類

① 史学概論・歴史哲学

　　E．H．カー（清水幾太郎訳）『歴史とは何か』（岩波書店　1980年）

　　弓削　達『明日への歴史学』（河出書房新社　1984年）

西川正雄・小谷汪之『現代歴史学入門』(東京大学出版会　1987年)
西嶋定生『中国史を学ぶということ』(吉川弘文館　1995年)
② 中国近現代史
中島嶺雄『中国現代史——壮大なる歴史のドラマ』(有斐閣選書　1981年)
姫田・阿部・笠原・小島他『中国近現代史』(東京大学出版会　1982年)
今井・久保田・田中・野沢『中国現代史』(山川出版社　1984年)
小野晋治・丸山松幸『中国近現代史』(岩波新書　1986年)
安藤・太田・辻『文化大革命と現代中国』(岩波新書　1986年)
山田辰雄『近代中国人物研究』(慶応義塾大学地域研究センター　1988年)
『岩波講座　現代中国』(岩波書店　1989〜90年)
池田・安井・副島・西村『図説　中国近現代史』(法律文化社　1993年)
加藤祐三他『地域からの世界史3　中国』(朝日新聞社　1992年)
姫田光義他『中国20世紀史』(東京大学出版会　1993年)
ブライアン＝キャッチポール(北村訳)『アトラス現代史5　中国』(創元社　1995年)
竺沙雅章(監修)『アジアの歴史と文化⑤　中国史　近現代』(同朋舎出版　1995年)
歴史教育者協議会『知っておきたい　中国Ⅱ』(青木書店　1996年)
並木頼寿・井上裕正『世界の歴史19　中華帝国の危機』(中央公論社　1997年)
横山宏章『中華民国』(中公新書　1997年)
尾形・岸本『新版　世界各国史3　中国史』(山川出版社　1998年)
王曙光他『最新教科書　現代中国』(柏書房　1998年)
国分良成『中華人民共和国』(ちくま新書　1999年)
小島朋之『中国現代史』(中公新書　1999年)
天児　慧『中華人民共和国史』(岩波書店　1999年)
狭間直樹他『世界の歴史27　自立に向かうアジア』(中央公論社　1999年)

2．**史料集類**

『中国プロレタリア文化大革命資料集成』(東方書店　1970〜71年)
日本国際問題研究所『中国共産党史資料集』(勁草書房　1970〜75年)
西順蔵・島田虔次『清末民国初政治評論集』(中国古典文学体系　平凡社　1971年)
臨時台湾旧慣調査会『清国行政法』(汲古書院　1972年)
横山英編『ドキュメンタリー　中国近現代史』(亜紀書房　1973年)
『中国大躍進政策の展開　資料と解説』(日本国際問題研究所　1973・74年)
『仁井田陞博士輯　北京工商ギルド資料集』(東京大学東洋文化研究所東洋学文献センター　1975〜83年)

西順蔵『原典中国近代思想史』（岩波書店　1976～77年）

『現代中国革命重要資料集成』（大東文化大学東洋研究所　1980～84年）

中国農村慣行調査会『中国農村慣行調査』（岩波書店　1981年）

太田・小島・高橋・毛里『中国共産党最新資料集』（勁草書房　1985～86年）

『日本外交文書』（外務省　1986年～）

矢吹晋『チャイナ・クライシス重要文献』（蒼蒼社　1989年）

日中戦争史研究会『日中戦争史資料──八路軍・新四軍』（龍渓書舎　1991年）

竹内実（編）『日中国交基本文献集』（蒼蒼社　1993年）

『原典中国現代史』（岩波書店　1994～96年）

3．字典・辞典・事典類

① 字典・辞典

陳旭麓・方詩銘・魏建猷（主編）『中国近代史詞典』（上海辞書出版社　1982年）

植田捷雄他（編）『中国外交文書辞典』（国書刊行会　1985年）

藤堂朋保（編輯代表）『最新中国情報辞典』（小学館　1985年）

『中国近代歴史辞典』（江西人民出版社　1986年）

李盛平（主編）『中国現代史詞典』（中国国際広播出版社　1987年）

『中国現代史詞典』（吉林文史出版社　1988年）

劉文傑『歴史文書用語辞典　明・清・民国部分』（四川人民出版社　1988年）

愛知大学国際問題研究所『中国政経用語辞典』（大修館書店　1990年）

邱遠猷（主編）『中国近代官制詞典』（書目文献出版社　1991年）

② 事典

安藤彦太郎（編）『現代中国事典』（講談社　1972年）

『アジア歴史事典』（平凡社　1990年）

廖蓋隆・趙宝煦・杜青林（主編）『当代中国政治大事典』（吉林文史出版社　1991年）

陳東林他（主編）『中国文化大革命事典』（中国書店　1997年）

天児慧他（編）『岩波現代中国事典』（岩波書店　1999年）

4．地図・年表類

① 地図・地名

松田・森（編）『アジア歴史地図』（平凡社　1966年）

譚其驤（主編）『中国歴史地図集』（北京地図出版社　1982年）

譚其驤（主編）『中華人民共和国地図集』（北京地図出版社　1981年）

『中国近代史稿地図集』（北京地図出版社　1983年）

② 地名辞典
　　星斌夫『中国地名辞典』（名著普及会　1979年）
　　『中国地名録〈中華人民共和国地図集〉地名索引』（北京地図出版社　1983年）
③ 年表
　　外務省『日本外交年表竝主要文書』（原書房　1965年）
　　新華通訊社『中華人民共和国大事記』（新華出版社　1982年
　　馬斉彬・陳文斌他（主編）『中国共産党創業三十年』（中共党史出版社　1991年）
　　馬斉彬・陳文斌他（主編）『中国共産党執政四十年』（中共党史出版社　1991年）
　　竹内実（編）『中国近現代論争年表』（同朋舎出版　1992年）
　　馮登崗・劉魯風（主編）『当代中国大事記』（山東人民出版社　1993年）

5. 人物類
① 人名事典
　　橋川時雄『中国文化界人物総覧』（名著普及会　1982年）
　　藤田正典『現代中国人物別称総覧』（汲古書院　1986年）
　　李盛平　『中国近現代人名大辞典』（中国国際広播出版社　1989年）
　　三菱総合研究所『中国最高指導者 WHO'S WHO』（蒼蒼社　1988年）
　　李盛平　『中国共産党人名大辞典』（中国国際広播出版社　1991年）
　　『中国人名大詞典』（上海辞書出版社　1992年）
　　現代中国人名辞典編輯室『現代中国人名辞典』（霞山会　1995年）
　　山田辰雄『近代中国人名辞典』（霞山会　1995年）
　　ラヂオプレス編『中国組織別人名簿 China Directory』（ラヂオプレス　年刊）
② 伝記
　　杜聯喆『三十三種清代伝記総合引得』（中華書局　1959年）

6. 年鑑・統計類
　　中国史学会『中国歴史学年鑑』（人民出版社　1979～91年）
　　狭間直樹他『データでみる中国近代史』（有斐閣選書　1996年）
　　日本僑報・中国留学生文庫編『在日中国人大全』（日本僑報社　1996・1998年）
　　中国研究所『中国年鑑』（大修館書店　年刊）
　　中国総覧編輯委員会『中国総覧』（霞山会　年刊）
　　『アジア動向年報』（アジア経済研究所　年刊）
　　『中国百科年鑑』（北京中国大百科全書出版社　年刊）
　　『台湾総覧』（台湾研究所　年刊）

7．研究動向・研究文献目録類・文献解題類
① 文献解題
　　市古宙三・フェアバンク『中国研究文献案内』（東京大学出版会　1974年）
　　山根幸夫（編）『中国史研究入門』（山川出版社　1983年）
　　島田虔次他（編）『アジア歴史研究入門』（同朋舎　1983～87年）
　　神田信夫・山根幸夫『中国史籍解題辞典』（燎原書店　1989年）
② 研究動向
　　坂野・田中・衛藤『近代中国研究入門』（東京大学出版会　1974年）
　　河原宏・藤井昇三『日中関係史の基礎知識』（有斐閣　1974年）
　　『発展途上国研究』（アジア経済研究所　1978・1986・1995年）
　　安藤・太田他『岩波講座　現代中国　別巻2　現代中国研究案内』（岩波書店　1990年）
　　辛亥革命史研究会『中国近代史研究入門』（汲古書院　1992年）
　　山根・藤井・中村・太田『増補近代日中関係史研究入門』（研文出版　1992年）
　　小島晋治・並木頼寿『近代中国研究入門』（岩波書店　1993年）
　　岡部・安藤『原典中国現代史　別巻　中国研究ハンドブック』（岩波書店　1996年）
　　史学会『史学雑誌』（山川出版社　毎年5月号）
③ 研究文献目録
　　市古宙三『増訂近代中国・日中関係図書目録』（中央公論美術出版　1978年）
　　刊行委員会『近代中国関係文献目録』（中央公論美術出版　1978年）
　　杉村美紀『華僑教育関係文献資料目録』（東京学芸大学海外子女教育センター　1988年）
　　市古宙三・塚瀬進『近代日中関係史研究文献目録』（龍渓書舎　1990年）
　　福崎久一『華人・華僑関係文献目録』（アジア経済研究所　1996年）
　　京都大学人文科学研究所東洋学文献センター『東洋学文献類目』（年刊）

8．コンピュータと中国近現代史
　コンピュータの急速な普及とハード・ソフト双方の飛躍的進歩は、中国近現代史研究の分野においても大きな変革をもたらしている。インターネットを通じて海外から文献を入手し、データベースを構築し、論文に引用するのもそう遠くない将来に一般的なものとなる可能性が高い。
　コンピュータで中国語環境を構築するための概説書としては、以下のものがある。
　　1．内田慶市・野原康宏『MACで中国語』ひつじ書房　1996年
　　2．何徳倫『中国インターネット案内』日本エディタースクール出版部　1998年
　　3．漢字情報処理研究会編『電脳中国学』好文出版　1999年

4．二階堂・千田・池田編『コンピュータで中国語 Win & Mac』大修館書店　1999年
　3．と4．は、ほぼ同じ執筆陣によって編まれており、3．は漢語情報処理の手法とその活用法について詳細に言及する。4．は初心者向けで、中国語ホームページの閲覧方法や市販中国語入力ソフトの紹介に重点が置かれている。いずれも付録CD-ROMが添付されており、MS-WINDOWSの場合は、これのみで中国語表示が可能となる。日文・中文混在の論文作成にも参考となろう。
　次は中国語圏のホームページのうち、近現代史研究に有用と思われるものをいくつか掲げる。
　　1．東京大学東洋文化研究所（http://www.ioc.u-tokyo.ac.jp）
　　　　所蔵現代中国書データベースが構築されており、日本語・中国語での検索が可能
　　2．台湾中央研究院近代史研究所（http://www.sinica.edu.tw/imh/index.html）
　　　　「近代中国軍事日誌」「中華民国史事日誌」などの全文検索データベースを備える
　　3．中国国家図書館（http://www.nlc.gov.cn）
　　　　北京図書館のホームページ。所蔵文献検索のほか、各種文献データベースを構築
　　4．Sino21漢華信息網（http://www.sino21.com）
　　　　「人民日報」「中央日報」などのデータベース。試用登録することで期間限定で無料試用できる
　　5．人民日報 Online（http://www.peopledaily.co.jp）
　　　　「人民日報社のホームページ。1995年以降のバックナンバー検索のほか、歴代中共党大会関連文献データベースを備える
　中国近現代史分野のインターネット資源は草創期の段階であり、日中米を問わず実用に耐えるものはまだ少ない。しかし中国では、紙材の不足などの理由により、インターネット環境の構築が急速に進展しており、注目される。

第1章　清朝の崩壊

概　観

　19世紀の初頭まで、ヨーロッパ商人の清朝中国における通商は大きな制約のもとにあった。すなわち、清朝中国の貿易は朝貢体制の枠組みの中で行われたが、ヨーロッパ商人との間の貿易は例外的にカントン（広州）一港で、「行商」という特許商人を通じてなされていたのである。これが、「カントン体制」といわれる一種の管理貿易体制であった。18世紀、イギリスでは茶の消費が急増し、イギリス東インド会社が大量の茶を清朝中国から買いつけた結果、銀はイギリスから流出した。そこで、銀の流出を防ぐためにイギリスが行ったのは、インド産アヘンを清朝中国へ、清朝中国の茶や絹をイギリス本土へ、イギリス本国産の綿織物をインドへ、という三角貿易であった。このようにして、インド産アヘンは大量に清朝中国へ流入し、清朝中国に銀の国外流出とアヘン中毒者の急増という社会問題をもたらした。この事態に対処するため、清朝中国政府が広州に派遣した欽差大臣の林則徐は、アヘンの没収と廃棄、イギリス商人の一般通商禁止などの強硬策をとった。そこで、イギリスは清朝中国との間に戦端を開いた。アヘン戦争である。その結果、清朝中国はイギリスに屈服して、南京条約を結び、これを契機に、清朝中国を中心とした貿易体制は大きく動揺したのである。

　16世紀以来、激しい人口増加を見せた中国では、18世紀になってその傾向にいっそう拍車がかかった。中国の中部や南部の社会では、19世紀初頭から人口増加による土地不足、大土地所有の進展、奢侈の風潮、移住民と土着民との間の闘争などが起こり、社会不安も強まった。アヘン戦争の敗北の結果、清朝の対外貿易の中心は広東から上海に移り、中国南部・中部の多くの運輸業者や土布生産業者が職を失い、このような社会不安をさらに拡大した。洪秀全を指導者とし、広西省で兵を挙げた太平天国運動はこのような土壌のもとに起きた。太平天国軍は、多くの失業者・貧農者を巻き込みながら北上し、中国南部一帯を支配下におさめ、南京（天京）を都に清朝と対峙したのである。太平天国は、男女平等や土地の均分など、社会改革上の際立った特徴をもったが、実行という点では疑問視されるところも多く、さらに、進軍の過程で指導者の特権化や管理体制の強化などの変質が進行し、内紛などを引き起こして清朝に敗退した。一方、太平天国を平定する中で力を発揮したのは、曾国藩や李鴻章などの漢人官僚が、郷里で組織した義勇軍であった。

　清朝中国は19世紀の80年代以降、度重なる敗戦により、周辺各国に対する宗主権を失い、不利な形で国境を画定させられた。それは、清朝中国を中心とする伝統的な東アジアの国際秩序の動揺を意味する。ロシアはアロー戦争中に清朝中国と愛琿条約をむすび、ネル

チンスク条約で定められた東部国境線をアムール河沿いに南下させ、1860年の北京条約では沿海州を得、また東トルキスタンでもイスラム教徒の反乱を機にイリ条約をむすんで、国境をとりきめた。南では清仏戦争がおこり、天津条約で清朝中国はベトナムの仏領化をみとめた。東では、朝鮮をめぐる清朝中国と日本との緊張が日清戦争を生み、下関条約において清朝中国は朝鮮の独立を認めた。その一方で清朝中国自体も、1884年に新疆省を、1885年に台湾省を設置して、辺境の画定・再編を図った。それは、欧米列国の世界システムに順応した、「国民国家」の建設の歩みでもあった。

　太平天国が平定されて後、1860年から70年代にかけて、清朝中国は一時的な安定期をむかえた。「同治中興」といわれるものがそれである。アヘン戦争・アロー戦争・太平天国運動を経験した清朝中国は、ここで欧米列国との協調政策に踏み出した。そして、清朝中国政府は総理各国事務衙門を中心とした列国との外交の展開や、大胆な漢人官僚の登用による内政の強化を図り、そこで台頭した曾国藩や李鴻章ら地方官僚が洋務運動といわれる一連の近代化政策を行った。この洋務運動は軍需産業から始められ、ついで民需産業とその関連企業、さらに新式の学校の設立へと拡大したが、中央政府の強力な指導を欠いたため、事実上の地方分権化をもたらしただけでなく、官僚の統制が民間企業の伸張を抑圧した。そして、官僚の派閥や個人同士の対立や競合を生み、官僚の個人的な権力は拡大したものの、清朝中国そのものは内部から分裂傾向を強めた。加えて、日清戦争で新興の日本に対して一敗地にまみれた清朝中国は、その弱体を世界に露呈した。そして、列国は中国本土に対する侵略を開始し、列国による清朝中国の分割が喧伝された。この危機感の高まりは、清朝中国内部に新たな改革の機運が盛り上げた。その結果起きたのが1898年の戊戌変法であり、それが103日で潰えたため、これを百日維新とも呼ぶ。

　アヘン戦争以降になされた改革は、清朝中国の強化を図るための中央集権化の試みであった。戊戌変法から1901年以降の光緒新政にいたる一連の改革は、その系譜に位置づけられる。しかし、清朝中国の改革は、清朝支配体制の正統性に対する原理的挑戦を回避し、また改革を拒絶する伝統主義者との妥協を図りつつ進めなければならなかった。それは、当初から二重の制約を負わされていたのである。他方、統治という観点から見るならば、清朝中国は中期以降明らかに求心力を弱めつつあった。つまり、拡散しつつあった。洋務運動も結局、地方分権化を推し進めるだけであった。さらに、18世紀から見られた人口の急増は、地域社会に同族結合（宗族）・秘密結社など、清朝権力に連なる回路とは別の形で、人と人との繋がりを拡大させた。相互扶助を目的としたそれらが急速に拡大した理由の一つとしては、清朝支配体制が人々の安寧をはかりえない事態となっていたことが考えられる。このようにして、一方で清朝中国の中央集権化がもくろまれながら、他方で清朝支配体制は弛緩し、社会は拡散と、その対極に位置する別の新しいまとまりを求める傾向にあったのである。

本　論

1．清朝の衰退の兆し

① 乾隆（けんりゅう）から嘉慶（かけい）へ

(1) 人口増加と人的結合
- 16世紀以降の人口増加の原因：海上交易の拡大と銀の流入、とうもろこし・じゃがいもなどの伝来と定着
- 耕地の不足、人口の移住と辺境の開墾──→湖北（こほく）・陝西（せんせい）・四川（しせん）三省交界の山岳地帯など
- 移住民と土着民の間における抗争の発生
- 移住民による相互扶助的社会関係の拡大──同郷結合・同族結合（宗族（そうぞく））のほか、宗教結社の結成

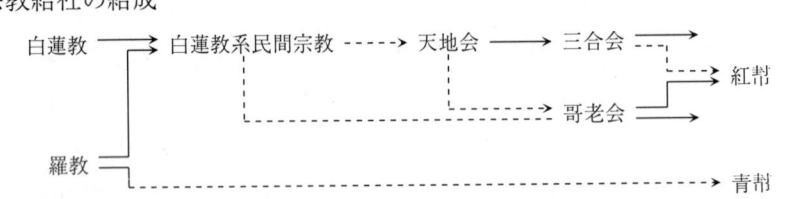

```
白蓮教 ──→ 白蓮教系民間宗教 ---→ 天地会 ──→ 三合会 ---→
      ┐                      ┊              ┊         ┊──→ 紅幇
      │                      ┊              └→ 哥老会 ──→
羅教 ──┘ - - - - - - - - - - - - - - - - - - - - - - - - - ─→ 青幇
```

(2) 支配者層と一般民衆との乖離
- 特権的支配者層の形成──官僚・大地主・大商人
- 農民の流民化と都市無頼の増大
- 盗賊集団・政治的秘密結社・宗教結社の盛行

② 清朝衰退の諸相

(1) 各地における反乱の再燃
- 抗租抗糧（こうそこうりょう）の運動（1700年代より激化）
- 非漢族の反乱──ウイグル族・ムスリム・苗族（ミャオ）など
- 政治的秘密結社の反乱──台湾・朱一貴（しゅいっき）の乱、天地会（てんちかい）の林爽文（りんそうぶん）の反乱など
- 宗教結社の反乱──清水教（せいすいきょう）の王倫（おうりん）の反乱、白蓮教徒（びゃくれんきょうと）の反乱・天理教徒（てんりきょうと）の反乱

(2) 腐敗した官界・軍隊
- 高級官僚の腐敗──和珅（わしん）の蓄財など（銀8億両以上、国庫収入の10年分以上）
- 八旗（はっき）の没落──都市における奢侈な生活への安住
- 財政の破綻──流出、軍事費の増大など

(3) 朝貢（ちょうこう）貿易体制の動揺
- イギリス産業資本家による自由貿易の要求
  　　　　マカートニーの来使（1793年）とアマーストの来使（1816年）
- イギリス東インド会社の、茶以外の貿易独占権の廃止（1813年）
- イギリス東インド会社の、中国貿易独占権の廃止（1833年）

第1章　清朝の崩壊

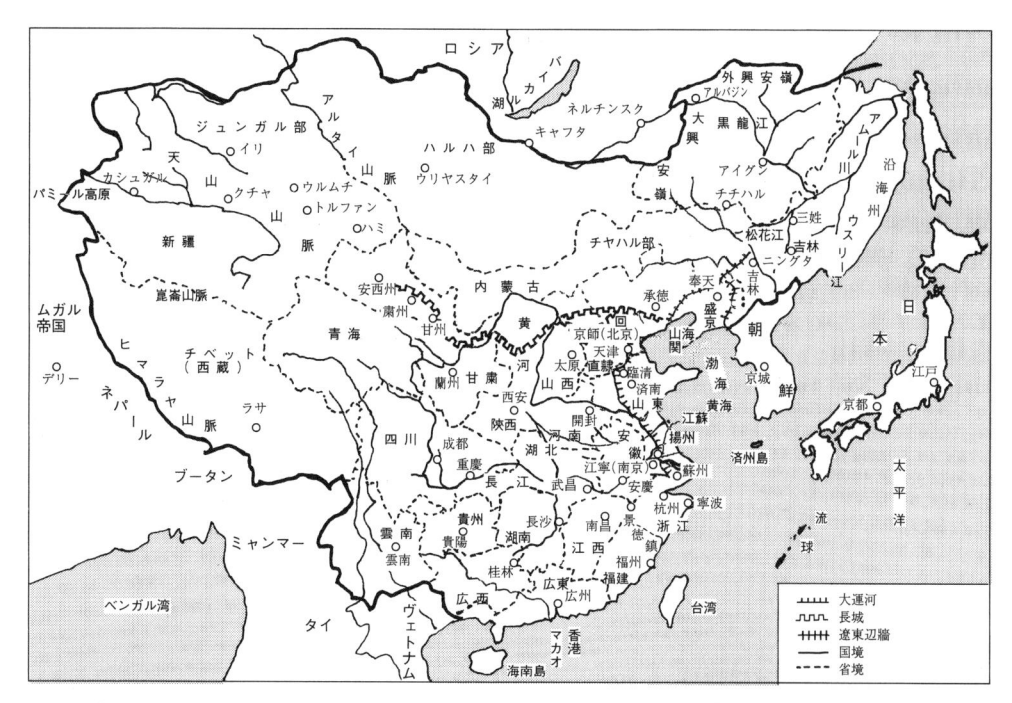

▲図1　清朝の最大版図

清朝は1689年に外蒙ハルハ部の帰順をうけいれ、さらに60余年にわたる対ジュンガル戦争の過程でチベット・青海・新疆地方を獲得した。

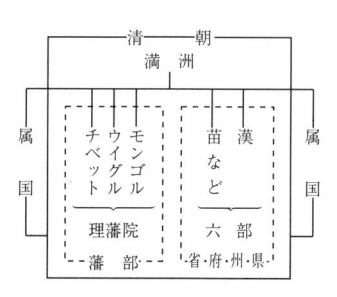

▲図2　清朝の統治構造

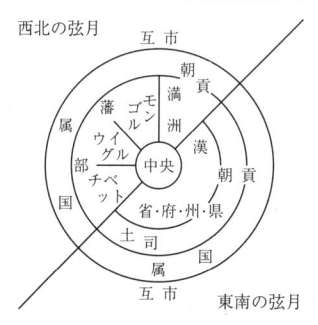

▶図3　承徳にある普陀宗乗の廟の全景

乾隆帝が造営した、ラマ教の寺院様式を模した一大伽藍群。これにより、藩部の人々を懐柔しようとしたのである。

史料1　マカートニーの日記　1794年1月7日

　中華帝国は有能で油断のない運転士がつづいたおかげで過去150年間どうやら無事に浮かんできて、大きな図体と外観だけにものを言わせ、近隣諸国をなんとか畏怖させてきた、古びてボロボロに痛んだ戦闘艦に等しい。しかし、ひとたび無能な人間が甲板に立って指揮をとることになれば、必ずや艦の規律は緩み、安全は失われる。艦はすぐには沈没しないで、しばらくは難破船として漂流するかもしれない。しかし、やがて岸にぶつけて粉微塵に砕けるであろう。……中国の権力が瓦解した場合には（これはけっして起こりえないことではない）、アジア貿易が根底から破壊されるばかりでなく、世界の他の諸地方との貿易にも著しい変化が起こるだろう。

（マカートニー著、坂野正高訳注『中国訪問使節日記』平凡社　1975年）

2. 清朝の「外患」I──アヘン戦争（1840−42年）
① 朝貢貿易体制の矛盾
 (1) 朝貢貿易体制──中国を中心とした東アジアの通商システム
  ・華夷思想（中華思想）と冊封体制（朝貢と冊封）
  ・朝貢貿易による経済関係の樹立←──10世紀の宋以降における海上貿易の発達
  ・朝貢貿易体制の枠外にあるイギリスとの貿易（カントン体制の存在1757−1842年）
     a ヨーロッパ船の来航をカントン1港に限定
     b「行商」という特許商人による貿易の担当
 (2) アヘン問題
  ・1780年代以降の、イギリス・インド・中国における「三角貿易」
  ・1820年代における変化
     a 流入アヘンの変化（ベンガル・アヘンからマルワ・アヘンへ）
     b アメリカ手形の登場
     c イギリス地方貿易商人の東インド会社からの自立

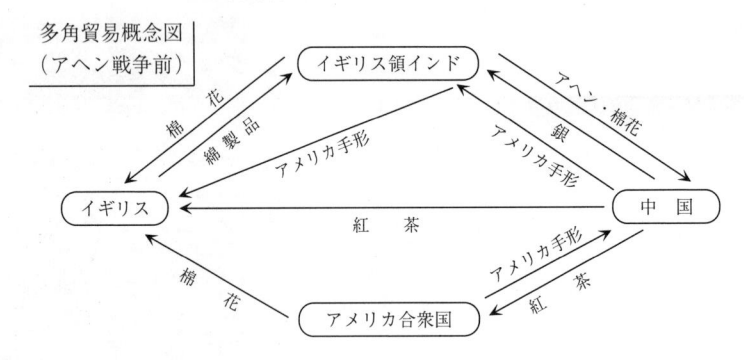

多角貿易概念図（アヘン戦争前）

イギリス領インド ──アヘン・棉花→ 中国
イギリス ←棉花── イギリス領インド
イギリス ──綿製品→ イギリス領インド
イギリス領インド ←銀── 中国
イギリス ←アメリカ手形── イギリス領インド
中国 ──アメリカ手形→ イギリス領インド
イギリス ←紅茶── 中国
イギリス ──棉花→ アメリカ合衆国
アメリカ合衆国 ──アメリカ手形→ 中国
中国 ──紅茶→ アメリカ合衆国

 (3) 中国国内の対応
  ・アヘン流入の急増による、中国国内への影響
     a 銀の流出による銀高銅安現象の現出
     b アヘン吸飲者の増加と社会不安の拡大
  ・清朝政府の対応策──アヘン貿易合法化論とアヘン吸飲者死刑論
  ・道光帝による林則徐の欽差大臣（特命全権大臣）任命
  ・林則徐のアヘン禁止策
     a アヘン商人からのアヘンの没収と焼却
     b アヘンを中国に持ちこまないという誓約書の強要
 (4) アヘン戦争と南京条約
  ・イギリス遠征軍のカントン到着
     a 遠征軍：カントン海域から北上、白河口沖へ
     b 道光帝による林則徐の罷免、琦善の欽差大臣任命と解任

第1章　清朝の崩壊

年　代	茶	アヘン
	(単位は1000ピルク)	
1780～84	56,000	
1800～04	221,000	3,600
1810～14	244,000	4,700
1820～24	216,000	7,900
1830～34	236,000	20,300
1835～38		35,400

▲図4　イギリスの茶輸入量とアヘン輸出量

期　間	輸出入量（両）
1681～1790	入 40,988,268
1791～1800	入 5,196,690
1801～1810	入 26,850,828
1811～1820	入 10,003,955
1821～1830	出 2,298,468
1831～1833	出 9,994,185

▲図5　清朝中国の銀の輸出入量

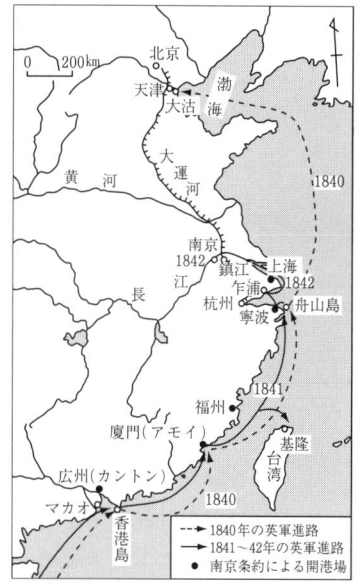

▲図7　イギリス軍の進路図

▲図6　イギリスの高速帆船カティ・サーク号

1869年進水。高速帆船（クリッパー）として中国やインドから紅茶を運んだ。高速を出すため、船体はスリムな形に設計されている。

▲図8　中国兵船を攻撃するメネシス号
1843年、ダンカン画

イギリスのアヘン禍

　アヘンといえばインドや中国にばかり眼がゆくが、イギリスでもアヘンは18世紀から20世紀にかけては全くの野放し状態で、アヘン禍はイギリス全土に蔓延した。イギリスで消費されたアヘンの多くはトルコから持ちこまれたもので、イギリス人はそれを「アヘン・チンキ」として液体にして飲んだ。インドでは固型アヘンを丸めてそのまま飲み、中国ではアヘンをこねてキセルで吸われたのとは、かなり異なる服用の仕方である。アヘンはご多分にもれず、当初は麻酔を中心とする薬用に用いられ、やがて幻覚を伴う覚醒剤として流行した。そして、安価で、法的規制が全くなかったため、大都市や工業地帯ばかりでなく、農村にまで広まり、大きな社会問題を引き起こしたのである。消費のピーク時は第1次世界大戦中のことである。そして、20世紀に至って、イギリス政府もようやくアヘン販売の規制に乗り出し、国際会議でも取り上げられたのである。イギリスがアヘン貿易に着手してから、実に150年もの歳月が過ぎていた。

（加藤祐三『イギリスとアジア』岩波書店　1980年、参照）

　　　　　c 和平交渉の開始と南京条約の締結
　(5) 南京条約の締結（1842年）
　　　　a カントンに加え、廈門、福州、寧波、上海の5港の開港、b 香港島の割譲、
　　　　c アヘンの賠償金600万ドルの支払い、イギリスの戦費1200万ドルの支払い、
　　　　d 行商制度の廃止
② 余波
　(1) あいつぐ不平等条約の締結——協定関税（関税自主権の喪失）、領事裁判権（治外法権）、片務的最恵国待遇の規定など
　　・イギリスと虎門寨追加条約（1843年）
　　・アメリカと望廈条約（1844年）
　　・フランスと黄埔条約（1844年）
　(2) 幕末日本に与えた影響
　　・唐風説書・和蘭風説書などによる情報の入手
　　・江戸幕府の方策：異国船（無二念）打払令から薪水給与令への転換
　　・魏源編『海国図志』の流入と幕末の志士に与えた衝撃

3．清朝の「外患」Ⅱ——アロー戦争（1856－60年）
① アロー戦争（第2次アヘン戦争）と北京条約
　(1) アヘン戦争後の中英貿易
　　・イギリス綿製品などの対中国輸出の伸び悩みとイギリスの焦り
　　・アヘンの中国流入の増加
　(2) アロー戦争の経過
　　・清朝官憲によるアロー号の臨検——イギリスのそれに対する抗議
　　・イギリス・フランス連合軍による武力行使——カントン占領、北上
　　・天津条約の締結（1858年）——北京侵攻——北京条約の締結（1860年）
　(3) 天津条約と北京条約
　　　　a 天津、牛荘、登州（のち芝罘）、漢口、九江、鎮江、南京など11港の開港、
　　　　b 内地旅行権、c 子口半税の規定、d 外交使節の北京常駐権、e キリスト教布教権、f イギリスに九龍割譲、g 外国人税務司制度を全開港場に適用、など
② 総理各国事務衙門（通称、総理衙門）の設立
　(1) 1861年、外政を司る中央官庁として設立
　　・合議制の官庁（首席は皇族）
　　・創設時の構成員は恭親王奕訢と桂良、文祥
　(2) 1901年に廃止（外務部がこれに代わる）

第1章　清朝の崩壊

▲図9　広州市内に今も残るアヘン戦争時の砲台

▲図10　アロー戦争によって破壊された、円明園の廃墟

▲図11　1850年代の上海のバンドの風景
　中央の煙突のある建物がジャーディン・マセソン商会。左寄りの中国的な建物が上海税関、右端がイギリス領事館である。

▲図12　日本の幕末の志士に影響を与えた魏源編『海国図志』

史料2　高杉晋作「外情探索録」1860年

　上海は支那南辺の海隅僻地にして、かつて英夷に奪はれし地。津港繁盛すといへども、みな外国人商船多きゆゑなり。城外城裏も、みな外国人の商船多きがゆゑに繁盛するなり。支那人の居所を見るに、多くは貧者にて、その不潔なることいひ難し。あるいは年中船ずまひにてあり。ただ、富めるは、外国人の商館に役せられをるものなり。しかし、城外城裏とも、街市にはずゐぶん富める商人もいるやうすなり。思ふに、少しく学力あり、志ある者は、みな北京辺へ去り、ただ今日、日雇ひの人夫、銭を取り、一日一日のすぎわけをなす者多し。もと上海は土地よりは人多し。多けれどもみな前文にいはゆる日雇、非人等のみなり。

（いいだもも編『方法の革命　感性の解放』社会評論社　1990年）

4．清朝の「内憂」——太平天国（1851-64年）

① 太平天国の土壌

　(1) アヘン戦争後の社会変化

　　・交通体系の変化（汽船の導入など）──┐
　　・対外貿易の中心の移動（広東→上海）──┴→交通労働者などの失業
　　・郷勇の解散による失業兵士の拡大
　　・客家と土着民の対立

　(2) 秘密結社の拡大（スローガンは「打富済貧」「替天行道」「反清復明」など）

② 洪秀全の覚醒

　(1) 洪秀全の人となり

　　・洪秀全（1814-64）──広東省花県の客家の出身
　　・科挙に4回応じ、全て府試に失敗
　　・夢と『勧世良言』の符合、拝上帝会の創始（1843年）

　(2) 信仰から反乱へ

　　・広西省桂平県金田村における蜂起（1851年1月）
　　・各地秘密結社・武装集団（三合会など）の参入──土俗的体質の混入
　　・広西省──→湖南省──→長江流域──→南京占領（1853年3月、首都・天京の造営）

③ 太平天国

　(1) 初期の理想

　　・天王洪秀全は上帝がこの世に遣わした世界の主宰者
　　・地主制の廃止、私有財産の禁止、男女別住、辮髪・纏足の禁止
　　・土俗的信仰の影響──→「天父下凡」「天兄下凡」など

　(2) 太平天国軍の変質

　　・指導層の特権階層化、管理体制の強化、弾圧

　(3) 太平天国の敗退

　　・指導層内の内紛──→東王楊秀清と北王韋昌輝の暗闘、翼王石達開の離脱
　　・欧米列国との対立
　　・洪秀全の孤立──→洪秀全の病死、天京陥落（1864年）
　　・忠王李秀成の逮捕・処刑──リンドレー『太平天国』における称賛

　(4) 太平天国の意義

　　・伝統的価値秩序の否定──→清朝の正統教学（朱子学）に対する打撃
　　・『天朝田畝制度』などの構想の後世に与えた影響
　　・洪仁玕『資政新篇』に見られる革新思想──西欧の施設・制度の導入計画

◀図13 太平天国の進軍図

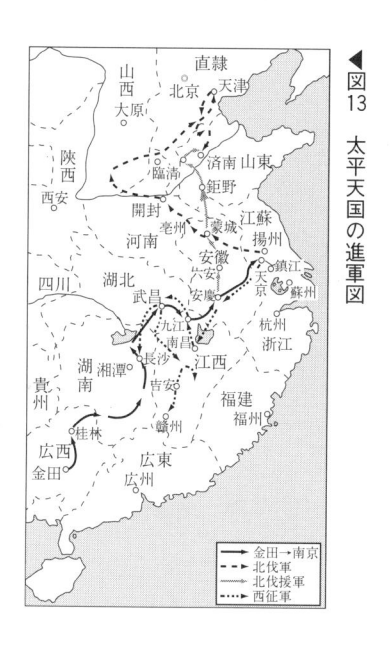

▲図14　湖南省長沙市の城壁の遺構（天心閣）

太平天国軍が長沙府城を包囲した際の激戦地。この攻防をめぐって、西王蕭朝貴は戦死した。時に、省内の居住民は善化県城隍を城壁に安置し、太平天国軍の撃退を願ったとされる。

史料3　曾国藩「粤匪討伐の檄文」1854年2月

　粤匪（太平天国軍）は外夷がはじめたものを盗み取って、天主の教えを崇め、偽の君主、偽の大臣から、下は兵卒役夫に至るまで、みな兄弟と称し、ただ天のみ父といい、民の父はみな兄弟、民の母もみな姉妹という。農民は自分で自らの土地を耕すことはできず、田はみな天王の田だという。商人も自分の資金で商いをし、利益を自らのものとはできず、財貨もみな天王のものだといっている。読書人は孔子の経典を読むことができず、他方ではいわゆる耶蘇の説、新約の書をもちあげ広めている。中国の数千年の礼儀人倫、詩書と規則は一挙に葬りさられようとしている。これはわが大清の非常事態であるだけでなく、開闢以来、名教の未曾有の非常事態である。わが孔子孟子もあの世で痛哭されている。　　　　　（西順蔵編『原典中国近代思想史』第1冊　岩波書店　1976年）

曾国藩の三戒

　曾国藩は、湘軍の指導者たる軍人、桐城派の儒者、両江総督など政治家として著名だが、私生活ではやたら反省癖が強く、極めて人間臭い一面を持った。曾国藩は日記を著して、自己の赤裸々な生活を描写したが、その中に「余に三戒あり。一は戒喫煙、二は戒妄言、三は房闥不敬、日に三省してこれを慎め、これを慎め」の一文がある。第一戒は禁煙だが、曾はよほどのヘビー・スモーカーであったらく、しばしば壮大な決意の元に禁煙を誓い、幾度も挫折、そのたびに失意を現わした。第二戒は妄言、第一戒とあいまり、濛々と煙草をふかし大言壮語をするのが曾の習いで、相手と意見が食い違うと突如たけり狂い、徹底して論破するのが癖であった。第三戒は房闥不敬、つまり情欲を押さえがたいことで、昼日中から事に及んでは後悔し、自らを禽獣に等しいと呪った。そして、これらを日記に綴り、北京の講学の仲間に見せては批判しあったのである。また、自殺癖もあり、太平天国軍と闘って敗れては何度か自殺を図り、そのたびに周囲の手で救われた。（三石善吉『伝統中国の内発的発展』研文出版　1994年、参照）

④ 曾国藩と湘軍──漢人官僚の台頭
  (1) 曾国藩の人となり
    ・曾国藩（1811－72）：洪秀全の3歳年下、湖南省湘郷県の人
    ・桐城派の儒学者──→軍事指導における「礼」「誠」の強調
    ・服喪中、太平天国の平定のために湘軍を組織
  (2) 湘軍（清朝公認の非正規軍、湘は湖南省の略称）の設立
    ・湘軍：民間の郷村自衛組織である団練などを中心とした義勇軍
    ・曾国藩の師弟・友人関係による人的結合が核
    ・義捐金・売官売位・釐金（内地流通税）による資金の調達
    ・1860年曾国藩の両江総督就任──→湘軍系官僚人脈の形成（胡林翼・駱秉章・郭崇燾など）
    ・天京攻略後（1864年）、湘軍を徐々に解散──→帰散させられた兵が哥老会に流入し、長江流域における会党勢力の拡大を助長
  (3) 其の他の義勇軍
    ・江忠源の楚勇・楚軍（湘軍より以前に設立、湖南省の義勇軍）
    ・李鴻章の淮勇・淮軍（淮は安徽省の略称）
    ・アメリカ人ウォード・イギリス人ゴードンらの常勝軍
    ・イギリス軍による常安軍
    ・フランス軍による常捷軍
⑤ 地域社会の再編──郷紳の台頭
  (1) 社会の流動化と行政能力の低下
    ・爆発的な人口増加
    ・商品生産の発展
    ・消費の拡大と奢侈の風潮
  (2) 郷紳の権力（「紳権」）の拡大
    ・公務への参与──税糧徴収や治安維持
    ・公益事業の推進──水利、教育、土木、慈善など
    ・「公局」など、地方自治的機構の設立──郷董、局紳
    ・民衆の有力者に対する様々な請託の増加（訴訟その他）──請託をする対象：郷紳、キリスト教教会、政治的秘密結社・宗教結社など
  (3) 地方自治論の再興
    ・明末清初の黄宗羲・顧炎武に対する再評価──「封建の意を郡県に寓する」
    ・「郡県」「封建」論を基礎に、地方議会の設立が唱導される──清末における洋務論・変法論の思想的基盤を形成

史料4　咸豊・同治年間における湖南省の風習

　徒手にて人を打つ法を習う、これを拳といい、五尺ばかりの木棍を用い、持して習う、これを棍といった。湖南省では城市より村落まで、少年が数人或いは数十人と集まっては昼夜練習し、これを習拳棍と名づけた。そして、刀剣、鎌鞭、銅椎、鉄尺、神鞭など、長所を尽くした。この風習は咸豊・同治年間に極めて盛んとなった。最近はやや変化したが、それでも伝習する者は多く、一語でも合わなければ眦睚の怨みを含め、父・兄が伝えて拳を習い、随身の芸として侮りを防いだ。……金持ちの家では、名だたる教師を競いあって招き、それを護衛としたり、子弟に教育をさせたり、或いは謹んで生涯の扶養に努める者もあった。教師の伝えるものには派があり、秘密に伝えられたものに張家、少林、岳家の諸派があった。

（湖南調査局編『湖南民情風俗報告書』第9章　習染、第1節　撃技　1912年）

▼図15　嶽麓書院

宋代の四大書院の一つ。朱熹が講義を行ったこともある。魏源、曾国藩、左宗棠、胡林翼、郭嵩燾など、多くの人材を輩出した。

▼図16　李鴻章

李鴻章（1823-1901）は「郷勇」の指導者として頭角を現わし、1870年より日清戦争敗北までの25年間、直隷総督兼北洋大臣として軍事、外交面で実力をふるった。

史料5　郷紳の苦悩

　父君は厳格で慈愛に溢れ、郷里でも慕われていたが、時に訴訟を請託する者がいた。私は各官が赴任すると親書を認めて訴訟には係わらないことを宣言し、これを手元に置かせて合符とし、偽りの請託を判別する材料とせんことを願い、また全ての衙門の門番に依頼し、家人の葉を姓とする者が紹介状を携えてきても、取り次がぬよう言いつけた。そして、毎回心づけとして2000文を与えた所、門番は私の言いつけに従い、私の名刺でなければ伝達しなかった。すると、父君は他人が泣いて訴えるのを見るとすぐに冤罪と考え、私の頑なさに対し私を憎むこと甚だしかった。このため、私は家に引きこもり、父君の言動を見ないようにした。また、末弟の黙安は後先を考えずに事を行い、交友を持ったのが里巷の遊び人であった。そこで、人々は不法を見ると怨みを弟ただ一人に集め、私はそれを正そうと努力したが、弟は改まらなかった。……このことから、人は布衣貧賤に生まれたならば、事毎に安静な地におれようが、一たび縉紳となるや、日々いばらの路を歩くようなもので、足をあげても平地はないと思った。

（葉徳輝『郋園六十自叙』1923年）

5．体制内改革運動Ⅰ──洋務運動

① 咸豊と同治──西太后の台頭

(1) 1861年のクーデター
　・咸豊帝の病死、6歳の載淳（同治帝）の即位（1861年）
　・恭親王奕訢（咸豊帝の弟）と東太后（咸豊帝の皇后）・西太后（同治帝の実母）に
　　よるクーデター──→東太后・西太后による垂簾聴政の開始
　・「同治中興」の出現──清朝中国の相対的安定

(2) 西太后の人となり
　・エホナラ氏の出身、父は満洲旗人の下級官僚
　・18歳で入内、貴人から嬪となり、咸豊帝の男子を出産して貴妃に昇格
　・咸豊帝の政務を助け、宮廷内の政策決定における発言力を増加

(3) 西太后時代の到来
　・1865年恭親王の失脚──→1881年東太后の病死（西太后による毒殺説も）
　・西太后の政治姿勢──地方政治を有力な漢人官僚に委ね、権力の均衡を重視
　・欧米列国との協調路線の継続

(4) イギリスによる対清政策の転換、清朝中国と欧米列国との一定の協調

(5) 有力な漢人地方官僚の登用（「督撫専権」）──→洋務運動の推進

② 「洋務」の始まり

(1) 地方官僚による近代工業の導入（軍需産業から民需産業、関連施設の設立へ）
　・軍需産業──江南機器製造総局（1865年、曾国藩、のち李鴻章）、金陵機器局
　　（1865年、李鴻章）、福州船政局（1866年、左宗棠）など
　・民需産業──輪船招商局（1872年、李鴻章）、開平鉱務局（1878年、李鴻章）、
　　上海機器織布局（1890年、李鴻章）など
　・文化施設──天津水師学堂（1880年、李鴻章など）、京師同文館、広方言館など

(2) 企業の4形態
　　a「官弁」（官営）、b「官督商弁」（官僚の監督の元に商人が経営に従事）、
　　c「官商合弁」（官僚・商人の合同による経営）、d「民弁」（民間資本による経営）

(3) 洋務運動の特徴（限界）
　・洋務論そのものの妥協的、折衷的性格←──伝統主義者の反発と抵抗
　・洋務官僚同士の対立と反目
　・官僚的独占に付随した非能率と浪費
　・外国企業、外国人に対する依存的性格
　・欧米列国の干渉と操縦

▼図17　清末の帝系図
※（　）内の数字は在位年間

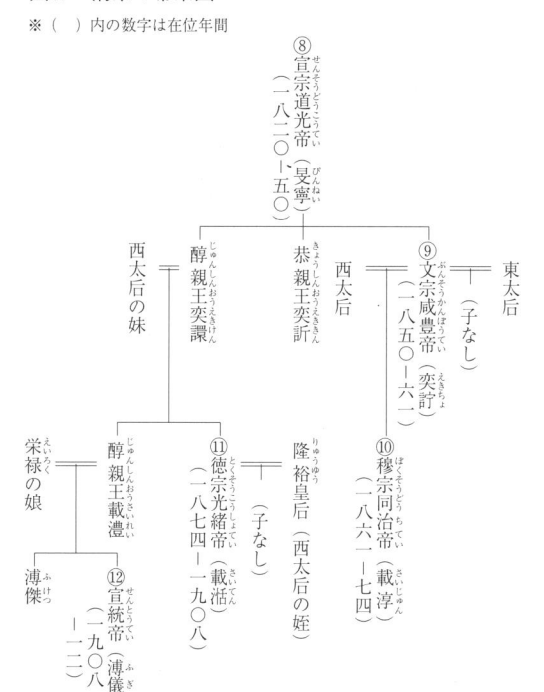

⑧宣宗道光帝（旻寧）（一八二〇〜五〇）
├─文宗咸豊帝⑨（奕詝）（一八五〇〜六一）─東太后（子なし）／西太后─穆宗同治帝⑩（載淳）（一八六一〜七四）
├─恭親王奕訢
└─醇親王奕譞（西太后の妹）
　├─徳宗光緒帝⑪（載湉）（一八七四〜一九〇八）─隆裕皇后（西太后の姪）（子なし）
　└─醇親王載灃（栄禄の娘）
　　├─溥儀宣統帝⑫（一九〇八〜一二）
　　└─溥傑

▲図18　晩年の西太后慈禧

西太后が観音菩薩にふんした写真。一番右が善財童子にふんした宦官の李連英。

▼図19　主要都市開港年表

年次	都市名
1843	広州, 廈門, 上海
1844	寧波, 福州
1852	伊犁
1860	汕頭
1861	天津, 営口, 鎮江, 庫倫
1862	煙台, 淡水, 漢口, 九江
1877	温州, 北海, 蕪湖, 宜昌
1881	烏魯木斉, 哈密
1891	重慶
1896	杭州, 蘇州, 沙市
1899	大連, 青島, 南京
1902	鼓浪嶼
1904	長沙
1906	済南
1907	南寧, 長春, 哈尔浜
1908	奉天, 昆明

※――は租界設置都市

	日本		中国		その差
	事件	年	事件	年	
海軍創設		1853		1861	8
外国語学校	洋学所	1855	同文館	1862	7
汽船買い入れ	咸臨丸	1857	火輪船第一号	1862	5
対外遣使	遣米	1860	遣欧	1866	6
留学	オランダ留学	1862	アメリカ留学	1872	10
工場	横須賀造船所	1864	西洋蔵廠	1864	0
近代化の号令	五箇条の御誓文	1868	科挙廃止の詔	1905	37
電信	東京―横浜間	1869	上海―香港間	1871	2
在外公館設置	米, 仏	1870	英, 米	1875	5
頭髪	散髪勝手たるべし	1871	自由剪髪	1911	40
汽車	東京―横浜間	1872	上海―呉淞間	1876	4
暦	太陽暦	1873	太陽暦	1912	39
国立大学	東京大学	1877	京師大学堂	1902	25
憲法発布	大日本帝国憲法	1889	中華民国憲法	1947	58

▲図20　日本と中国の近代化事業の比較図

史料6　張之洞「勧学篇序」1898年

　朝廷にあっては、天子は政務に励まれ、朝に夕に反省し努められている。今や弦を取り替え、琴瑟を調律するように、破格に抜擢し、大臣や将軍を取りたてられている。学堂が建てられ、特科が設けられ、天下の志士は発憤激昂している。かくて、時局を救おうと考える者は新学を語り、道が損なわれると憂う者は旧学を守って統一し難い。……中国の禍は国の外にあるのではなく、国の内にあるのではなかろうか。ひそかに思うに、古来、世運の昇降、人材の盛衰は表面的には政治に係わっているが、実際は学問に係わっているのである。

（『張文襄公全集』「勧学篇序」）

③ 「中体西用」論の桎梏
  ・「中体西用」論——「中学（中国の学術）が体であり西学（西洋の学術）が用である」（中国の学術に抵触しない範囲内における西学の受容）
  ・西洋の技術、制度、学術の受容を中国古代の理想を実現する方途として把握

6．華夷思想の動揺と再編
① 外交システムの確立
  ・1861年総理各国事務衙門の設立（1861－1901年、通称は総理衙門、1901—11年、外務部）——外務省の前身←——1860年代におけるイギリスの対中国外交の転換
  ・総理各国事務衙門の付属機関として総税務司の設置（第2代、ロバート＝ハート）
  ・在外公使館の設置：イギリス・ドイツ（1877年）、フランス・アメリカ・日本（1878年）、ロシア（1879年）
② 国境の危機
  (1) ロシアの南下
    ・東部国境——愛琿条約（1858年）、北京条約（1860年）
    ・西部国境——イリ事件→清朝による新疆省の設置（1884年）
  (2) イギリスとビルマ
    ・イギリスによるインドの植民地化とビルマに対する勢力伸張
    ・1875年マーガリー事件と1876年芝罘協定の調印
    ・1886年イギリスによるビルマの併合宣言
  (3) フランスのインドシナ侵攻
    ・フランスのベトナム侵略、清朝による宗主権の主張
    ・清仏戦争（1884—85年）
        a 前哨——劉永福の黒旗軍・清朝軍とフランス軍との戦い
        b 戦闘の開始（1884年）と清朝による和平交渉
        c 天津条約の締結（1885年）——清朝のベトナムに対する宗主権の放棄
        d フランス領インドシナ連邦の結成（1887年、ベトナムにラオスとカンボジアを加えたもの）
③ 朝貢体制の動揺
  (1) 他国による清朝の朝貢国の併呑
    ・コーカンド・ハーン国（——→ロシア、1876年）
    ・琉球（——→日本、1879年）
    ・ベトナム（——→フランス、1885年）
    ・ビルマ（——→イギリス、1886年）

第1章　清朝の崩壊

▲図21　イギリスの雑誌に描かれた極東の国際情勢

ライオン＝イギリスとクマ＝ロシアが睨み合っている。

▲図22　左宗棠の墓

左宗棠は1885年に任地の福州で没し、湖南省長沙東郷白竹塘に葬られた。中国では墓は南向きに作られるが、左の墓は、西北の山河の保全を忘れないようにとの遺嘱に従い西北に面している。

▼図23　ロンドン大学

1820年代に、宗教にとらわれない高等教育の普及を目指して設立された。明治日本の留学生を始め、アジアからの多くの留学生がここで学んだ。

▲図24　ロンドンにある清国公使館跡（現・中華人民共和国大使館）

ポーランドプレイス49にある。1896年10月、清朝中国政府のお尋ね者であった孫文はここに13日間、監禁され、のち友人らの奔走により難を逃れた。

1904年の長沙開港ののち、多くの碼頭が湘江沿岸に築かれた。この場所には、かつて、白岩竜平が設立に力を尽くした日本の湖南汽船会社の碼頭があった。

▼図25　湘江沿岸の碼頭

(2) 清朝の再編
　　・新疆省の設立（1884年）と台湾省の設立（1885年）
(3) 日本との対応
　　・日清修好条規の締結（1871年、平等条約）
　　・日本は北京に（1874年）、清朝は東京に（1877年）、それぞれ公使館を開設（清朝の初代駐日公使は何如璋、随員の黄遵憲はのちに『日本国志』を執筆）
　　・朝鮮をめぐる対立──→日清戦争（1894-95年）
　　　　a 日本と朝鮮──日朝修好条規（江華島条約）の締結（1876年）
　　　　b 壬午の軍乱（1882年）、甲申の政変（1884年）
　　　　c 天津条約の締結（1885年）──日清両国軍隊の撤退、派兵の際の事前通告を規定
　　　　d 全羅道における「東学」という教団に率いられた農民の蜂起（1894年）
　　　　　──→清朝軍と日本軍の出兵
　　　　e 1894年7月25日豊島沖海戦、8月1日日清両国の宣戦布告

7．体制内改革運動Ⅱ──変法運動
① 日清戦争における敗北
(1) 日清戦争の敗北と下関条約の締結（1895年）
　　　　a 朝鮮の独立の確認、b 遼東半島・台湾・澎湖列島の割譲（遼東半島はのち三国干渉で返還）、c 銀2億両の賠償金の支払い（清朝の国庫収入のほぼ3年分）、d 片務的最恵国待遇の付与、e 重慶・蘇州・杭州などの開港、f 開港場・開市場での日本人企業経営権の承認
(2) 清朝の威信の喪失と列国による利権獲得競争の激化
　　・清朝への借款供与、在華企業への投資拡大、鉄道敷設権・鉱山採掘権の獲得
(3) 列国の根拠地の建設（1897-98年）──→列国による中国分割へ
　　　　a ドイツの膠州湾租借、b ロシアの旅順・大連租借、c イギリスの威海衛、九龍半島（新界）と周辺諸島租借、d フランスの広州湾租借、e アメリカのジョン゠ヘイによる門戸開放宣言
② 清朝内部の権力抗争
(1) 1887年光緒帝の「親政」開始
　　・1875年光緒帝（醇親王奕譞の子、同治帝と同輩）の即位──→西太后の垂簾聴政
　　・「清流」派による李鴻章批判（官界の腐敗、私縁的人事に対する批判）
　　・「清流」派を中心に「帝党」（皇帝派）の形成（中心は翁同龢・李鴻藻）──西太后を頼みとする「后党」、李鴻章配下の「淮系」と対立

第1章　清朝の崩壊

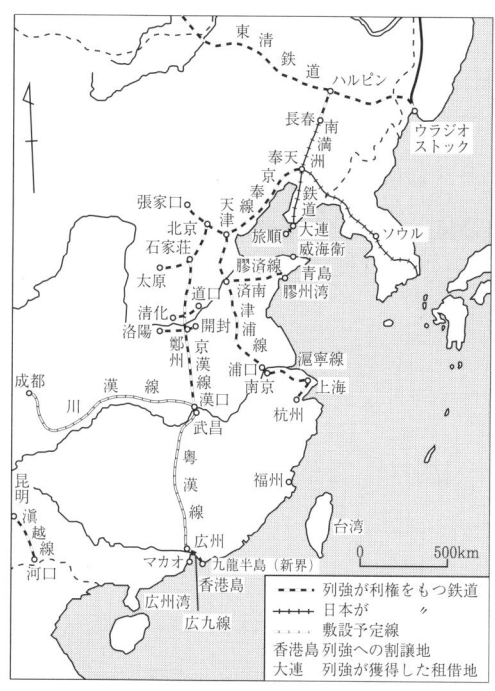

▲図26　20世紀初頭、列強の利権獲得状況

▲図27　康有為の故居

広東省南海県丹灶区銀河郷（旧・銀塘郷）蘇村にある康有為の故居と、その隣に増設された康有為記念館。門前の池のほとりに建つ一対の「旗杆筴」は、1895年に康有為が科挙に合格し、進士出身を賜ってのち作られた。

▼図28　改革の風潮を伝える日本の新聞
＊「経済特科」開設の報を受けてのもの。

史料7　梁啓超「論湖南応弁之事」1897年12月

　民権を興そうとするならばまず紳権を興すべきであり、紳権を興そうとするならば学会を起点としなければならない。これは誠に中国で未曾有の事であり、かつ永久に変えてはならない理である。……唐・宋以来、弊を防ぐ事が日々密となり、ここにおいて権限は全て有司に握られ、民の地方の公共事業を見る事が越人の秦人を見るようになってしまった。そこで現在、万事を新たにしようとするならば上・下の情を通ずる事より始め、上・下の情を通じようとするならば必ず古意に復し、西法を採り、郷権を重くしなければならない。しかし、心配な点が二つある。一つは土地の人がその土地の統治能力を持たない事であり、他の一つは文筆を弄して空論に終わってしまう事である。そこで、前者の弊を払うためには紳智を開かなければならず、後者の弊を払うためには権限を定める必要がある。

（『湘報』第26、27、28号、1898年4月5、6、7日）

(2) 日清戦争敗北の与えた影響
- 「帝党」系官僚による主戦論の展開——対日講和の拒否、孫毓汶・徐用儀・李鴻章の罷免、庶政の刷新
- 主戦論から自強論へ——日本をモデルとした内政改革の主張
- 議会制の導入の主張、学堂・学会・報刊（新聞）の設立、啓蒙活動の展開——強学会、強学会上海分会、『時務報』（主筆は梁啓超）など——

③ 康有為の変法論
(1) 康有為の人となり
- 広東省南海県の人、1895年の進士、工部主事
- 18省1000余人の挙人を糾合して上書を提出（1897年、「第五公車上書」）
- 1897－98年、光緒帝に認められ、戊戌変法の立役者に

(2) 康有為の思想
- 『新学偽経考』（1891年刊）と『孔子改制考』（1897年刊）：古文経書は劉歆の偽作に係わり、孔子は六経を創作した改制の主とする（託古改制）
- 変法策——中央集権的な政治体制の確立（「君民一体・上下一心」）と、その下における産業の育成、教育の改革、軍事の振興（モデルは日本→『日本変政考』など）
- ユートピア論（『大同書』）——『礼記』礼運篇と春秋公羊学の三代改制説の結合、大同太平の世の提示（世界政府の構想）

(3) 康有為の活動
- 「公車上書」の提出（1895年）——拒和・遷都・変法の主張
- 第五上書の提出（1897年）→光緒帝による康有為の登用
- 保国会の設立（1898年）——中国における近代的政党の嚆矢

④ 戊戌変法と政変
(1) 戊戌変法の開始（1898年6月11日）
- 光緒帝による「国是を明らかに定める詔勅」の発布（以降、9月21日までの103日間に上諭が連続的に出される）
- 制度局を設立し、軍機章京に譚嗣同・林旭・楊鋭・劉光第を任命

(2) 戊戌政変の発生
- 改革の急進化と西太后との乖離、他の官僚らの反発
- 9月21日、西太后の訓政復活（戊戌政変）

(3) 政変後の清朝
- 光緒帝の幽閉、譚嗣同ら戊戌六君子の処刑
- 西太后による改革路線の修正
- 康有為・梁啓超・王照らの日本亡命

▲図29　湖南時務学堂の総理と教習たち
　左より葉覚邁、譚嗣同、王史、欧榘甲、熊希齢、韓文挙、唐才常、李維格

▲図30　譚嗣同の祠
　譚嗣同の祠は湖南省瀏陽県城西門にある。1914年に建立。「民国先覚」の扁額がかけられている。なお、譚の墓は、同じく瀏陽県の牛石郷瞿水村石山下にあり、墓の前には「亘古不磨、片石蒼茫立天地、一巒挺秀、群山奔赴若波濤」と刻まれた石柱が建っている。

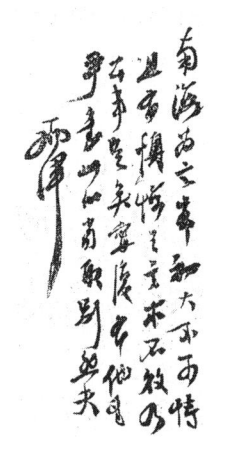

▲図31　譚嗣同の訣別書
　『東京朝日新聞』1898年10月16日に掲載された譚嗣同の真蹟の写し。戊戌政変後、日本に亡命した畢永年が日本に持ちよったものとされる。

戊戌政変に遭遇した日本人

　日清戦争の敗北後、中国国内で康有為・梁啓超を中心とする改革運動が興隆し、さらに1898年6月から光緒帝により一連の改革（戊戌変法）が行われると、日本でも清朝中国の改革運動の助勢と研究を目的に新しい団体の設立が図られた。その一つが1898年4月に結成され、同年11月に他の民間団体と東亜同文会に統合された東亜会であった。東亜会は設立後に康有為・梁啓超を会員に加え、また戊戌変法の視察・調査を目的に井上雅二を幹事の身分で中国に派遣した。井上は上海から長江流域を遊歴し、一端上海に戻ってから一路北上、9月12日に北京に入った。戊戌政変が発生する僅か9日前のことである。北京滞在中、井上は康有為、梁啓超、譚嗣同らと何度か会談を試み、政変が目前に迫っていたにも係わらず、前途を極めて楽観視し、意気軒昂な様子の康有為らの姿を書き止めていた。なお、時を同じくして偶然に北京を訪問していたのが伊藤博文であった。井上も伊藤も、政変後の康有為らの日本亡命に深く係わった。

（藤谷浩悦「戊戌変法と東亜会」『史峯』第2号　1989年、参照）

8. 義和団運動

① 教案の発生

(1) 教案の契機
- 北京条約（1860年）によるキリスト教布教権の承認──→各地における教案（キリスト教布教に反対する排外事件）の発生

(2) 教案の実態
- 宣教師による強引な勧誘と訴訟事件への干与
- 官僚による、教会や教民に有利な裁定──→蓄積する一般民衆の不満

② 山東省の義和団

(1) 山東省における失業者の増加
- 交通体系の変化（海運の発達と鉄道の開通）──→交通労働者の失業
- 旧軍隊（緑営・郷勇）の解散と失業兵士の増加
- 経済の混乱、旱魃による民衆の困窮

(2) 義和団の誕生
- 1898年以降における郷村自衛組織（義和拳）の誕生←──大刀会の影響
- 義和拳の各種儀式・法術・訓練（拳や棒）の採用
- 1900年代、各村での義和拳結成の拡がり←──地方官の容認、積極的支持

(3) 義和団の拡大──山東省から直隷省へ
- 袁世凱による山東巡撫代理就任、義和団の移動（山東省──→直隷省）と拡大
- 「扶清滅洋」（清をたすけ洋をほろぼす）のスローガン
- 教会・鉄道・電線などの襲撃、破壊

③ 義和団の法術

(1) 千年王国的思想──天上の神々が下界に降臨、神々が人々に乗り移り、人々に不死身の身体を付与し、この世に楽土を建設

(2) 徒手空拳による闘い

(3) 中国の民話における英雄の登場──義和団員による孫悟空、関羽などへの化身

④ 義和団戦争（1900－01年）

(1) 1900年6月、清朝宮廷内における廷臣会議の開催
- 王公大臣と各部長官100余名の臨席と、西太后による義和団支持の発言
- 6月21日、列国に対する宣戦布告

(2) 外国人と教民による55日間の籠城
- 紫禁城東南の東交民巷における攻防──→列国8カ国連合軍の北京入城
- 西太后の北京脱出、西安への逃亡（10月末、西安到着）

(3) 東南諸省の清朝中央からの離反

史料8　惲毓鼎「崇陵伝信記」1900年6月16日

（1900年6月16日）午の刻、突然王大臣・六部九卿に儀鸞殿東室で召見するという詔があり、約百余人が入見した。……太常寺卿袁昶が外廊から「臣袁昶、上奏いたします」と叫んだ。入室が許されると、義和拳は実は乱民であり、とうてい恃むに足りない、たとえ邪術があったとしても、古今、邪術に頼って事をなすという例は断じてないとまくしたてた。西太后はその話を途中でさえぎって、法術は恃むに足りないとしても、どうして人心が恃むに足りないことがあろうか。今日中国は弱体を極めており、恃むところは人心のみである、もし人心をも失ったならば、国が成り立つのか、といった。さらに太后は、今都は混乱し洋人が軍隊を動かすという話もあるが、これにどう対処すべきか、それぞれ思うところによって速やかに上奏せよ、と命じた。

（小島晋治・並木頼寿編『近代中国研究案内』岩波書店　1993年）

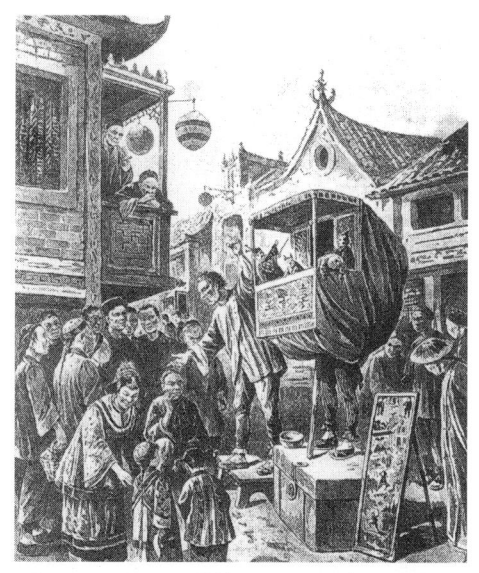

▲図32　イギリスの雑誌に描かれた、中国の排外宣伝の図

▲図33　紅灯照
義和団の女性部隊。遊女たちが主力であったという説もある。妖術を使い、活躍した。

▲図34　紫禁城・午門外におけるアメリカ兵

▲図35　菜市口の刑場に連行される義和団員

・両江総督劉坤一、湖広総督張之洞、両広総督李鴻章と列国領事との間における、相互利権の尊重の約束（「東南互保約款」）の締結
・他の東南諸省巡撫の同調

⑤ 辛丑条約（北京議定書）の締結
(1) 1900年10月以降、慶親王奕劻・直隷総督李鴻章と連合国側との間で講和会議の開催
(2) 北京議定書（辛丑条約）の締結（1901年9月）
・賠償金4億5000萬両（年利4％で期間39年、総額9億8000萬両）、
・公使館区域の設定と各国守備兵の駐留
・北京から渤海湾までの要地における外国軍隊の駐留の承認
・総理各国事務衙門の外務部への改組、など
(3) 賠償金支払いに充当された海関税・常関税・塩税──→清朝の自主権の喪失

⑥ 光緒新政の進展
(1) 光緒新政の始まり
・義和団戦争の敗北──→西太后・光緒帝による変法の上諭（1901年）
・張之洞・劉坤一の連名による上奏──→近代化の開始：科挙の試験内容の変更、中央官庁の改廃、正規軍の近代化など
・地方における改革の進展：袁世凱（直隷省）、張謇（江蘇省南通）など
(2) 清朝の中央集権化
・1905年憲政考察出洋5大臣の欧米・日本への派遣──各国の憲政について調査報告
・1905年考察政治館の設置（1906年に憲政編査館と改称）
・1906年中央政府行政機構の大改革──六部の廃止
・1908年予備立憲の詔の発布、1908年欽定憲法大綱の発布
・1909年諮議局の設立
・1910年資政院の設立
(3) 立憲運動の高揚
・1910年10月国会の早期開設第3次請願運動──→清朝中国政府、1913年をもって国会を開設することを宣言
・1911年3月軍機処・内閣制度の廃止と新内閣官制の発布──→「親貴内閣」の成立

⑦ 社会変動の加速
(1) 郷紳の政治参加と地方分権の促進、価値観の多様化←──1905年科挙の廃止
(2) 在日留学生を中心とした「革命」論への傾斜
・1903年拒俄義勇隊の結成、軍国民教育会の発足
・1905年中国同盟会の結成
(3) 銅銭の濫発、新政のための重税などによる民衆の困窮──→反乱の頻発

▼図36 清末における学堂の設立状況（1904－1909年）

(1) 年次別

年度	学校数
1904年	4,220
1905年	8,231
1906年	19,830
1907年	35,913
1908年	43,088
1909年	52,348

(2) 種類別（1909年）

種類	学校数	学生数
初等学校	51,678	1,532,746
中等学校	460	40,468
実業学校	254	16,649
師範学校	415	28,572
大学・高専	111	20,672
合計	52,918	1,639,107

▼図37 日本における主要な中国人留学生教育機関（1907年12月）

学校名	学生数	学校名	学生数
法政大学	1,125	中央大学	104
宏文学院	911	研数学館	89
早稲田大学	820	日本体育会体操学校	80
経緯学堂	542	東京高等工業学校	73
明治大学	454	東京鉄道学校	64
東斌学堂	321	実践女学校	47
振武学校	386	東京物理学校	45
東京警監学校	213	東京高等師範学校	44
東亜鉄道学校	165	東京高等商業学校	41
岩倉鉄道学校	153	東京帝国大学	35
東京同文書院	145	同仁医薬学校	35
成城学校	110	第一高等学校	31
日本大学	109		

▲図38 水害による被災民
清朝末期には毎年のように自然災害が発生し、そのことが社会不安とともに、大小の民衆蜂起をもたらす要因ともなった。

▲図39 ロンドンの孫文の寓居（1896年）
ロンドンのグレイズ・イン8。1896年10月、孫文は清朝打倒の宣伝工作を行うべく、右角の手前の部屋に居住した。

史料9　山口昇「清国情勢及秘密結社」1910年10月20日

　今や清国上下の民は、一般に新政を以て暴民の虐政となさざるなく、怨嗟満地、其の上を見る仇敵の如し。而かも民の新政に反抗する所以のものは、決して新政其のものに対して反抗するものに非ず。彼等は寧ろ新政の如何なるものかは之を了解せず。ただ地方の貪官汚吏の此の間にありて新政を口実とし、新税を苛徴するものあるが為めに、遂に彼等は反対し激発するに至れるなり。近時の地方騒乱の多くは、実に土匪無頼の徒に非ずして、是等貪官汚吏の為めに挑発せられたる良民の一揆なり。（日本外務省外交史料館所蔵外交文書、門1・類6・項1・号4－2－1－1『各国内政関係雑纂　支那ノ部　革命党関係別冊　革命党ノ動静探査員派遣』）

9．清朝末期の学芸

① 学術の展開

(1) 清朝考証学の開花
- 黄宗羲・顧炎武・王夫之を嚆矢とし、経世致用の実学的側面と博学で実証的な側面を兼備
- 清初、清朝の学問統制により古典の実証が深化
- 乾嘉の学——乾隆・嘉慶期に考証学が隆盛、学派が形成され（呉派、皖派、揚州派、浙東派）、学問は専門化（訓詁学、音韻学、金石学、校勘学など）
- 経世思想：嘉慶以降の混乱の中で経世致用の実学が展開

(2) 春秋公羊学の再興
- 春秋公羊伝に基づき展開した学問、進歩史観・「微言大義」を特徴
- 漢代に流布した春秋公羊学を、清代に至り荘存与・劉逢禄が復興
- 劉逢禄は後漢の何休の三科九旨説と「微言大義」を重視し「春秋」を解明
- 龔自珍・魏源・廖平らが継承し、康有為で集大成される
- 康有為の主張——何休の進歩史観を『礼記』礼運篇に関連させて大同の世の到来と、その階梯としての議会制導入の妥当性を力説

(3) 清朝中期以降の桐城派の流行
- 桐城派——散文の一派で考証学と対立
- 安徽省桐城の方苞が首唱し、同省同県人らが継承（ゆえに桐城派と呼ばれる）
- 文章の「義法」を強調——宋代儒学に従い、形式は俗語や難解な言葉・装飾の多い語句を除去、温雅で平易な中に文語文の格調を守ろうとする
- 曾国藩・呉汝綸・厳復らが継承し、中華民国の新文化運動で批判される

② 清末における居士仏教の復興

(1) 乾隆・嘉慶以降における居士仏教の活性化
- 彭紹升・羅有高・汪縉・龔自珍・魏源など

(2) 楊文会（1837－1911）の活動とその影響
- 1878年曾紀沢の随員、1886年劉瑞芬の随員として2度の渡欧
- 日本の南条文雄らとの交流、日本に伝えられた仏典の復刻
- 金陵刻経処、仏学研究会の設立——譚嗣同『仁学』に影響
- 大乗諸学の兼学を主張——唯識法相学の復興

(3) 清朝末期から中華民国にかけて
- 欧陽漸による支那内学院の設立——梁漱溟・熊十力らの輩出
- 太虚の武昌仏学院の設立——『覚社叢書』（1918年創刊、のち『海潮音』と改題）の主筆に、1928年南京で中国仏学会を組織

史料10　蔵書家の書斎

　小華兄に伴はれ葉氏（葉徳輝）を洪家井の存養書屋に訪ふ。書屋はもと曾国藩の故宅である。廳上に勲高柱石等の扁額を掲ぐ。主人は進士出身にて、仕へて吏部主事たり、後退て野に在り、博覧多識、最も古書を愛し、蔵する所堂に満つ。よく客を愛し、毫も城府を設けず、青眼を以て新来の予を看、循々として語りて倦まず。我が請に応じて其の珍蔵の書冊、書画及び古銭を示さる。一として天下の珍ならざるはなく、殆んど応接に違あらざるの感あり。中にも唐経生書、阿毘達磨大毘婆娑論の如き、葛長庚の手書道徳宝章の如き、宋版玉台新詠の如き、孰か読書家の垂涎せざるものぞ。北宋膠泥活字、韋帷蘇州集の如きは、墨色さながら漆の如く、真に天下の一品である。又元朝秘史六本あり、内藤湖南氏所蔵の文廷式本は、之に本づきたるものなりと云ふ。主人はその所著及び所刻各一部を予に贈られ、又各一部を予に託して桂湖村、島田翰両君に寄贈せられた。

（宇野哲人『改訂　支那文明記』　大同館書店　1918年）

▼図40　『新民叢報』創刊号

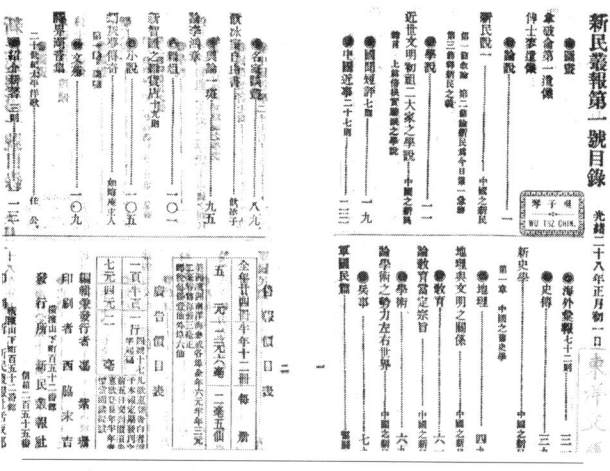

1902年2月8日創刊。第1号から第32号までは横浜山下町152番地。第33号から第96号までは同160番地で発行された。主筆は梁啓超、編集兼発行人は馮自由の叔父馮紫珊である。

▼図41　康有為の須磨の寓居

康有為は1912年、梁啓超の居住していた須磨の双濤園からここに移り、長蕭園と名づけた。国鉄須磨駅の北、須磨大池近くの高台にある。

史料11　郭沫若「郭沫若自伝」

　癸卯の年（1903年）に科挙の廃止と学校の設立が行なわれて、この変革は着くべき所に到達した。この年の秋の郷試がすんでまもなく、高等学堂・東文学堂・武備学堂が省都に生まれた。私の長兄は東文にはいり、次兄は武備にはいった。新しい学問の書籍は、長兄によって集められ、洪水のように成都から私たちの家塾に流れ込んで来た。「啓蒙画報」とか、「経国美談」（矢野竜渓作、梁啓超訳の政治小説）「新小説」（梁啓超が主宰した文学雑誌）「浙江潮」（浙江出身の日本留学生の雑誌）等の書籍や雑誌がほとんど絶えまなくぞくぞくと送られてきた。これが私たちの課外の書籍だった。……本に書かれていたことでいちばん私がおもしろく感じたのは、ナポレオン、ビスマルクの簡単な伝記だった。

（小野忍・丸山昇訳『郭沫若自伝1　私の幼少年時代他』平凡社　1967年）

③ 西欧思想の流入と展開
　(1) 初期の国外への留学生の派遣
　　・アメリカへの官費留学生の派遣（1872－75年、容閎が監督）
　　・福建船政局もイギリス、フランスへ留学生を派遣
　　・1904年頃より、日本への留学ブームが佳境に（ほぼ1911年まで、以降やや沈静）
　(2) 進化論の受容
　　・厳復『天演論』の発行（1898年）──ハックスレイ著 Evolution and Ethics の編訳に厳復の案語を加え、スペンサーの進化論を合わせ解説したもの
　　・「物競天択」「適者生存」の主張──→清朝中国の現状を憂慮する人々に多大な影響
　(3) 『新民叢報』と『民報』の論争
　　・『新民叢報』──1902年、日本の横浜で創刊、主筆は梁啓超
　　・『民報』──1905年、日本の東京で創刊、中国同盟会の機関誌
④ 清朝の文芸
　(1) 文芸の特色──「情」の追求
　　・宋代以降の道徳主義的な「理」への反発、花や美人に対する強烈な感情移入
　　・文学──内向的・審美的、主情主義的な文芸の開花
　　　　　a 曹雪芹『紅楼夢』
　　　　　b 憶語体の文学の輩出：冒襄『影梅庵憶語』、沈復『浮生六記』
　(2) 文人趣味の流行：文房四宝（筆・紙・硯・墨）、書画骨董、陶磁器玩など
⑤ 清朝の書──帖学から碑学へ
　(1) 帖学と碑学
　　・帖学──法帖から書法を学ぶ人々
　　・碑学──金石の銘文の書法に着目し書法をそれにならう人々
　(2) 阮元の主張
　　・『南北書派論』『北碑南帖論』──碑は真蹟を直接に石に刻したため、古人の隷意を伝えるが、法帖は模写を重ねているうち原型から遠ざかったとする
　(3) 揚州八怪──帖学・碑学とも異なり、古法にとらわれない独自の作風を展開
　(4) 流行の推移
　　・康熙・雍正期──明末以来の、法帖を主体とする書法が中心（董其昌の流行）
　　・乾隆・嘉慶期──帖学派の書が最高潮に達する反面、碑学に流行の兆し
　　・道光以降──阮元『南北書派論』などが発表され、北碑派が隆盛となる
　(5) 清末の書と書論
　　・清末の書家──何紹基、趙之謙、翁同龢、呉大澂、楊守敬、康有為、呉昌碩など
　　・書論──包世臣『芸舟双楫』、康有為『広芸舟双楫』

第1章　清朝の崩壊

▲図42　揚州・痩西湖畔の居室

文人趣味にあふれた部屋とされる。格子窓の両脇には対聯が下がり、架上には扁額が架けられている。

▶図43　呉昌碩の桃花図

呉昌碩（1844-1927）は浙江省吉安県の人。花卉山水をたくみに描き、その画は日本でも愛好された。

楊守敬（1839-1915）は1880年、清朝中国の初代駐日公使何如璋の招聘により日本に駐在し、日本の書壇に大きな感化を及ぼした。

▼図44　楊守敬の書「鴎雨荘」

史料12　斉白石自述

　そのころ（1894年、32歳ころ）私は肖像画ばかりでなく、山水人物、花鳥草虫などもかいており、結構多くの注文があったし値段も肖像に比べて少なくはなかった。なかでもしょっちゅう紳士たちが私に頼んできたのは西施、洛神のたぐいであった。人によっては細密画の文姫帰漢、木蘭従軍図などを注文した。みんなは私の画がとても美しいので、じょうだんめかして「斉美人」と呼んでいた。……だが権勢にこびる連中は、私が大工の出であることを侮って、画はかかせるが題款はいらないといった。画は風雅なものであり、私は文人ではないから風雅な画に題する資格がないというのである。私も彼等の気持ちを知っていて全くばかばかしいと思っていたし相手にしたくもなかったけれど、食うためにそんなことはかまっておれなかった。

（斉白石自述・張次渓筆録、足立豊訳『斉白石・人と芸術』、原題は『白石老人自述』　二玄社　1975年）

クローズアップ1　　　　　　　　上海と横浜

　上海と横浜は、ともに19世紀中頃に結ばれた条約で開港し、そこで作られた外国人居留地（英語では Settlement、これを横浜では「居留地」とよび、上海では「租界」と称した）を核に発展したという点で、多くの共通点をもった。しかし、この2つの都市は差異もまた顕著であった。そして、その差異のあり方に、中国と日本が「近代」で辿った違いも見出される。横浜は上海に遅れること16年後に開港したが、2都市の発展の過程は、中国と日本の「近代」について格好の題材を提供するものといえよう。

　加藤祐三は「2つの居留地――19世紀の国際政治、2系統の条約および居留地の性格をめぐって――」（『横浜と上海――近代都市形成史比較研究』横浜開港資料普及協会、1995年）で、上海と横浜の相違点として次の3点を指摘している。第1点は、上海が戦争に敗れた結果の「敗戦条約」で開港し、その条約に基づいて協定や章程を結んだのに対し、横浜が話し合いによる「交渉条約」によって開港した点である。また、第2点は、上海がイギリスによりアヘン密輸の最大の基地として位置づけられ、1854年以降は外国人側が税関行政権を掌握したのに対し、横浜の場合は日米修好通商条約（1858年）で「アヘン密輸」が明示され、かつ税関も幕府の神奈川奉行下に管理された点である。第3点は、上海では清朝政府も上海道台も租界建設に無関心であったため、外国人居留民自らが組織を作り、埠頭や橋を建設したのに対し、横浜では幕府が横浜村の「上地」や整地を行い、地主として外国人に土地を貸借した点である。

　第3点に関連していえば、上海では借地は外国人と中国人地主の個別契約が基本となり、居留地の拡張をめぐる対立は外国人と中国の社会団体などの間で引き起こされた。ところが横浜では、幕府が地主として外国人の生活などに統制を及ぼしたため、中国におけるような情況は起こらなかった。ここに、社会団体の自立性の強い中国と、逆に国家権力が社会の細部にまで浸透している日本との、社会構造の違いを見出すこともできる。

クローズアップ2　　　　　　　　康有為と変法論

　近代中国におけるナショナリズムの問題は、しばしば王朝体制と近代国家の原理的な衝突・矛盾として描かれる。すなわち、中国の近代とは、中華帝国の天下世界が近代国際社会の中に引き入れられ、そこから自覚的に「国民国家」を志向していく過程として捉える見かたである。それは、文字通り苦痛を伴うものであった。そして、いわゆる変法論の台頭も、そのような意味での転換点に位置づけられる。

　佐藤慎一は「文明と万国公法」（『近代中国の知識人と文明』東京大学出版会、1996年）で、康有為ら日清戦争後に誕生した変法派の特徴は、個々の改革項目が不可分の関係にたついわば全体計画の一部であり、全体計画の遂行のためには変革の正当化原理そのものの変革を認識していた点にあるとして、その視座の特徴を、「一統垂裳」の世界から「列国並立」の世界への転換、「列国並立」の世界に応じた国家と民衆の変革、世界観の転換に伴う「文明」観の転換、その「文明化」の過程を経書本来の精神の実現過程とみなしたこと、以上の4点に求めた。すなわち、人々が中国はいまや「列国並立」の一構成単位にすぎないと自覚した時、康有為らはそこで生き残るための方策とし

て、全体計画を、まさに「文明」観の転換とともに提出せざるをえなかったというのである。しかし、康有為の思想は、中国文明の附会から自由ではなかった。康の変法論が附会論から解き放たれるのは、進化論受容後のことであった。

戊戌変法は日本の明治維新と比較される。康有為に『明治変政考』の著書があるように、変法派といわれた人々自体が明治維新に深い関心を抱いていた。しかし、康有為らを日本の横井小楠、佐久間象山などと比べてみても、多くの違いが見出されるであろう。その違いは、自国の文明に対する認識の重さに由来するものであるのかもしれない。なお、この点については、進化論の受容やフランス革命に対する理解の仕方など、これまで多様な研究が存在している。

クローズアップ3 ────────反乱と色

中国社会の底流を脈々と息づくものに、民間宗教結社を含む秘密結社の系譜がある。それは、本来的には苦しみからの救済を説く宗教集団でありながら、現世の変革を願う政治運動体へと変身を遂げ、官憲との対立から武装集団化し反乱を引き起こした。そして、その反乱は常に鮮烈な色のイメージを伴って現われた。白蓮教系宗教結社の「白」、清末紅灯教の「紅」、太平天国の「黄」「紅」などがそれである。

山田賢『中国の秘密結社』（講談社、1998年）では、清末の秘密結社を白蓮教系宗教結社と天地会系秘密結社の2つに大別しながら、この2つを対比的に論じている。この2つは、シンボルカラーが前者は「白」、後者が「紅」であるように、ある側面から見れば異なる様相を持って立ち現われたからである。そして、前者については、「白」は浄化された自己、始原的聖性たる「母」との融合を現わし、その「白」い衣装を身につけることが無生老母・白衣観音（始原的な母）へと浄化することを示す標章であったとした。そして、後者については、父なる帝王とそれがもたらす伝統的秩序や武術・祝祭の象徴としたのである。この山田の研究の他にも、太平天国に見られる「黄」を五行思想による「皇上帝」の象徴とし、「紅」を信仰による再生の歓喜・情熱の色として捉えるなど、多様な解釈がなされている。中国を旅行したり、横浜の中華街を訪れたりすると、日本の奈良や京都などとは全く異なる、色鮮やかな旗や建築の装飾に圧倒されることも多い。色の持つ鮮烈なイメージとそれの依って立つところの意識は、我々の想像を大いにかき立てるものがある。

明清時代の民間宗教結社を含む秘密結社については、野口鐵郎「秘密結社研究を振り返って──現状と課題──」（『中国史学の基本問題4　明清時代史の基本問題』汲古書院、1997年）が研究の現状と課題を総括的に論じている。中国社会の理解は、このような秘密結社やそれを生み出した「地域」の論理を抜きに行うことはできない。また、不安からの脱却が人類の普遍的かつ永遠の願いであるとすれば、それはまた今日にも通底する問題をはらむといえる。

課題と研究状況
1．中国の近代

　中国の近代は、アヘン戦争をもって始まるとされる。その理由は、アヘン戦争によって清朝中国が世界資本主義体制の中に巻きこまれ、同時に清朝中国の朝貢体制が動揺した、と考える立場に基づく。しかし、中国の近代を、このような対外的な関係から考える見方とは異なる立場も存在する。歴史学のあり方として、解釈も、そこに描かれた像も、各時代における個々の研究者の、現在の問題意識に根ざした産物である。従って、中国の近代についても多様な解釈が可能であり、そうであればむしろ解釈の背景にある研究者の問題意識を読み取ることが肝要となる。

　アヘン戦争を画期とした場合、これまでは清朝中国の陥った状況を「半封建・半植民地」と表現し、中国の近代をその状況から独立と統一、富強をかちとる過程として描く立場が一般的であった。そこでは、1949年をゴールとして、変革の主体がどのように形成されたのかが中心となった。しかし、1949年から半世紀以上もたった今、現代中国の抱える課題やこの間の変化を直視しようとするならば、必ずしもこれまでの観点だけでは問題が捉えきれないことは明白である。ここから、単に政治や外交の分野のみでなく、経済や社会・文化、より具体的には制度史の他、社会における慣習・価値の変化などを含めた幅広い分野が考察の対象となってきたのである。

　そのような中から、アヘン戦争によっても、イギリスは単に清朝中国を中心とした東アジアの朝貢貿易体制の中に参入したにすぎないという見方もなされている。また、かつては中国の近代における変化こそが研究の主題であったが、変わりにくい部分も指摘されている。結局、中国の固有性こそが、その原理の根幹こそが、それぞれの関心の焦点になっているようである。そのような場合、中国の近代をアヘン戦争から始める立場はかつてほど強い意味を持ち得なくなっており、中国の近代を中国の長期にわたる変化の中で解明しようという立場が有力になりつつある。

参考文献

　田中正俊『中国近代経済史研究序説』（東京大学出版会　1973年）
　市古宙三『近代中国の政治と社会［増補版］』（東京大学出版会　1977年）
　小野川秀美・島田虔次編『辛亥革命の研究』（筑摩書房　1978年）
　辛亥革命研究会編『中国近代史研究入門』（汲古書院　1992年）
　小島晋治・並木頼寿編『近代中国研究案内』（岩波書店　1993年）
　竺沙雅章監修・堀川哲男編集『中国史――近・現代』（同朋舎出版　1995年）
　狭間直樹・岩井茂樹・森時彦・川井悟『データでみる中国近代史』（有斐閣　1996年）
　並木頼寿・井上裕正『中華帝国の危機』＜世界の歴史19＞（中央公論社　1997年）
　斯波義信・浜口允子『中国の歴史と社会』（放送大学教育振興会　1998年）

2．清朝という世界

　清朝中国は満洲族の王朝であると共に、中央から周縁に及ぶ一つの世界であった。そこには、前代の明朝とは異なる側面があった。それは、明朝が中国本土を版図とする漢族王朝であったのに対し、清朝が軍事力で新たに征覇した非漢族の土地を含む、漢族にとっては異民族王朝であった点である。そのことを端的に示すのがチベットや新疆・モンゴルなどの藩部の存在である。そして、清朝はこのような広大な地域、多様な民族を統治すべく、重層的かつ柔軟な統治システムを築いた。それが、アヘン戦争以降の相次ぐ敗戦と不平等条約の締結の中で、問い直しを迫られるのである。

　一方、清朝中国は明朝と異なる側面を持ちながら、統治の原理は基本的に明朝のそれを踏襲した。華夷思想・朝貢体制に基づく世界システムがそれである。そこでは儒教を受容するか否かをもって中華と夷狄を弁別し、その原理に沿って世界が構成された。それは中心から、直轄地・藩部（理藩院により間接的な支配が行われた）・朝貢国というかたちで外縁に広がり、夷狄がその最も周縁に位置した。そして、このうち直轄地は漢族が多数を占める内地直轄地と、西南の非漢族地域にわけられた。

　1842年のアヘン戦争の敗北後における、清朝中国の列国との戦い、及びあいつぐ敗戦と不平等条約の締結は、清朝を否応もなく条約体制の枠内に立たせた。そのことは華夷思想・朝貢体制に動揺をもたらした。1860年代以降、清朝中国はそれまでの朝貢国が他国に併呑される中で、新疆省・台湾省を設置した。それは清朝中国が自らを西欧の国際秩序に適合させる試み、すなわち西欧的「国家」観、ないし近代「国民国家」観の受容をうかがわせるものでもあった。そして、それと同時に、それまでの重層的かつ柔軟な統治システムにメスを加えようとした。体制内改革の一連の試みであり、それが「君民一体・上下一心」と標榜された所に、改革の企図したものも明示されている。

参考文献

　　入江啓四郎『中国に於ける外国人の地位』（共栄書房　1937年）

　　坂野正高『近代中国外交史研究』（岩波書店　1970年）

　　坂野正高『近代中国政治外交史』（東京大学出版会　1973年）

　　浜下武志『近代中国の国際的契機――朝貢貿易システムと近代アジア』（東京大学出版会　1990年）

　　片岡一忠『清朝新疆統治研究』（雄山閣出版　1991年）

　　浜下武志『朝貢システムと近代アジア』（岩波書店　1997年）

　　茂木敏夫『変容する近代東アジアの国際秩序』（山川出版社　1997年）

　　毛里和子『周縁からの中国――民族問題と国家』（東京大学出版会　1998年）

　　岡本隆司『近代中国と海関』（名古屋大学出版会　1999年）

3. 体制内改革の系譜

　清朝中国は1860年代ころより、西欧列国の侵略、太平天国など国内の動乱に対応し、統治体制の再建を試みた。当初は、それは西欧の富強の源を「技芸」にみて、近代的な火器・艦船・軍事技術の導入、及びそれに関連する施設の建設により、従来の体制の補強を図るものであった。洋務運動と呼ばれるものがそれである。しかし、知識人を中心に、次第に西欧の富強の源を政治体制に見出し、体制そのものの変革が唱導され始めた。制度（「法」）の改革（「変」）、つまり「変法」という言葉が時代の潮流となるのは、1895年の日清戦争における清朝中国の敗北後のことであった。

　これら一連の改革を特徴づけたのは、「中体西用」論（「中学は体であり、西学は用である」）といわれる改革の理念であった。すなわち、「中学は体であり」、そうであれば、西欧の技術・制度の導入も中国固有の学問・価値を損なわない範囲内で行わなければならなかった。むしろ、それらは中国の古代の理想を実現する手段として認識された。改革にはたががはめられていたのである。ここに清朝中国における伝統の重さ、体制と学問の不可分を指摘することも可能である。改革がこうした「附会」から解き放たれるのは、進化論の受容後のことであった。

　清朝の体制内改革運動には、これまで様々な問題点が指摘されてきた。第1は、洋務運動の地方分権性、個別分散性である。そこには強力な中央政府の指導は見出されなかった。そして、それはしばしば党派・派閥争いに堕した。第2は、官僚の強い統制下にあって、民族資本が抑圧され続けたことである。官僚の統制は一方で官僚と資本の癒着・腐敗を生んだ。第3は、改革運動が絶えず清朝の伝統主義者による掣肘を受けたことである。改革を推進しようとする場合、こうした動きに理論武装する必要があった。これら諸点に中国の近代化の特色と、日本などにおける場合との異同が指摘されてもいる。

参考文献

　小野川秀美『清末政治思想研究』（みすず書房　1969年）

　彭沢周　『中国の近代化と明治維新』（同朋舎出版　1976年）

　B.I.シュウォルツ著、平野健一郎訳『中国の近代化と知識人──厳復と西洋』（東京大学出版会　1978年）

　永井算巳『中国近代政治史論叢』（汲古書院　1983年）

　鈴木智夫『洋務運動の研究』（汲古書院　1992年）

　阿部　洋『中国近代学校史研究』（福村出版　1993年）

　中井英基『張謇と中国近代企業』（北海道大学図書刊行会　1996年）

　佐藤慎一『近代中国の知識人と文明』（東京大学出版会　1996年）

　狭間直樹編『共同研究　梁啓超』（みすず書房　1999年）

4．清朝の学術と読書人

　清朝中国の学術の特徴は考証学にある。それは明朝の遺臣である黄宗羲・顧炎武・王夫之などが唱えた学風を基礎に、明代の理学(りがく)・心学(しんがく)に対して古典を実証的に研究する立場からなされた。その特徴は、経世致用の実用的な側面と学問の実証的な側面の二つにある。しかし、清朝初期の学問統制により、次第に古典の実証的な側面が深められ、音韻・金石・目録などの学問に特化していった。そうはいっても、清朝を通じて学問の経世致用の実用的な側面は一貫して受け継がれた。そして、黄宗羲や顧炎武の説く封建論・郡県論などが清末になって再度論じられ、それが西欧の議会制を導入する論拠となった。さらに、西欧思想が流入し、人々の世界観や価値観が動揺する中で、春秋公羊学や仏教諸派の学問、特に唯識学が復興し、多彩な思想が展開したのである。

　このように、清朝の学術は一方でより実証的、かつ尚古(しょうこ)的な側面をもつ。その傾向は書において顕著で、金石学が栄えるとともに、乾隆から嘉慶に至って帖学から碑学への流行の変化をもたらした。そして、清末にいたり、帖学と碑学の兼修などが説かれ、呉昌碩などを生み出した。また、他方で、対象に対する強烈な感情の移入という側面ももった。それは、宋代以降の道徳主義的な「理」への反発であると共に、清朝の学問統制が知識人をしてより内向的にいたらせた結果でもあった。ここに、審美的(しんびてき)・主情主義的(しゅじょうしゅぎてき)な文芸が開花したのである。

　清朝は中国における最後の王朝である。ここでは、最後の王朝にふさわしく、さまざまな文芸と共に、文人趣味なるものがはやった。その担い手は読書人であり、彼らは多くが政治家であった。呉大澂・翁同龢・康有為といった著名な政治家は、同時に優れた書家でもあった。厳しい政治の世界における格闘、それが華やかな文芸を生み出させた基盤であったともいえる。政治と学術との緊張は、現代まで続く一つのテーマである。それは、中国における禁書(きんしょ)の系譜などにも、見出されるものである。今後の課題の一つといえるであろう。

参考文献

狩野直喜『中国哲学史』（岩波書店　1953年）

坂出祥伸訳注・解説『大同書』（明徳出版社　1976年）

山井　湧『明清思想史の研究』（東京大学出版会　1980年）

坂出祥伸『康有為──大同のユートピア』＜中国の人と思想11＞（集英社　1985年）

大谷敏夫『清代政治思想史研究』（汲古書院　1991年）

『中国清朝の書』＜季刊墨スペシャル第13号＞（芸術新聞社　1992年）

章培恒・安平秋主編、永上正・松尾康憲訳『中国の禁書』（新潮社　1994年）

木下鉄矢『「清朝考証学」とその時代──清代の思想』（創文社　1996年）

島田虔次『隠者の尊重──中国の歴史哲学』（筑摩書房　1997年）

5．社会の流動と結合

　16世紀以降、清朝支配下の18世紀に至って、中国の人口は爆発的に増加した。その原因としては、盛世滋生人丁(せいせいじせいじんてい)の丁銀(ていぎん)免除による隠匿人口の顕在化も無視できないが、一般には海上貿易による大量の銀の流入、とうもろこしやじゃがいもなど新作物の伝来と定着があげられる。そして、輩出された人口の多くは、湖北・陝西・四川三省交界の山岳地帯などや辺境の地に移住した。彼らは、新しい地に至って、自らの安住のため、様々な相互扶助的な社会関係を取り結んだ。それが同郷結合・同族結合（宗族）であり、いわゆる秘密結社であった。そして、清代の秘密結社は、清朝が漢族にとっては異民族王朝であったことから、「打富済貧(だふさいひん)」「替天行道(たいてんこうどう)」や「反清復明(はんしんふくみん)」のスローガンを掲げ、19世紀以降飛躍的に拡大した。

　清代の秘密結社は、俗称でいえば紅幇(ホンパン)と青幇(チンパン)の二つの系統に大きく分けられる。紅幇は内陸の農村や山間部を基盤にした組織であり、活動した地域によって、華南を中心とした天地会や三合会・小刀会(しょうとうかい)、華中を中心とした哥老会(かろうかい)（哥弟会(かていかい)）・江湖会(こうこかい)などがある。一方、青幇は、糧船水手業者などに流布した羅教をその源とするように、本来は大運河や河川水路、その要衝にある都市や碼頭の上に成立した組織であり、長江下流域から大運河をへて河北に至る地域で発達したものである。ともに、アヘン戦争後の在地産業の動揺や交通体系の変化、軍隊の解散で増加した失業者を吸収して、肥大した。

　秘密結社の組織の基本は、構成員の相互扶助にある。それを中国における大きな社会的なシステムの中に位置づけた場合、人と人との繋がりのありかた、構成をなす原理など、そこには中国社会の特徴と共に、欧米や日本などとは全く異なる様相が見出されよう。その場合、その核心は一体何であったのかというだけでなく、それは歴史的にどのように推移し、政治的な変化とどのように係わっていったのかが問われなければならない。それには、社会史だけでなく、文化人類学や哲学・思想などとも連関させる必要がある。また、中国の前近代史や欧米の社会史を対象とする研究にも、留意する必要がある。

参考文献

　平山　周『支那革命党及秘密結社』（初出は1911年、のち長陵書林より1980年に復刻）

　鈴木中正『清朝中期史研究』（燎原書房　1952年）

　野口鐵郎『明代白蓮教史の研究』（雄山閣出版　1986年）

　小林一美『義和団戦争と明治国家』（汲古書院　1986年）

　山田　賢『移住民の秩序──清代四川地域社会史研究』（名古屋大学出版会　1995年）

　酒井忠夫『中国帮会史の研究　青幇編』（国書刊行会　1997年）

　　　　　同『中国帮会史の研究　紅幇編』（国書刊行会　1998年）

　山田　賢『中国の秘密結社』（講談社　1998年）

　佐藤公彦『義和団の起源とその運動』（研文出版　1999年）

▼図45　秘密結社の歴史的推移

	青　帮	哥老会	天地会・三合会
前期青帮／水碼頭時代	明の正徳年間、羅教創始 明末清初、運軍、糧船水手の組織に浸透 　清門羅教帮の成立 老官斎の乱 嘉慶　水手の反乱暴動激 道光：化	清初、四川への移民増加 華南から客家の流入 乾隆初：四川啯嚕党の活 　　　　　　　　　↓ 　　　白蓮教の乱 　　天地会からの影響　← 　　　　　　　　　↓	康熙：鄭成功の抵抗運動 　福建南部（漳泉）の民衆組織 乾隆末：台湾　林爽文の反乱 嘉慶：反乱暴動の多発 道光：反清復明のスローガンが明確になる
中期青帮	咸豊：大運河の漕運停止　← 　　　糧船水手の失業 　　　↓ 安清（慶）道友 私塩の密売活動	太平天国の乱　　　→ 同治初：湘・淮軍の解散 　　　哥老会散兵遊勇の中に浸透 　　　地方的反乱暴動多発 　　　（打富済貧）	福建小刀会の乱 上海小刀会の乱 広東天地会の乱 海外の華僑、苦力の間に浸透 アメリカ：致公党 東南アジア：義興党
移行過渡期	1900年：義和団事件 　青帮再建（礼字輩）	1870〜80年代以後、遊民無産者（流㞠）の増大 仇教運動激化 1891年：長江流域教案 　　　李豊、メースン事件 青帮・紅帮の呼称はじまる 唐才常の自立軍蜂起 革命党と会党の協同による 清朝打倒の革命運動進展 湖南・湖北・四川・浙江　　広東・広西・海外洪門 　　　　　↓　　　　　　　　　↓ 　　　　　辛　　亥　　革　　命	興中会　恵州蜂起
後期青帮・旱碼頭時代	南京臨時政府、会党同化政策　→ 　　　（中華国民共進会） 民国初期：青帮は隆盛にむかう	袁世凱政権、会党取締弾圧 紅帮は活動が低迷？	

第2章　中華民国の誕生

概　　観

　1912年1月1日、アジアで最初の共和制国家中華民国が南京に成立し、臨時大総統に孫文(そんぶん)が就任した。いわゆる辛亥革命である。この革命の発端は、前年10月に湖北省武昌(武漢市)でおこった新軍の蜂起で、孫の直接的な指導の結果ではなかった。しかし、かれは興中会・中国同盟会などによる長い革命運動の経歴をもち、彼が提唱した三民主義は、当時ほとんど唯一の総括的革命理論であった。それ故、革命諸派や有力者が集まり、新しい共和制国家を船出させるにあたり、その最高指導者として、多数の支持を得たのである。南京の革命派は、主権在民を基本理念とする臨時約法(憲法)を制定し後事に備えた。

　旧体制を支えた官僚や地主層は、清朝を見限って北京に拠る袁世凱(よえんせいがい)を旗頭とした。袁は強大な軍事力やイギリスなど列強の支持を背景に、清帝の退位を実行し、まもなく孫にかわって臨時大総統となった。12年末から13年にかけて、中国史上初の国会議員選挙が行われた。革命派は宋教仁(そうきょうじん)を実質的党首とする国民党に結集し、袁の与党共和党に勝利したが、宋は袁の陰謀によって暗殺された。江西都督(ととく)(省長官)を罷免された李烈鈞(りれっきん)や革命派の重鎮黄興(こうこう)が蜂起し、第二革命を発動したが結局鎮圧された。北洋軍閥(ぐんばつ)と総称される軍事力を背景に、袁の北京政府では、経済関係法令を整備し、混乱していた貨幣制度の統一に向けて新通貨を発行するなど、第1次世界大戦期の民族産業の顕著な伸びが準備された。

　ところで中華民国の成立は、清朝からの各省の離反・独立の末に実現したものだった。アヘン戦争以来、手段を選ばずに中国の人民と大地から富や希望を奪ってきた列強は、当初中立を装っていたが、そうした経過に照らして、新共和国の統一性保持に強力な指導力を発揮しうる人物の必要を感じ、袁世凱を適格者として認め、彼らの代理人に押し立てて権益の確保をはかった。13年4月に調印された英・露・日など5国との善後大借款(ぜんごしゃっかん)の契約は、反対派への政治的軍事的攻撃を画策していた袁に十分な資金を提供した。さらに13年10月正式な大総統に袁が就任すると、列強はこぞって民国を承認した。日本は第1次世界大戦を契機に、民国への干渉を強めた。たとえば15年1月、各国には秘密裏に、山東省での旧ドイツ権益の継承や南満洲・東部内蒙古での権益の拡大などを要求する二十一ヵ条の要求を提出した。これは露骨な侵略意図の表明であったが、袁世凱政権は要求のほとんどを認め、人々はこれを「国恥(こくち)」とした。

　14年1月になると袁は国会を廃止し、独裁を可能とする新しい約法を公布して、16年には帝制を復活させた。これに対して蔡鍔(さいがく)らの地方軍閥は、各地で反袁運動を開始し、日本で中華革命党を組織していた孫文もこれに呼応した。袁は急遽(きゅうきょ)帝制を取り消したが、北

京政府からの独立の動きは急速に各省に波及した。袁の死後、北方では大総統に黎元洪が昇格し、袁の基盤であった北洋軍は安徽派の段祺瑞と直隷派の馮国璋に受け継がれた。段は黎大総統のもとで総理となったが、大戦への参戦に積極的な姿勢が祟って黎に罷免され、その黎も張勲による清朝最後の皇帝溥儀の復辟（帝位の復活）に際して辞職した。さらに張勲らを退けた段が総理に復活し、西原借款など日本の援段政策を背景に力をふるって、武力による南北統一をとなえ、黎の後継大総統となった馮国璋と対立し、さらに段の与党優位の国会においては、新たに徐世昌が大総統に選出されるなどした（安福国会）。一方、南方では唐継堯ら西南軍閥の軍事力に依拠した孫文が、臨時約法を遵守することを唱えて広州に護法国会を開き中華民国軍政府を樹立したが、自前の軍事力の欠如は致命的だった。軍閥間の抗争と南北二つの政権の分立は、政情不安と戦いの日々を生み出していた。

おりしも、世界大戦の講和会議に出席した中国代表団は、山東省の権益が敗戦国ドイツから直接中国に返されるべきことを主張したが受け入れられず、ベルサイユ条約ではドイツの権益を日本が継承することとなった。このことが伝わると、中国各地で抗議行動がおこった。五・四運動である。とくに19年5月4日、北京の天安門前広場で学生たちが開いた集会は、親日派と見なされた官僚曹汝霖などへの直接的抗議行動に発展し、労働者はストライキを行い、商人は申し合わせて店を閉めた。一般の民衆たちも、民族運動という形をとってはいたが、明確な異議申立を行ない始めたのである。民主と科学を掲げた社会運動としての新文化運動やこの五・四運動などの潮流のなかに、李大釗・陳独秀などをリーダーに、21年7月の上海においてなされた中国共産党創立も位置づけられよう。

21年のワシントン会議とこれに付随する条約によって、中国の国際的地位にはいくつかの変化が生じた。九ヵ国条約では、列強が中国の主権の尊重と領土の保全を確認した。山東問題では、日中間の条約で膠州湾租借地の還付などが決まった。中国政府はさらに列国がもつ租借地や各種の利権の返還を求めたが、拒絶されたことから、大規模な利権回収運動がまき起こった。国内とくに北方では、北京政府の主導権をめぐって安直戦争や第1次・第2次奉直戦争がおこり、奉天派の張作霖が日本をバックに次第に優勢となった。南方では三民主義を理論的に深めた孫文が、中国国民党第1回全国代表大会を通じ、連ソ容共策によって国共合作をすすめ、党の軍隊の創設などの改組を行った。北方への政治的圧力が強化されるなか、孫が志半ばで病に倒れたあと、国民革命軍総司令蔣介石が、広州から上海・北京を目指して北伐を開始するのは26年7月で、各地の軍閥を撃破し南北統一を達成する勢いを示す一方、共産党への弾圧を開始した。

中華民国の誕生は、異民族による専制王朝の支配から中国の人民を解放すると同時に、分裂と複雑な抗争の時代を招き寄せたが、民族主義・社会主義というさらなる解放への芽を中国の大地に生じさせるものでもあった。

本　論

１．革命への助走

① 変革運動の展開

(1) 梁啓超（りょうけいちょう）の変革論
- 康有為（こうゆうい）の変法論を出発点とし、保皇会（ほこう）に拠って海外で活動
- 孫文などとの論争を通じ、列強による中国分割の危機を警告
- 『新民叢報』などで、開明専制君主の統治による中国の近代化を主張

(2) 孫文の革命論
- 興中会の組織（1894年11月、ハワイ）←──李鴻章への請願の失敗
　　──武装蜂起計画（95年10月）──→露見・失敗──→孫の国外亡命
- 中国同盟会の形成（1905年8月、東京）
　　──革命綱領（四綱）──→駆除韃虜・恢復中華・創立民国・平均地権
　　──留学生・知識人・華僑への働きかけ
- 三民主義──『民報』発刊１周年記念集会で発表（06年12月）
　　民族主義──清朝の打倒と漢民族の新しい国家を建設
　　民権主義──主権在民の共和国家を建設し、立法・行政・司法・考試（官吏登用試験）・監察の五権を分立
　　民生主義──革命後の地価上昇分に課税して土地の国有化をすすめる
- 江西・湖南・雲南・広東・広西などで数次の武装蜂起──→会党などに依拠

(3) 知識青年の覚醒
- 東京への留学生の集中──新知識の吸収
　　　　　　　　　　　　　海外から見た母国に対する危機意識の高まり
- 華興会（かこうかい）（湖北・湖南省出身者中心　黄興・宋教仁・陳天華など、03年）
　光復会（こうふくかい）（浙江・江蘇省出身者中心　章炳麟（しょうへいりん）・陶成章（とうせいしょう）・秋瑾（しゅうきん）など、04年）
- 孫文らとの共同へ──→中国同盟会に収束

② 清朝のあがき

(1) 清末の立憲運動
- 中国国内の民族資本家と一部の清朝官僚──梁啓超・張謇（ちょうけん）など
- 変法の詔（01年）──→科挙廃止の決定（05年）
- 憲法の制定と議会開設を要求
　　立憲準備（06年）──→「欽定憲法大綱」の発布（08年）
　　各省に諮議局（しぎきょく）、中央に資政院（しせいいん）が発足（09年・10年）

第2章　中華民国の誕生

▲図1　梁啓超（1873－1929） 　　▲図2　黄興（1874－1916） 　　▲図3　章炳麟（1868－1936）

史料1　ハワイ興中会章程

　中国の積み重なった衰弱は、一朝一夕に成ったことではない。上は因循姑息、うわっつらを粉飾して虚勢を張るのみであり、下々は蒙昧無知で、先を見通すことができない。最近わが国は敗戦の恥辱をなめ、辺境は占領された。堂々たる中華が隣国に見くだされ、文明礼節が異民族に軽侮されている。志ある士たるもの、胸をうって憤らずにいられようか。

　そもそも4億という多数の人民、数万里の豊かな土地があれば、もとより発憤して強者となり、天下無敵となることができる。しかるに愚昧な奴隷が国政をあやまり、人民を苦しめ、一度つまずいて再起できぬ今のような極限状態におとしいれた。

　今や強大なる諸外国が輪になってとりかこみ、虎や鷹のように眼をぎらつかせ、中華の豊富な鉱物、物産に久しく垂涎し、侵略を続々と模倣して行い、瓜分（瓜を切るように国土を分割すること）の危険を目前に恐れねばならなくなった。

　心ある人はやむにやまれず大声疾呼し、すみやかにこの民を水火の苦から救い、倒壊せんとする国家を支えようとする。特に会員を集めて中華を興し、賢人豪傑と協力して共に事をなし、時勢の艱難を打開し、わが中華を安泰ならしめようとするものである。ねがわくは諸同志、自ら努力せよ。つつしんで規約を制定し、以下に列挙する。

　1、この会を創設するのは、もっぱら中華を振興し国家を維持するためである。わが中華が外国の圧迫を受けるのは、すでに一朝一夕のことではないが、これはみな政府と民間とが隔絶し、上と下との情が通じず、国家が損害を受けても知らず、人民が圧制を受けても訴えるところがないことが原因である。苦難は日々深まり、その害は限りがない。ここに本国と在外の華人に連絡し、この会を創設して、民の志を伸ばし国の根本を支える。　　　　　（以下省略）

（広東省社会科学院等編『孫中山全集』第1巻、中華書局　1981年）

(2) 中国をめぐる列強の新しい対立
　　・位置関係の変化──日ロの領土的野心──→日露戦争──→日米の対立へ
　　・借款の供与──米・英・仏・独は借款団を組織（1910年）して金融的支配をめざす
　　　　　　　　──満洲の開発と幣制の改革──→銀本位制への移行
③ 民衆運動の高揚
(1) 反封建闘争──→抗租・抗糧・槍米の運動←──1907－10年の旱魃・洪水で高揚
(2) 対外ボイコット運動←──郷紳・民族資本家による指導
　　・列強の侵略的外交への対抗
　　　　　──対米ボイコット運動（05年）←──中国人移民排斥法に抗議
　　　　　──対日ボイコット運動（09年）←──安奉鉄道の一方的改修に反発
(3) 利権回収運動
　　・列強に奪われた鉄道・鉱山・教育などの利権を中国人自身の手に取り戻す
　　・労働者・農民・手工業者・小商人の参加
(4) 華僑の革命運動
　　・運動参加の契機──異民族支配の封建社会中国に対する反発
　　　　　　　　　　──海外居住地での不安定な身分への不安
　　　──→民族意識の強烈な表出として運動に参加
　　・運動参加の形態──興中会・同盟会などの革命組織に会員として加入
　　　　　　　　　　──華僑独自の組織（総商会など）を通じて参加
　　・革命支持団体を結成して運動に参加──洪門籌餉局（アメリカ）
　　　　　　　　　　　　　　　　　　　──中華民国僑商統一連合会（日本）
　　・資金的援助・革命思想の宣伝・武装蜂起などの諸形態で参加
④ 革命の勃発
(1) 幹線鉄道の国有化策←──鉄道を担保とした4か国からの借款
　　・四川・湖南・湖北などで民衆・郷紳が保路運動（11年6月から激化）
　　　──→清朝の武力鎮圧──→内乱状態の出現
(2) 武昌蜂起（1911年辛亥10月10日）
　　・湖北省武昌における新軍の決起──→辛亥革命の勃発
　　・湖北軍政府の組織──黎元洪が都督（軍政・民政の長官）
　　・各省に波及──→立憲派・官僚による革命の成果の奪取──→革命派の後退
　　　　　　　──→各省ごとに清朝から独立宣言
　　　　　　　──→北方各省（清朝支持）と南方各省（革命支持）の軍事対立
(3) 中華民国の成立──臨時大総統（大統領、元首）に孫文（1912年1月1日）

第2章　中華民国の誕生

▲図4　孫文（1866-1925）

▼図5　武昌蜂起以後の各省独立の経過

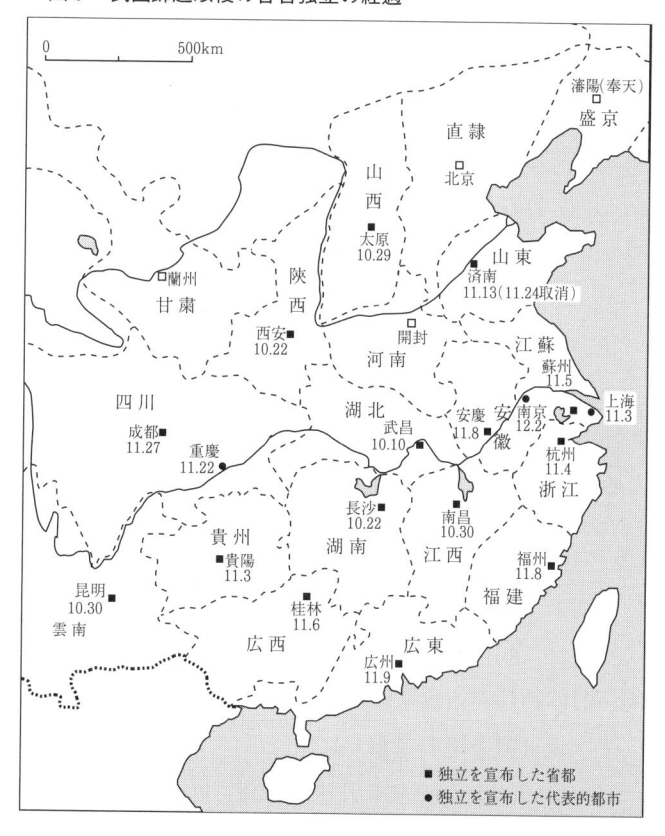

■　独立を宣布した省都
●　独立を宣布した代表的都市

▲図6　武昌の革命軍砲兵隊

▶図7　孫文の臨時大総統就任宣誓書

大總統誓詞

傾覆滿洲專制政府鞏固中華民國圖謀民生幸福此國民之公意文實遵之以忠於國為眾服務至專制政府既倒國內無變亂民國卓立於世界為列邦公認斯時文當解臨時大總統之職謹以此誓於國民

中華民國元年元旦　孫文

2．中華民国臨時政府の成立

① 臨時政府の活動——南京
　(1) 政治機構の整備
　　・「中華民国臨時約法（憲法）」の制定——公布（1912年3月）
　　　——主権在民・法のもとの国民の平等・自由を規定
　　・国民の選挙で選出された議員による2院制の国会（参議院・衆議院）を設置
　　　——国会における選挙で大総統を選出
　　・大総統のもとに国務院（内閣）をおく
　　・国会の承認を得て国務院総理（首相）・各部（省）総長（大臣）をおく
　　　——→共和制国家の法的枠組み構築、旧体制の巻き返しへの対抗
　(2) 社会的慣習の革新——→伝統的・封建的なものへの挑戦、変革への意気込みの表明
　　・悪習の除去
　　　——アヘンの栽培や吸飲の禁止
　　　——纏足(てんそく)の禁止——→女性の解放
　　　——辮髪(べんぱつ)の廃止
　　・西欧文明の導入
　　　——太陽暦の採用
　　　——賤民身分の廃止

② 旧体制の巻き返し——北京
　(1) 袁世凱登場の基盤
　　・清朝の中核的軍事力（北洋軍）の温存と継承
　　・地主・旧官僚などの革命の急進化を嫌う立憲派
　(2) 列強の策謀
　　・既得権益確保
　　・イギリスの袁支持
　　・日本・アメリカなどによる事態収拾の動き——→5カ国から善後借款を導入

③ 南北の妥協
　(1) 清朝の滅亡（12年2月）
　　・宣統帝溥儀の退位——王朝支配の終焉
　(2) 袁世凱政権の誕生——首都は北京、与党は共和党
　　・臨時大総統は孫文から袁世凱へ（12年3月10日）
　　・北方の軍事的優位

史料2　中華民国臨時約法

第1章　総　綱

第1条　中華民国は中華人民がこれを組織する。

第2条　中華民国の主権は国民全体に属する。

第3条　中華民国の領土は22行省、内外蒙古(モンゴル)、西蔵(チベット)、青海(チンハイ)とする。

第4条　中華民国は参議院、臨時大総統、国務員、法院を以てその統治権を行使する。

第2章　人　民

第5条　中華民国人民は一律平等にして種族、階級、宗教の区別はない。

第6条　人民は左記各項の自由権を享有することができる。

  1．人民の身体は法律によらなければ逮捕、拘禁、審問、処罰することができない。

  2．人民の家宅は法律によらなければ侵入あるいは捜索することができない。

  3．人民は財産の保有及び営業の自由を有する。

  4．人民は言論、著作、刊行、及び集会、結社の自由を有する。

  5．人民は信書秘密の自由を有する。

  6．人民は居住、移転の自由を有する。

  7．人民は信教の自由を有する。

第7条　人民は議会に請願するの権を有する。

第8条　人民は行政官署に陳訴するの権を有する。

第9条　人民は法院に訴訟してその審判を受けるの権を有する。

第10条　人民は官吏が違法によってその権利を侵犯した行為に対して平政院にこれを陳訴するの権を有する。

(以下省略)

(中国史学会主編『辛亥革命』第8冊、上海人民出版社　1957年)

▼図8　臨時参議院議事堂

▲図9　袁世凱（1859－1916）

3．袁世凱の登場
① 袁の政権掌握
　(1) 国民党の結成（1912年8月）
　　・革命組織としての同盟会から議会政党としての国民党への転換
　　・孫文は名目的党首←――綱領としての三民主義の後退
　(2) 第1回国会選挙（13年2月）
　　・宋教仁のもとで国民党が第一党となる
　　・袁の与党共和党の敗北
　(3) 袁の反動化と陰謀
　　・袁の岐路――国民党優勢議会での名目的大総統か、実質的権力をふるう実力大総統か
　　　――→宋教仁を暗殺（13年3月）
　　　――→英・仏・露・独・日本から善後借款を導入

② 第二革命（13年7月）
　(1) 反袁闘争の開始
　　・孫文の討袁呼びかけ――江西都督李烈鈞・実力者黄興などの武装蜂起
　　　――→南方数省が独立宣言
　(2) 軍事的敗北
　　・袁の圧倒的軍事力
　　・国民党系実力者の亡命と革命闘争の継続
　　　――→孫文、中華革命党を結成（14年7月、東京）

③ 袁世凱政権の確立
　(1) 国会の解散
　　・正式大総統に袁を選出（13年10月）
　　・与党は進歩党←――旧立憲派や旧保皇会など
　　・袁による国会廃止←――国民党を非合法化
　　・参政院の設置――袁の独裁政治をカモフラージュする諮問機関
　(2) 「臨時約法」の改悪
　　・約法会議による見せかけの審議――→新約法を制定
　　　――大総統の権限を独裁的なものに変更・強化
　(3) 地方軍閥の形成
　　・中央の軍閥に従属しつつ相対的に独立
　　・帝国主義列強と国内封建勢力に従属
　　・東北地方と西南地方に存在――張作霖・唐継堯・陳炯明(ちんけいめい)など

第2章　中華民国の誕生

▲図10　宋教仁（1882-1913）

史料3　中華革命党成立宣言

　わが党は、第1次革命において国体と政体を変更するや、共和の強化および民権、民生の2主義の実行を己が任務とした。しかるに、宋教仁暗殺事件、善後借款問題により、余儀なく第2次革命をおこしたが、不幸にして、革命精神の潰滅、あいつぐ敗走によって、日本はついに亡命客集中の地となった。議論が将来の事業に及ぶや、意見はまちまちで、ある者は口を閉ざして革命を語らず、ある者は革命は10年後に期すという。失望落胆、罵詈讒謗、20年来の革命精神と革命団体は、ほとんど再起不能となった。これは口にするさえ、慨嘆にたえない！

　しかし、文（孫文）が急進を主張し、旧党人を統率し、後進を激励して、あらたに中華革命党の設立を発起したところ、国内外の同志は、先を争って盟約宣誓した。夏6月、総理選出の会合を開くと、18省の代表が出席し、文は総理に当選した。7月8日、日本の築地の精養軒において、本党成立大会を開催し、文はここに総理の職に就任し、一同の面前で宣誓し、中華革命党総章を公布した。これより一意専心、事をすすめ、ここに本部組織の設立をみた。よってとくに国内外の同志に通告するものである。

（中略）

　このたびの新党結成のねらいは、本を正し源を清めるにある。すなわち、（1）官僚を排除し、（2）偽革命党員を淘汰する。これにより完全なる統一の効をあげ、第1次革命時代のごとく、異党分子が混入して、偽によって真を乱させはしない。国内の人士はもとより、海外の人士もまた、厳しく審査を加えなければならない。わが中華革命党の支部、交通部が特別に選抜派遣した者、およびその紹介により承認された者でなければ、政府はこれを受け入れて政治上の業務に参与させることはいっさいせず、保皇党の妖怪どもに施す術なからしめる。

（中国国民党党史委員会編『国父全集』第1冊　1973年）

(4) 列強と中華民国
- ・米は第二革命勃発前に中華民国を承認
- ・日本・独・露・仏・英は袁の正式大総統選出後に中華民国を承認
- ・地方への経済的支配と軍閥への利便提供
- ・日本の二十一カ条要求

④ 袁世凱政府の財政経済政策──→民間企業の勃興を促し、商工業者の支持獲得を狙う
(1) 経済関係法令の整備
- ・「公司（会社）条例」・「鉱業条例」・「商会（商工会議所）法」などの公布
(2) 財政機構の中央集権化
- ・国税の徴収による中央政府の経済的基盤の確立をはかる
- ・中央政府の国家予算編成
(3) 経済関連行政機関の設立
- ・工業製品試験所
- ・綿業試験場
(4) 新通貨の発行
- ・袁の肖像銀貨の発行──→貨幣制度の全国的な統一を志向
(5) 政策の担い手
- ・張 謇──農商務部総長、実業家出身、かつての立憲派指導者
- ・周 学熙──財政部総長、経済官僚出身
- ・熊希齢──財政部総長、清朝官僚出身、かつての立憲派指導者

⑤ 帝制復活と反袁運動
(1) 帝制復活への世論操作
- ・米人顧問F＝グッドナウは中国における立憲君主制の有効性を主張
- ・籌安会の結成──楊度・厳復・劉師培などの洪憲六君子
- ・籌安会からの皇帝就任請願
- ・参政院が袁の皇帝就任勧告決議を採択
  ──→帝制の開始（1916年1月）、年号は洪憲
(2) 護国軍の蜂起（15年12月）──→第三革命（15年12月−16年6月）
- ・梁啓超・蔡鍔・唐継尭らが反袁世凱で結集──雲南省で反袁世凱の護国軍を結成
- ・独立を宣言し、帝制取り消しを勧告
- ・雲南護国軍──四川・湖南・広東へ進出
- ・貴州・広西などが呼応──帝制反対を表明
  ──袁の北京政府からの独立を宣言

▲図11　張謇（1853－1926）

▲図12　蔡鍔（1882－1916）

孫文と四粒の蓮の実

　辛亥革命には、多くの日本人が様々な関わりをもった。革命のために献身的に奔走した宮崎滔天（とうてん）や梅屋庄吉のような人々もいたが、政治家や軍人・実業家・国家主義団体などは、日本の権益拡張のために、あるいは所属する政党や企業の利益のために、孫文など革命家に接近する者が大多数だった。また、孫文の側に、侵略的な行動をとる日本人に対し十分な警戒を行っていない時期もあった。そうした日本との関わりのなかで、孫文はしばしば日本人に書をおくった。青少年期にハワイや香港で西欧流の教育を受けた彼の筆跡は、決して達筆と言えるものではないが、彼のいわば心情を込めたものとして「博愛」とか「天下為公」などと好んで揮毫（きごう）した。
　大正期に海運会社を経営していた長崎県出身の田中隆は、孫文に、所有する汽船を提供したり、資金援助をおこなっていたが、大正7（1918）年頃、「故郷から持ってきたものです。大切にして花を咲かせてください。」という趣旨の言葉とともに、孫文から四粒の蓮の実を託された、という。その後、蓮の実は大切に保管され、昭和37（1962）年に、ようやく一粒が専門家の手で開花した。全体が白く、花弁の先だけが赤いその花は、孫文蓮と命名され、分根を繰り返して八十年を経た現在も健在だという。

(3) 袁世凱の死
  ・国内各地・各界の帝制への反発
  ・帝制に対して日本は強く反対、列国は政情を不安定にするとして歓迎せず
  ・止まらない各省独立の動き──広東・浙江・陝西(せんせい)・四川・湖南
    ──→帝制の取消し（1916年3月）──→袁の死（16年6月）
⑥ 民国の政局と華僑
 (1) 華僑連合会の結成（12年2月、上海）
  ・政治・経済の建設に参加するための組織的基盤をめざす
  ・華僑の資本家層・貿易業者などの意思を代表
 (2) 参政権の獲得
  ・参議院に華僑代表議員の議席を獲得
  ・実質的な政治活動はほとんどなし←──政局の混乱

4．新たな胎動
① 対華二十一ヵ条要求（15年1月）
 (1) 背景
  ・第1次世界大戦──→山東半島のドイツ権益に対する日本軍の攻撃
    ──→中国政府の抗議
  ・ヨーロッパ戦線への西欧列強の膠着
 (2) 二十一ヵ条要求の内容──大隈内閣から袁世凱政権に対する5項目21条の要求
  ・山東省にあるドイツ権益の日本への移譲と拡大
  ・旅順・大連・南満洲・東部内蒙古の租借期限延長
  ・漢冶萍(かんやひょう)煤鉄公司(ばいてつこうし)の日中合弁
  ・中国港湾の対外不割譲・不貸与
  ・日本人の政治・財政・軍事顧問の雇用
  ・日本製武器の輸入
  ・兵器工場の日中合弁
 (3) 中国の民衆・商工業者・知識人の怒り
  ・反日団体の組織
  ・日本製品ボイコット運動の展開
    ──→中国政府は第5号要求（日本人顧問の雇用・日本製武器の輸入・兵器工場の日中合弁など）を除く要求の大部分を承認（15年5月）
    ──→反袁運動の進展とも相いまって、袁の求心力低下

▲図13　討袁敢死先鋒隊

　袁世凱の帝制に、華僑も義勇軍を組織して反対の戦いをくりひろげた。1916年9月、そうした華僑を孫文は上海に訪問し、ねぎらった。

▲図14　二十一ヶ条要求に対する袁世凱の批准書

② 北洋軍閥の抗争
  (1) 袁の死——→大総統に黎元洪、国務院総理に段祺瑞(だんきずい)が就任
          ——→北洋軍閥内に派閥形勢
  (2) 直隷派と安徽派の対立・抗争
    ・直隷派——馮国璋など河北省出身軍人が中心——→黎元洪を背後から操縦
          ——対独参戦に消極的
    ・安徽派——段祺瑞など安徽省出身者が多数
          ——対独宣戦を積極的に主張
    ・黎元洪は張勲に頼って段を罷免・排除
③ 清朝の復辟(ふくへき)
  (1) 張勲の登場——段勢力を駆逐
          ——国会解散を要求
          ——部下の兵士に辮髪を強制
    ・張の軍事的圧力——→国会の解散、黎の大総統辞任
          ——→旧清朝皇帝溥儀の復位
  (2) 清朝の復辟宣言（1917年7月）←——段祺瑞の反撃
    ・段祺瑞が首都を制圧——→中国の対独参戦
    ・復辟は数日で失敗——張勲の勢力を中央から駆逐
④ 日本の援段政策
  (1) 日本の資金援助による段祺瑞の復活←——援段政策
      ——段は参戦反対派が優位の国会の再開を拒絶
  (2) 西原借款（17年1月-18年）
    ・寺内正毅(てらうちまさたけ)内閣が西原亀三を通じて総額1億円を越える借款を供与
      ——→ほとんどは段の政治資金となる
⑤ 孫文の護法運動（17-23年）
  (1) 広東軍政府の樹立
    ・孫文は多数の国会議員とともに広東において護法国会（非常国会）を開催
      ——広州に中華民国軍政府（広東軍政府）を組織（17年9月）
    ・国民党と西南軍閥の不安定な連合体——第1次（17年9月）は軍閥唐継堯と提携
                ——第2次（20年12月）は軍閥陳炯明と提携
                ——第3次（23年3月）は軍閥許崇智(きょすうち)と提携

▲図15　北洋軍閥統治下の飢餓難民

名　　称	成立年月日	金額(万円)	借款者
第一次交通銀行借款	1917. 1.20	500	曹如霖等
第二次交通銀行借款	1917. 9.28	2000	曹如霖
有線電信借款	1918. 4.30	2000	曹如霖
吉会鉄道借款前貸金	1918. 6.18	1000	曹如霖
黒吉林借款	1918. 8. 2	3000	財政部
満蒙四鉄道借款	1918. 9.28	2000	曹如霖
山東二鉄道借款前貸金	1918. 9.28	2000	曹如霖
参戦借款	1918. 9.28	2000	章宗祥

▲図16　西原借款

(2) 新しい情勢の形成──軍閥抗争の時代
  ・北方は軍閥の権力闘争が続く北京政府
  ・南方は脆弱な革命派の広東軍政府
    ──→南北間で果てしない戦闘が続き国土の荒廃と民衆の疲弊を招いた
⑥ 日本の軍事力拡張
 (1) 国際的背景
  ・石井=ランシング協定（1917年11月）
    ──中国における機会均等・日本の特殊権益を承認する日米合意
  ・ロシア革命（17年）による社会主義国家の誕生と極東への波及
    ──→北満洲の中東鉄道沿線にソビエト政権
  ・英・米は北京政府を通じて極東のソビエト政権に干渉
 (2) 段祺瑞（安徽派）の策謀
  ・親日的軍閥張作霖（奉天派）との提携による直隷派への圧力
  ・安徽派は南北の武力統一を志向
  ・安徽派主導の国会の開催──安福国会（18年）
 (3) 日中軍事協定
  ・日華共同防敵軍事協定（18年）
    ──日中両軍の共同行動と日本軍の移動手段の確保など
  ・シベリア干渉戦争（18年8月、シベリア出兵）
    ──ロシア革命の極東波及を阻止
 (4) 援段政策の破綻
  ・反日運動の展開
    ──日本在留中国人学生による日中軍事協定反対運動の組織化
    ──→救国団の結成と留学生の一斉帰国（18年5月）
  ・上海などで反日運動
  ・中国国内の統一への動き
  ・各省省議会の南北和平支持──→南北和平の動きが活発化
    ──→徐世昌の大総統選出と段の総理辞任
    ──→呉佩孚（直隷派）などによる南北の停戦実現
  ・米騒動による寺内内閣の崩壊（18年9月）
  ・三・一独立運動（朝鮮）──→反日の東アジア的高まり

▲図17　張作霖（1875-1928）

▲図18　段祺瑞（1865-1936）

▼図19　北洋軍閥の抗争（1916-18）

主要な要因背景	袁世凱の死	対独参戦問題	清朝復辟	南北統一問題 1918年前半頃	南北統一問題 1918年後半頃
形勢	直隷派（馮玉璋ら） 安徽派（段祺瑞ら） の形成	直隷派（反参戦論） 黎元洪大総統 ↕→張勲の台頭 安徽派（参戦論） 特に段祺瑞総理	張勲による復辟の強行 →復辟の失敗 　段の復活 段祺瑞	直隷派 ↕→安福国会 　武力統一 安徽派 奉天派（張作霖）	直隷派（呉佩孚） 徐世昌大総統 ↕→段の辞職 　南北停戦 安徽派

⑦　近代的民族産業の発展
　(1)　国際的背景
　　　・第1次世界大戦の勃発──→西欧列国の経済的圧力が一時的に緩和
　　　　　　　　　　　　　　　──→戦場と化した西欧が中国産製品の市場となる
　　　・続発した対日ボイコット運動──→日本製品の輸出圧力が鈍化
　(2)　民族産業の発展──→民族資本の成長
　　　・清末以来、実業振興策が断続的にではあるが実行されて来た
　　　・1915年から20年にかけて発展の頂点←──中国民族産業の黄金時代
　　　・マッチ・紡績・タバコなどの軽工業製造部門に顕著な発展
　　　・新式銀行の増加──→金融の整備と拡充
　(3)　労働者の大量出現
　　　・上海など沿海都市部への企業と人口の集中
　　　・近代的工業労働者の増加──→近代意識の醸成
　　　・実業教育の普及──→知識人の増加
　　　　　　　　　　　　　　──→ジャーナリズムの普及・発展

⑧　五・四運動
　(1)　新文化運動
　　　・雑誌『新青年』の役割──『青年雑誌』として創刊（1915年）
　　　・陳独秀・李大釗（さいげんばい）・蔡元培・胡適（こてき）ら進歩的知識人による啓蒙活動
　　　　　──→「文学改良芻議」（17年）
　　　・儒教と伝統社会への重大な疑問提起と旧道徳や因習の告発
　　　・西欧の近代思想を紹介──「民主（デモクラシー）と科学（サイエンス）」を標榜
　　　・個人の自由と自立を強調
　(2)　文学革命
　　　・胡適による口語（白話（はくわ））運動
　　　・魯迅（ろじん）による伝統社会を告発する口語小説の発表
　　　　　──→『狂人日記』（18年）・『阿Q正伝』（21年）など
　　　・文学研究会機関誌『小説月報』での評論・小説
　　　・創造社の出版活動による郭沫若（かくまつじゃく）・郁達夫（いくたつふ）らの作品発表
　　　　　──→儒教道徳に規制されない新しいテーマと表現の創出

年	紡績工場			製糸工場			たばこ工場数	製粉工場数
	工場数	紡錘数 実数	指数(1890年=100)	工場数	糸車数 実数	指数(1897年=100)		
1900	6	161,084	460	18	5,900	79	―	1
01	6	161,084	460	23	7,830	104	―	1
02	5	137,172	392	21	7,306	97	―	2
03	5	137,172	392	24	8,526	114	―	2
04	5	137,172	392	22	7,826	104	―	4
05	5	137,172	392	22	7,610	101	1	5
06	4	116,780	334	23	8,026	107	1	5
07	5	127,316	364	28	9,686	129	1	5
08	6	134,196	383	29	10,006	133	1	5
09	6	140,020	400	35	11,085	148	1	6
10	7	165,696	473	46	13,298	177	1	7
11	7	165,696	473	48	13,738	183	1	7
12	7	167,596	479	48	13,392	179	2	8
13	6	141,920	405	49	13,392	179	2	10
14	7	160,600	459	56	14,424	192	2	13
15	?	?	?	56	14,424	192	4	14
16	?	?	?	61	16,692	223	7	15
17	?	?	?	70	18,386	245	8	15
18	?	?	?	66	18,800	251	9	16
19	11	216,236	618	65	18,306	244	9	17
20	21	303,392	867	63	18,146	242	9	18
21	23	508,746	1,454	58	15,770	210	9	19
22	24	629,142	1,798	65	17,260	230	9	22
23	?	?	?	74	18,546	247	10	22
24	24	675,918	1,931	72	17,554	234	14	22
25	22	687,358	1,964	75	18,298	244	51	20
26	?	?	?	81	18,664	249	105	18
27	24	684,204	1,955	93	22,168	296	182	16

▲図20　上海における民族産業の発展

▲図21　仙台市米ヶ袋の魯迅旧居

革命と医学・医業

　近代中国の革命と医学の関係は浅からぬものがある。そもそも、革命運動の指導者孫文は、香港で医学を学んだれっきとした医者であって、開業の経験ももっていた。また、文学革命の旗頭であった魯迅は、日本の仙台で、1904年9月から1906年3月まで当時の仙台医学専門学校に学んだ。この期間のことは、彼の作品『藤野先生』などで良く知られている。

　ところで、ここではそうした医学修業経験の共通であることをもって、政治指導者と文学者という全く違った天職に行き着いた二人の、偶然の重なりに言及しようというのではない。むしろ我々は、二人の共通性として、医学・医業を捨てたことにこそ注目すべきである。そこには、当時の中国における医学・医業の置かれていた、人間を救済する仕事としての衰弱した状況と、一方で政治や文学におそらくまだ辛うじて内在した、社会を変える力の存在を看て取れるように思う。清末民国初期の中国社会は、確かに内外の憂患をかかえてはいたが、人間に対する全くの絶望にその根幹まで支配されていたわけではないのである。

(3) 罷課・罷市・罷工
  ・ベルサイユ講和会議──帝国主義列国による世界再分割の意図
    ──中国代表団は山東省のドイツ権益を中国へ返還するよう主張
    ──米・英などはドイツ権益を日本が継承することを支持
    ⟶中国各地で抗議行動⟶五・四運動の発端
  ・1919年5月4日、北京の天安門前広場での学生による集会は、親日派官僚曹汝霖
   への直接的抗議行動に発展⟶親日3官僚の罷免要求
  ・五・四から六・三へ──北京から全国へ
    ──各省議会・総商会の抗議声明
    ──各地の学生・商人・労働者のストライキ（罷課・罷市・罷工）
  ・中国代表団はパリ講和条約への調印を拒否（6月28日）
(4) 五・四運動の意義と影響
  ・意義──反帝・反封建意識の大衆的萌芽
       ──団結の強さの自覚
       ──労働者の政治的覚醒
       ──ロシア革命の影響
  ・北京の政局
    ──北京政府を牛耳る安徽派の衰退と呉佩孚など（直隷派）の台頭
    ──奉天派（張作霖など）を巻き込んだ直隷派の安徽派に対する挑戦
    ──安直戦争（20年）⟶安徽派の敗北
⑨ 中国共産党の結成（21年）
 (1) 知識人・学生の覚醒
  ・長沙・北京・上海などに共産主義の研究グループが形成される
    ──革命のプログラムとしてのマルクス主義やロシア革命への注目
  ・カラハン宣言──帝政ロシアの在華既得権の一切の放棄
    ⟶ソ連への期待の拡大
  ・日本・西欧列国への失望と疑惑の増大
 (2) コミンテルンの働きかけ
  ・陳独秀・李大釗らへの接触
  ・コミンテルン代表マーリンの訪中
 (3) 創立大会（21年7月、上海）
  ・大会代表として毛沢東ら13名が集合⟶陳独秀が党責任者として総書記となる
  ・プロレタリアートの解放と新たな革命をめざす自覚的集団の萌芽

史料4　陳独秀「つつしんで青年に告ぐ」

　思うに、年若くして老成するとは、人をほめる場合の中国での言葉であるが、英米人は、年はとっても若さを保とう Keep young while growing old とはげましあう。これは東西両民族のものの考え方の相違、現象の差異の一端でもあろうか？　青年は初春のごとく、朝日のごとく、草木のめばえのごとく、とぎすまされたばかりの鋭利な刃のごとく、人生の最も貴重な時期である。社会における青年は、人体における新鮮活発な細胞のごときものである。新陳代謝は、陳腐老朽なるものに時々刻々と自然淘汰の道を歩ませて、新鮮活発なるものに空間的位置と時間的生命を与える。人体がこの新陳代謝の道に従えば健康であるが、陳腐老朽の細胞が充満すれば人体は死ぬ。社会が新陳代謝の道に従えば隆盛となるが、陳腐老朽の人々が充満すれば滅びる。

　このような考えからすると、わが国の社会は隆盛におもむくであろうか、それとも滅亡にむかうであろうか。私は断言するに忍びない。かの陳腐老朽な人々は、たとえ自然淘汰の理を耳にしても、常に、歳月の流れるのにまかすほかなく、また、国民性によるのだとして、新しく生まれかわろうとしない。私が悲痛な気持ちでここに述べたいのは、ただ新鮮活発な青年が自覚し奮闘することに望みをかけるしかないからである。

　自覚とは何か？　青年が新鮮活発であることの価値と責任とを自覚し、みずから卑下してはならないということである。奮闘とは何か？　青年が知識能力を発揮し、陳腐老朽なるものを仇敵あるいは洪水や猛獣のごとく見なして、これを厳しく排撃し、決して近寄せず、その病毒に感染させられないことである。

(『青年雑誌』1巻1号　1915年9月)

史料5　北京学生界宣言

　ああ、国民よ！　わがもっとも親愛なる、もっとも敬服する、もっとも熱血あふれる同胞よ！　われわれは、日本人の密約の危険のもとに、罪なくして辱められ、苦痛と恥辱にまみれてきた。さらに日夜懸念してやまぬ山東問題、青島返還問題は、いまや5カ国共同管理とされ、やがては中日直接交渉の提議がなされようとしている。悲報飛来し、晴天に光は失われた。

　そもそも平和会議が開かれたとき、われわれが期待し祝賀したのは、世界に正義があり、人道があり、公理があると考えたからであった。青島を返還し、中日の密約、軍事協定、およびその他の不平等条約を廃棄することが公理であり、すなわち正義である。公理に反し、強権を逞しくして、わが国土を5カ国共同管理に置き、わが国を敗戦国ドイツ、オーストリアと同列に置くのは、公理でなくまた正義ではない。今また公然と（公理と正義を）破棄して、山東問題をわが国と日本との直接交渉にゆだねようとしている。日本は虎狼の国であり、一片の通牒によってわが国から二十一カ条の利権を略奪した国である。したがって、わが国がこれと交渉することは、要するに（領土の）割譲を意味し、青島を失い、山東を失うことにほかならない。

(近代史資料編輯組編『五四愛国運動資料〔『近代史資料』1959年第1号〕』科学出版社　1959年)

⑩　国際情勢と中国
　(1)　ワシントン会議（1921年11月）
　　　・米・英・仏など西欧列強と日本および中国（北京政府）の9ヵ国による会議
　　　・列強の思惑──日本の在華権益は大戦中にいっそう拡張
　　　　　　　　　──米は中国に権益を持つ各国の利害を調整して日本封じ込めを企図
　(2)　中国の主張と会議の推移
　　　・二十一ヵ条要求の廃棄──→会議参加国の無視──→日中の協議にゆだねられる
　　　・九ヵ国条約（22年2月）──→中国の主権の尊重と領土の保全を確認
　　　　　　　　　　　　　　　──→各国の機会均等・門戸開放を主張
　　　・南方政府は会議と北京政府の対応を批判
　(3)　日本の対応
　　　・日中の「山東懸案解決に関する条約」──→日本は膠州湾の租借地を還付する
　　　　　　　　　　　　　　　　　　　　　──→中国は膠済鉄道を買収する
　　　・他の権益などの還付を求める中国政府を無視──→中国民衆の反発
　(4)　新しい情勢の展開
　　　・シベリア干渉戦争を契機とする日本の中国東北部に対する軍事支配の強化
　　　・日貨ボイコット運動の分裂←──運動の長期化による疲弊
　　　　──物価上昇の民衆生活への影響と商人層の自己矛盾の顕現
　　　・ロシア革命に対する知識人の注目
　　　・地方軍閥の自治志向の生起
　　　・労働者階級の出現と労働団体の独自な活動の展開
　　　・経済環境の変化──→世界恐慌の中国への波及
　　　　　　　　　　　──→日本・欧米列国の中国市場支配の再開と強化
　(5)　旅大回収運動
　　　・会議後、中国政府は遼東半島の日本租借地（旅順・大連）の還付を要求
　　　　──→日本政府はこれを拒否──→日本商品ボイコット運動に発展
　　　・主権回収運動としての旅大回収運動の民族的高揚（23年）
　　　　──→民衆レヴェルでの反帝国主義運動の展開
　　　・北京政府は直隷派内部で派閥抗争
　　　・買収された議員によって曹錕（そうこん）を大総統に選任（曹錕の賄選（わいせん））
　　　　──→大総統・国会の権威失墜

史料6　山東懸案解決ニ関スル条約

第1条　　日本国ハ旧独逸膠州租借地ヲ支那国ニ還付スヘシ

第9条　　青島済南府鉄道及其ノ支線ノ沿線ニ現在駐屯スル日本国軍隊（憲兵ヲ含ム）ハ支那国ノ巡警又ハ軍隊カ該鉄道ノ保護ヲ引受クル為派遣セラルルニ至ラハ直ニ撤退スヘシ

第14条　　日本国ハ青島済南府鉄道及其ノ支線ヲ之ニ附属スル他ノ一切ノ財産（埠頭、倉庫及他ノ同種ノ財産ヲ含ム）ト共ニ支那国ニ移転スヘシ

第23条　　日本国政府ハ旧独逸膠州租借地ニ於テ日本専管居留地又ハ国際居留地ノ設置ヲ要求セサルヘキコトヲ声明ス

(以下省略)

(『法令全書』11－3　大正11年6月)

▲図22　曹錕（1862－1938）

史料7　中国共産党第2回全国大会宣言　3中国共産党の任務と当面のたたかい

（1）プロレタリアートが民主主義革命を援助するのは、プロレタリアートがブルジョアジーに降服するという意味ではない。これは封建制度を延命させないための、またプロレタリアートの真の力を養成するための、必要な過渡的段階である。

われわれプロレタリアートには、われわれ自身の階級の利益があり、民主主義革命が成功しても、プロレタリアートはいくらかの自由と権利を得るにすぎず、まだまだ完全に解放されることにはならないのである。それだけでなく、民主主義（革命）が成功すれば、幼稚なブルジョアジーが急速に発展し、プロレタリアートと敵対的な位置に立つことになる。したがって、プロレタリアートはブルジョアジーに対抗して、「貧困なる農民との連合によるプロレタリア独裁」をめざす第2段階のたたかいを実行しなければならない。もしも、プロレタリアートの組織力と戦闘力が強固であったならば、この第2段階のたたかいは、民主主義革命の勝利のあとにひきつづいて、ただちに成功をおさめることができよう。

(『馬克思思想著作選編』選編組編『中共党史文献選編
　　　──新民主主義革命時期』中共中央党校出版社　1992年)

5．国民革命への道程

① 軍閥の混戦

(1) 第1次奉直戦争（1922年4月）
   - 安直戦争後北京政府は直隷派と奉天派の寄り合い所帯となる
     → 政局の不安定と軍閥戦争の頻発
   - 奉天派（張作霖）が敗北し、中国東北部での閉関自治を宣言
     → 張は日本（軍部）との結びつきをいっそう強化

(2) 第2次奉直戦争（1924年9月）
   - 長江下流域での安徽派と直隷派の勢力争い ← 江浙戦争
   - 江浙戦争に乗じて奉天派の巻き返し → 直隷派が敗退
   - 張作霖と馮玉祥が北京政府を支配 → 段祺瑞が臨時執政府を樹立
     → 北洋軍閥が支配する北京政府の相対的地盤沈下

② 中国国民党の改組

(1) 中国国民党の結成（1919年10月）← 秘密結社的な中華革命党の改革
   - 五・四運動以降の民衆運動への注目の結果

(2) 党の軍隊の創出
   - 黄埔軍官学校の開設（24年）── コミンテルンのマーリンによる提議
     ── 蔣介石をソ連に派遣し赤軍を視察
     ── 孫文は蔣介石を校長に任命

(3) 第1次国共合作
   - 孫文-ヨッフェ共同宣言（23年1月）→ ソ連との協力を声明
   - 共産党員が個人として国民党に入党
   - 中国国民党第1回全国代表大会の開催（24年1月）→ 国共合作の成立

(4) 中国国民党第1回全国代表大会
   - 三民主義の深化 ── 民族主義 ── 帝国主義とその手先である軍閥の打倒を目指し
                                    国内各民族の平等・融和を企図
                   ── 民権主義 ── 直接的民権の保障と5権の分立を徹底
                   ── 民生主義 ── 耕す者がその土地を有し、銀行・鉄道など重要
                                    産業を国有化して大企業の横暴を防止
   - 国民党中央指導部に李大釗・毛沢東などの共産党員を選出
   - 基本政策 ── 聯俄・聯共・扶助工農の三大政策
     → 労働者や農民・民衆を基盤とした国共両党の存在を確認

第2章　中華民国の誕生

主要な要因背景	五・四運動	北京政府部内の対立 1922年頃	民族運動の高揚 1923年頃	反直隷派運動の高揚
形勢	安徽派 北京政府 ↕ 直隷派 奉天派　　→安直戦争　安徽派敗退	直隷派 ↕ 奉天派　　→第一次奉直戦争　奉天派の後退	直隷派部内の内部対立　　→曹錕の賄選	直隷派 ↕ 奉天派　　→第二次奉直戦争　直隷派敗退　段の復活・馮玉璋台頭

▲図23　北洋軍閥の混戦（1919－24年）

史料8　中国国民党第1回全国代表大会宣言

1　中国の現状

　中国の革命は甲午（1894年）の年に始まって、庚子（1900年）に盛んとなり、辛亥（1911年）の年に成功し、ついに君主政体を顛覆した。そもそも革命は突然おこるわけではない。満洲人が侵入して中国を占拠して以来、民族的差別に対する不満感は長いあいだ鬱積していた。外国との往来が自由になると、列強帝国主義が怒濤のごとく押しよせ、その武力による掠奪と経済的圧迫によって中国は独立を失い、半植民地の状態に陥った。満洲政府（清朝）にはすでに外国の侮りを防ぐ力はなかったが、家僕（漢民族）を抑圧する政策をますますひどくして列強への従属で失ったものを補充した。わが党の士はわが党総理孫中山（孫文）先生に従って、満洲政府を倒さなければ中国を改造できないことを知った。そこで奮起し、国民の先頭に立って大いに邁進し、辛亥に至って、はじめて満洲政府顛覆の事業が成功をみた。しかし、われわれはもともと革命の目的が満洲政府顛覆のみにあるのではなく、満洲政府顛覆後、中国の改造を進めることにあることを知っていた。当時の情勢の下では、民族的には一民族の専横独裁から諸民族の平等結合へと移り、政治的には専政制度から民権制度へと移り、経済的には手工業的生産から資本主義的生産へと移ることが必要であった。この道に沿って進めば、必ずや半植民地の中国を独立の中国とすることができ、世界に堂々たる地位を占めさせることができたはずである。

　しかし、当時の実情はわれわれの期待するところに反し、革命には成功したものの、革命政府が実際に実現しえたのは民族解放主義にすぎなかった。しかも間もなく、情勢に迫られて、反革命的な専政階級と妥協するのやむなきに至った。この妥協は、じつは間接的に帝国主義と協調することであり、これがついに革命の最初の失敗の根源となった。そもそも当時、反革命的な専政階級を代表した者は、実に袁世凱であった。彼の勢力は頭初あまり盛んでなかったにもかかわらず、革命党がこれにうち勝てなかったのは、当時国内戦争が長引くことを極力回避しようとしたからであり、その上、組織があり、規律があって、自己の使命と目的をわきまえた政党がなかったからである。当時このような政党があったならば、必ずや袁世凱の陰謀を抑えて勝利をおさめ、彼につけ込まれることはなかったであろう。袁世凱は北洋軍閥の首領で、当時列強と結託し、いっさいの反革命的な専政階級、たとえば軍人・官僚らはみなこれに依存して生存をはかっていたのに、革命党の者は彼に政権を譲ってしまった。革命が失敗に帰したのは当然である。　　　　（『国父全集』第1冊）

③ 孫文の北上（1924年11月）
  (1) 孫文の北伐宣言（24年9月）
    ・第2次奉直戦争における馮玉祥・張作霖の勝利
    ・馮は国民軍を自称し、張および背後の日本軍部に対し不信
      ──→馮の北上要請に応じた孫は、新しい事態を「国民革命の新時代」と規定
      ──→五・四運動以降の民衆運動・北洋軍閥支配の後退・国民党の改組などを踏まえ
        た状況認識からの発言
  (2) 孫文の政治的遺言──革命いまだ成らず
    ・北上途中の神戸で日本の帝国主義的動向に警告
    ・孫文逝去（25年3月、北京）
④ 民衆運動の高まり
  (1) 農民組合の発足
    ・彭湃（ほうはい）の運動──農民組合の組織を指導（21年以降）
    ・広東省農民協会の結成（25年5月）
  (2) 労働運動の高揚←──五・四運動の成果、共産党の指導
    ・ストライキの頻発──開灤（かいらん）炭鉱のストライキ
              ──京漢（けいかん）鉄道ストライキ（23年2月）──→全国鉄路総工会
              ──二・七事件（23年2月）──→呉佩孚の弾圧
    ・中華全国総工会の成立（25年5月）←──全国労働大会の決議
⑤ 五・三〇運動
  (1) 日本企業の経済的収奪
    ・上海の日本紡績企業で労働者が待遇改善要求スト（25年2月）
    ・ストライキが青島などの在華企業にも拡大──→労働者の殺傷事件に発展
      ──→労働者の抗議運動──→学生・知識人・農民も加わる反日運動へ
  (2) 上海租界（そかい）の事件（25年5月30日）──→反帝国主義運動として全国化
    ・反日運動を租界当局が取り締まるなかでイギリスの警官隊による発砲事件発生
      ──→反英ボイコット運動に発展
    ・上海工商学連合会の結成（6月1日）──→抗議活動の組織化
      ──労働者の権利擁護・領事裁判権の撤廃などの要求を提起
⑥ 省港スト（25年6月）
  (1) 広州・香港でのボイコット運動
    ・在華イギリス権益に打撃
  (2) 民族運動の長期的継続
    ・16ヵ月間の運動←──広州国民政府の支援

▶図24　黄埔軍官学校開校式での孫文（中央）と蔣介石（1887－1975 孫文の左4人目）

史料9　孫文「大アジア主義」

　皆さん、本日、皆さんのかくのごとき熱烈な歓迎を受け、誠に感激至極であります。本日は、皆さんが演題を決め、わたくしに講演するよう要請されました。その演題というのは「大アジア主義」であります。この問題を論ずるにあたり、まずアジアとは、どのようなところか、という点について、はっきりさせておかなければなりません。

　わたくしは、わがアジアが、世界最古の文化発祥の地であると考えています。数千年前、わがアジア人は、すでに非常に高い文化を持っていました。というのは、ヨーロッパ最古の国家、たとえば、ギリシア、ローマのような古い国家の文化は、みなアジアから伝わっていったのであります。わがアジアには、昔から哲学的な文化、宗教的な文化、倫理的な文化および工業的な文化を持っていました。これらの文化は、古くから世界で、非常に有名でした。さらに近代世界の最新のさまざまな文化にいたるまで、すべてわれわれのこの古い文化から発生したものであります。

（中略）

　われわれが「大アジア主義」をとなえ、研究した結果からすると、いったいどんな問題を解決しなければならないのか。それは、アジアの苦痛をうけている民族のために、どうすれば、ヨーロッパの強大な民族に抵抗できるか、という問題であります。簡単にいえば、被圧迫民族のために不平等を打破しなければならないという問題であります。

　被圧迫民族は、アジアだけでなく、ヨーロッパの中にもあります。覇道を行う国家は、外の州や外国の民族を圧迫しているだけでなく、みずからの州やみずからの国においても、同様に圧迫しています。

　われわれが「大アジア主義」をとなえるとき、王道を基礎とするのは、不平等を打破するためであります。アメリカの学者はあらゆる民衆解放運動を文化に扠く行為とみなしています。従ってわれわれが現在、提唱している不平等を打破するための文化は、覇道に扠く文化であり、あらゆる民衆の平等と解放を求める文化であります。

　あなたがた日本民族は、欧米の覇道の文化を取り入れていると同時に、アジアの王道文化の本質をも持っています。日本が今後、世界の文化の前途に対して、いったい西洋の覇道の番犬となるのか、東洋の王道の干城（外敵を防ぐ城、盾）となるのか、あなたがた日本国民がよくよく考え、慎重に選ぶことにかかっているのです。

（『国父全集』第2冊）

⑦ 蔣介石の登場
　(1) 広東国民政府の成立
　　・主席を汪兆銘とし孫文の大元帥府（広州）を継承したもの
　　・陳炯明など地方軍閥を撃破して基盤を拡大
　　・国民党による指導が原則──党内に左派と右派の対立の兆しを内包
　(2) 廖仲愷暗殺（1925年8月）
　　・国民党左派に対する右派の攻撃──→胡漢民がモスクワへ追放される
　(3) 三・一八事件（26年）──馮玉祥の国民軍と奉天軍との戦い
　　　　──華北における反軍閥の動き
　　・日本軍の奉天軍への加担と事件への介入──→学生らの抗議行動と政府による弾圧
　(4) 中山艦事件（26年3月20日）──蔣介石による反共事件
　　・共産党員・ロシア人顧問の逮捕・追放──→国民党左派・共産党勢力を排除
　　　　──→蔣介石が権力闘争の場に登場

⑧ 北伐──第1次国内革命戦争
　(1) 北伐の開始（26年）
　　・総司令蔣介石率いる国民革命軍が軍事行動を開始──南北の統一が目標
　　・軍は蔣の直系部隊と西南軍閥の諸軍およびロシア人軍事顧問
　　・長沙・武昌・上海・南京などの各地の軍閥を撃破（−27年3月）
　　　　←──革命軍将兵と民衆の支持が背景として存在
　(2) 武漢国民政府（27年1月）
　　・国民政府は北伐によって占領した武漢へ遷都
　　・漢口のイギリス租界を回復（27年1月）←──劉少奇の指導
　　・党の軍に対するコントロールを確保するため、総司令の権限を制限
　　・国民革命軍第二軍総司令に馮玉祥を任命

⑨ 蔣介石の右傾強化
　(1) 四・一二クーデタ（27年4月12日）
　　・南京占領（27年3月）←──英・米・仏・伊・日本の南京砲撃
　　・上海総工会・武装糾察隊の武装解除を強行──→国共合作の破壊
　　・上海の共産党員を大量に逮捕・投獄・拷問・処刑──→共産党への挑戦
　　・武漢国民政府は蔣を解任除名
　(2) 南京国民政府
　　・蔣は武漢国民政府に対し対決姿勢を明示
　　・蔣の主導により南京に胡漢民を主席とする国民政府を設立（27年4月18日）

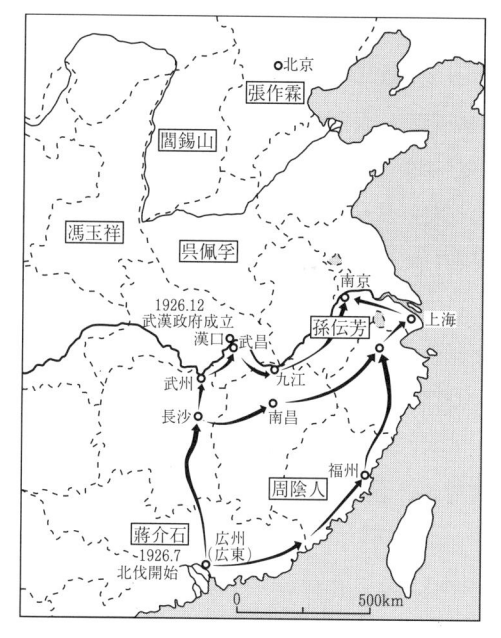

▲図25　北伐と各地の軍閥

近代東アジアにおける「剪髪」の命運

　ここでいう「剪髪」とは、ごく一部分のみを残して頭髪のほとんどを刈りあげた（というより、剃りあげると言った方が良いかもしれない）、朝鮮をのぞく前近代東アジアの成人男子に一般的だった髪形のことである。たとえば、日本の丁髷。元服（成人）の際に前頭部のいわゆる月代を剃り落とし、頭部のほとんどに髪はない。後頭部から側頭部にかけて残った髪を伸ばして一本に束ね、これを後頭部から頭頂部に向かって棒状に乗せるのが武士や町人に一般的だった。同様に、中国の辮髪。後頭部にわずかに残した髪を長く伸ばし、編んで一本にし、腰部あたりまで垂らす。労働時には、頭に鉢巻きの如く巻き付けたりもする。これら頭部のほとんどを剪髪した髪形は、西欧化にともなって姿を消した。

　中国の辮髪は、本来は清朝によって漢人社会を支配した満洲人の習俗であり、漢人の屈伏の証として、彼らに強制されたものだった。従って、調髪の仕方としては同種として剪髪と総括し得るものでも、それを止めることはまた、自ずから日本とは違った意味合いを持った。つまり、辮髪を止めることは、満洲人の支配を認めないという意思表示となった。清末、日本に留学した多くの中国人学生は、日本で辮髪を切り落とした。しかし、そのまま帰国すれば反清朝として逮捕は免れない。そこで彼らの多くが帰国の際、当時日本で作られた辮髪付きの帽子を持ち帰った。状況を変えたのは、言うまでもなく清朝の崩壊だった。こんどは辮髪が摘発の対象となった。さらに民国も年を重ね、安徽派と直隷派の対立で混乱する北京に、突如辮髪の兵士が現れて人々を恐れさせたこともあった。清朝の復辟を画策する張勲の軍隊だった。一足先に、部下の頭の上に清朝を復活させたのだった。東アジアにおける剪髪の命運は、転変の中できわめて強い政治性を帯びていたのである。

クローズアップ4　　　　　　　中国の近代化と学校

　中国に限らず、東アジアの国々が近代西欧の文物と出会って、これを吸収し定着させていくにあたっては、学校の果たす役割が非常に大きかった。たとえば明治日本。国家の仕組みから始まって小説の作法や美術・音楽にいたるまでを西欧から貪欲に学びとり、これを速やかに国民全体のものとするために、学校は計り知れない貢献を果たした。一般民衆にとって、学校は、そもそもその非日本的（＝擬西欧的）外観からして、好奇の目を魅きつけるものだったし、内部に入れば机や椅子・黒板はもちろん、オルガン・ピアノ・幻燈（スライド）等々それまでの日本人の日常生活には無縁なもの、つまり当時の家庭では決しておめにかかれないものが充満する空間だった。さながら、オモチャ箱かテーマパークの如き装いが施された存在だったのである。

　近代中国における学校は、もちろんこうした側面も持ったが、一方で中国がおかれた固有の歴史条件に大きく規定された。阿部洋『中国近代学校史研究　清末における近代学校制度の成立過程』（福村出版、1993年）は、この点について、清朝末期に展開された近代教育普及の政策が、革命勢力の急速な台頭や民衆暴動の激化による体制崩壊の危機に対応するという、政治的要請に支えられてなされたことを指摘している。そして、この事が、中国民衆の学校（学堂）に対する決定的不信感の醸成をもたらした、としている。

　つまり、そもそも中国における近代的な学校制度の導入は、国家による一般民衆への西欧的な新たな知見の注入・紹介ですらなく、根幹において前近代的で非西欧的な、清朝による専制王朝体制を擁護し維持するためのものであったという、近代的仕組みが反近代の延命のために貢献させられたという意味で、どうしようもない悲劇性を帯びていたのである。

クローズアップ5　　　　　　　民族産業勃興の光と陰

　たとえば外国製品のボイコット運動などにおいて示された商工業者の政治的覚醒や、政府の実業奨励策、海外からの華僑の投資といったことを通じて、清朝末期から中華民国の初期にかけて、幼弱ではあったが勃興しつつあった中国の民族産業が、第1次世界大戦の勃発を契機に、主として軽工業部門で発展をみたことは良く知られた事実である。

　そうした工業発展が可能になった要因を、久保亨『戦間期中国＜自立への模索＞──関税通貨政策と経済発展』（東京大学出版会、1999年）は4点に整理している。第1点は、民間に資金の蓄積がなされたこと。第2に、外資や半官半民の企業からの人材や技術移転などが進んだこと。第3に、北京政府の経済政策が効果を生じたこと。そして、第4に、第1次世界大戦によって戦場となった西欧の製品が姿を消し、欧米に中国製品の需要が生じたこと、である。そして、これらの要因のうち第1次世界大戦が終結したとき、拡大した生産力はたちまち過剰となって、中国を戦後不況に陥らせ、再び押し寄せるであろう外国製品から国内市場を保護するため、関税自主権の回復が不可欠とされた、という。

　しかし、米・英とのあいだに、関税自主権回復の条約が締結されるのは大戦終結後10年をへた1928年。列強の最後に日本がしぶしぶ中国の関税自主権を承認したのは、30年である。この間、日本は、軍隊を直接送り、親日的軍閥を背後から操縦し、さまざまに国民革命の進展を妨害していた。

もちろん最後尾での関税自主権承認も、その一環である。中国同様、大戦において戦場とならなかった日本は、政治的・軍事的にも空白となった中国大陸を、我がもの顔で闊歩し始めたのである。中国民族産業が、第1次世界大戦の勃発を一つの僥倖として本格的勃興・発展に向かったとすれば、負の素因たる日本を招来し、その光をさえぎって暗転に導いたのもまた、第1次世界大戦であった。

クローズアップ6 ─────────中国の変革と政党

　辛亥革命から国民革命を経て、社会主義革命にいたる中国革命の大きな潮流は、中国にさまざまな政治的仕組みをもたらした。政党もそうした仕組みのひとつである。特定の政策をかかげて不特定多数が集合し、その実現のために活動する近代的な意味での政党は、中国においてはいかに機能しただろうか。

　この問題について、深町英夫『近代中国における政党・社会・国家──中国国民党の形成過程──』（中央大学出版部、1999年）は、中国国民党を例に、国家と社会を結びつける政治参加の媒介として党が機能する体制、すなわち党国体制という考え方を提起している。さまざまな利害を代表・体現する個人や集団の集合体が現実社会であるとし、そうした利害の錯綜をいったん党のなかでいわば調整することで、党自体は必ずしも特定の階層や集団の利益を代表することなく、国民革命の成就＝中華民国の統一をめざしたのが国民党である、としている。

　近代中国の政治過程がもったひとつの特質は、中央政界の分裂・混迷と、地方における自治意識の高揚であった。国家の統一は実体を失い、政治の求心力は消滅の瀬戸際に追い込まれていた。広義の辛亥革命のなかで、中央に対して各省が意義申し立てを行う際に繰り返し示した「独立」という行動、その後の軍閥の抗争やいわゆる連省自治の動きも、こうした近代中国政治の大きな特質のなかに、位置づけることができる。そうした環境のなかで、国民革命の達成によって民国の統一をめざした中国国民党は、個々の地域や階層の利害を代表し、その実現を図る政党としてではなく、それらの調整・整理のメカニズムとして存在し、そのことが、他のあまたの党派との違いを、際立たせていた。極めて簡略化すれば、近代中国においては、いわば党すなわち国家あるいは党は国家のミニチュアでなければならなかったのである。

課題と研究状況

1．辛亥革命をめぐる革命の主体論

① 研究の現況

　辛亥革命とは、いかなる革命だったのか。革命によって何がどう変わったのか。こうした問題を検討することは、つまるところ、革命は誰によって起こされたかを考えることにほかならない。辛亥革命の主体をめぐっては、革命を清末に登場した民族ブルジョワジーが、封建専制王朝である清朝を打倒したものとするブルジョワ革命論。辛亥革命が果たした歴史的役割を、半植民地・半封建の変革コースをめざすものであったとする半植民地・半封建変革論。辛亥革命前後の社会状況について、革命と言い得るほどの変動を認めず、郷紳の既得権益確保による清朝の崩壊に過ぎないとする郷紳革命論。近代の中国の変革を民衆を機軸に捉え直し、民衆による反封建・反帝国主義闘争こそが辛亥革命を主導したとする人民革命論などがある。

② 課題への接近

　革命によって、中国社会にいかなる変化があったのか。その変化は、中国社会のどの部面にどの程度の大きさで起こったのかを、実証的に検討する必要があろう。その意味で、歴史上の他の革命と性急に比較したり、他の革命から抽出されたいわゆる変革理論を、そのまま辛亥革命に適用したり、無理やりあてはめて理解しようとすることは慎まなければならないだろう。辛亥革命後に成立した中央の統治機構などの分析と同時に、地方の政治・経済・社会の変化の内実や度合いについても、十分な検討が必要とされている。

③ 理解の方向

・革命によって生じた政治面での大きな変化であった清朝の崩壊は、中国の民族ブルジョワジーにとっていかなる意義があったか。中央の統治機構において、また地方においてどうだったか。

・革命によっても、封建制の端的な表出である地主（郷紳）の存在にはほとんど変化がなかった。このことは、社会の変革主体としてのブルジョワジーや人民が、当時は未だ存在しなかったことを示すものか。

・革命を、極めて限られた時期におこった極端な変動を指標に検討するのではなく、20世紀前半の中国に起こった、比較的連続した変化の積み重ねと考えることができるか。

④ 参考文献

　岩村三千夫『民国革命』（日本評論社　1950年）

　野澤　豊「辛亥革命の階級構成」（『歴史学研究』150　1950年）

　今堀誠二「清代における農村機構の近代化について」（『歴史学研究』192　1952年）

波多野善大「辛亥革命への動因」(『歴史学研究』235　1959年)

狭間直樹「山東萊陽暴動小論」(『東洋史研究』22-2　1963年)

山下米子「辛亥革命の時期の民衆運動」(『東京大学東洋文化研究所紀要』37　1965年)

菊池貴晴『現代中国革命の起源』(巌南堂書店　1970年)

市古宙三『近代中国の政治と社会』(東京大学出版会　1971年)

横山　英『辛亥革命研究序説』(新歴史研究会　1977年)

中村　義『辛亥革命史研究』(未来社　1979年)

久保田文次「辛亥革命の理解をめぐって」(『中国近代史研究入門』汲古書院　1992年)

2．五・四運動の性格規定

① 　研究の現況

　五・四運動は、近現代中国史の時期区分論にも影響を及ぼした重要な歴史事象である。その性格に関しては、従来、学生・労働者など一般民衆によって中国史上はじめて自覚的におこなわれた帝国主義列強への抗議・反対闘争として高く評価され、列強に妥協的な姿勢を見せた当時の北京政府に対する反対運動としての性格も指摘されてきた。しかし、その基本的性格として反日民族運動と捉え得る動向の存在を指摘し、そうした動向への北京政府の参加を一定程度認め、政府の対応を列強に対する妥協性のみで説明するのではない見解が主張されている。

② 　課題への接近

　そもそも五・四運動というできごとの時期的範疇をどのように設定するか。これによって、この運動の基本的性格について、反日民族運動としてのそれを重要なものと認め得るか否かも変わってくるだろう。また、当時の北京政府部内の権力関係、さまざまな対抗と連合の関係についても、きめ細かな考察が必要になろう。さらに、各地での運動の実体についても、全体の流れとの関係に十分な配慮を行いつつ、より立ち入った検討が望まれている。

③ 　理解の方向

・北京政府の列強に対する対応について、その反日的姿勢は、そのまま反帝国主義と理解し得るのか。

・北京政府の外交姿勢に関して、単純に一元的なものとして考察の対象とし得るか否か。

・五・四運動の高揚の思想的背景として指摘されてきたいわゆる新文化運動は、政治運動としての五・四運動と、いかなる直接的関係を有していたのか。

④ 　参考文献

丸山松幸『五四運動』(紀伊国屋書店　1969年)

小野信爾「五・四運動と民族革命運動」(『岩波講座　世界歴史』25　岩波書店　1970年)

野澤　豊・田中正俊(編)『講座中国近現代史4　五・四運動』(東京大学出版会　1978年)

野澤　豊「米騒動と五四運動――東アジアにおける民族・国家の相互連関性をめぐって――」(『近きにありて』1　1981年)

狭間直樹『五四運動研究序説――五四運動におけるプロレタリアートの役割〔京都大学人文科学研究所共同研究報告　第一函〕』(同朋舎出版　1982年)

笠原十九司「日中軍事協定反対運動――五四運動前夜における中国民族運動の展開」(『中央大学人文科学研究所紀要』2　1983年)

野澤　豊「五四運動史研究についての往復書簡」(『近きにありて』3　1983年)

狭間直樹「野澤豊氏の批判に答える――五四運動における上海の罷工闘争の評価をめぐって」(『近きにありて』4　1983年)

安田　淳「中国の第一次大戦参戦問題」(『慶應義塾大学大学院法学研究科論文集』22　1985年)

中央大学人文科学研究所(編)『五四運動史像の再検討』(中央大学出版部　1986年)

狭間直樹「規範性認識と歴史事象」(『季刊　中国研究』13　1988年)

笠原十九司「五四運動史研究の方法と課題」(『季刊　中国研究』13　1988年)

3．中華民国期の全体像

① 研究の現況

　1912年から1949年までの中華民国期は、いかなる時代としてその全体像を描き得るだろうか。あるいは、わずか40年にも満たない歳月ではあるが、この期間のいかなる出来事を歴史の主要な動因として把握して中華民国史を組み立てることが、より良き理解に到達する方法なのであろうか。近現代の中国社会を半植民地半封建社会ととらえ、そうした状況を克服しようとして出来なかった停滞・暗黒の時期として民国期を観る主張。民国期の政治過程を国民党と共産党に還元して考えるのではなく、諸政治勢力をいったん相対化し、それらを総体として考察しなおそうという主張。革命のなかに歴史過程の断絶をみるのではなく、伝統的な中国の政治思想や倫理観などの根強い反映を読み取るべきだという主張、などがある。

② 課題への接近

　個々の歴史叙述が、ある時代の全体としてのイメージを形成するのに大きな影響をもたらすことは、当然のことである。むしろ、歴史書の読者や学習者が、あれもこれもといった記述、散漫な叙述によって、特定の時代の全体像を形成し得ないことのほうが重

大な問題である。大切なことは、中華民国期に関する個別の歴史叙述が、実証的に検討し尽くされたものであるかどうか、また、当該時期の歴史過程のなかで、何が取り上げられ、何を無視したうえでの叙述であるのかを、慎重に考慮することが重要であろう。そして、それぞれの主張が、どのような歴史的経過や背景のなかで主張されるにいたったかについても、十分に理解することが求められよう。

③　理解の方向
　・そもそも中華民国期という時期設定は、その前後の歴史過程との接続を考えるとき可能なものか。
　・中華民国史＝中国国民党史という、単純な理解に結局は陥ってしまう危険性はないか。
　・政治・経済だけでなく社会・文化など多面的な考察を重ねてゆくことによって、さらに新しい中華民国期の全体像を描くことができるのではないか。
　・どのような歴史叙述でも、結局はそれが書かれた時代の制約を大きく背負っているのであり、その意味でそれぞれの主張する民国期像は相対的なものではないか。

④　参考文献
　湖北大学政治経済学教研室（編　中国近代経済史研究会編訳）『中国近代国民経済史』（雄渾社　1971・72年）
　野澤　豊（編）『中国国民革命史の研究』（青木書店　1974年）
　山田辰雄『中国国民党左派の研究』（慶應通信　1980年）
　久保　亨「戦間期中国経済史の研究視角をめぐって──『半植民地半封建』概念の再検討──」（『歴史学研究』506　1982年）
　奥村　哲「旧中国資本主義論の基礎概念」（『中国専制国家と社会統合──中国史像の再構成Ⅱ──』文理閣　1990年）
　山田辰雄「今こそ民国史観を」（『近きにありて』17　1990年）
　狭間直樹（編）『中国国民革命の研究』（京都大学人文科学研究所　1992年）
　野澤　豊（編）『日本の中華民国史研究』（汲古書院　1995年）
　狭間直樹（編）『一九二〇年代の中国』（汲古書院　1995年）
　横山宏章『中華民国　賢人支配の善政主義』（中公新書　1997年）
　栃木利夫・坂野良吉『中国国民革命』（法政大学出版会　1997年）
　鐙屋　一『章士釗と近代中国政治史研究』（芙蓉書房出版　2002年）

第3章　南京国民政府の成立と抗日戦争

概　観

　蔣介石に指揮された国民革命軍の北伐は、その間に2度にわたる日本の山東出兵という干渉を受けつつも、各地軍閥を打倒して成功し、1928年10月南京国民政府を正式に成立させた。このことは、国民政府の下での中央集権化が一応完成したことを意味し、軍政から訓政への移行が宣言された。日本の関東軍は、31年7月万宝山事件を利用して間接侵略を試みたが、失敗に終わった。そこで、関東軍の板垣征四郎らは満洲鉄道爆破という謀略を用い、直接的武力侵略を発動し、9月「満洲」事変を勃発させた。中国の提訴を受けて派遣されたリットン調査団は、国際連盟を通じて日本に撤退を勧告した結果、日本は、33年3月に連盟を脱退した。

　ところで、蔣介石の国民政府はこの時期を抗戦準備時期と位置づけており、「安内攘外」政策によってまず国内統一を目指して、30年夏から34年秋にかけて中国共産党（以下、中共と略称）の各ソビエト区に対する5回にわたる全国的包囲攻撃を断行し、日本に対しては「不抵抗」政策を推し進めた。そして、この政策を貫徹するため、特務や地方武装を強化し、さらに外来思想の共産主義や民主主義に伝統思想である儒教で対抗し、新生活運動を大々的に展開した。また、35年4月資源委員会を設立し、11月には幣制改革を断行した。さらに、合作事業の全国的展開による下層農村金融・流通基盤の育成を図った。こうして、国民政府の国内建設・経済建設は着実に成果をあげ、他方、圧倒的軍事力による第5回目の包囲攻撃によって、中共を「長征」へと追い込んだ。

　この間、日本の侵略は、断続的とはいえ留まるところを知らず、35年5月以降の華北分離工作、6月の梅津-何応欽協定、続く土肥原-秦徳純協定により、チヤハル省に勢力を拡大し、内蒙工作の基盤を築くなどの策動を続けた。しかし、国民政府がこれに妥協し続けたことは、中国民衆の不満を高めた。まず、32年3月日本の傀儡「満洲国」が建国されると、東北義勇軍は自発的抵抗を開始し、上海でも32年1月十九路軍が日本軍に抵抗を開始した（第1次上海事変）。また、第三勢力（民主派、中間派）の抵抗が続き、33年11月十九路軍と第三勢力合体の福建人民政府を成立させ、「反蔣抗日」を標榜した。さらに、35年北京学生の抗日請願から勃発した一二・九運動は南京等の主要都市に波及し、多くの救国団体の連繋が図られ、36年5月には全国各界救国連合会が成立し、抗日と政治の民主化を強く要求した。こうした動向は、不満軍閥を巻き込み、36年6月両広事変でも「反蔣抗日」が主張され、11月の綏遠事変では国民政府軍の傅作義が蒙古傀儡軍との抗戦を開始した。同月国民政府による第三勢力系の「抗日七君子」逮捕事件が起こるが、世論の反

発を招き、蔣介石は一層孤立する結果となった。のみならず、当時、世界に散在する華僑は団結を強め、日本商品ボイコットを強力に推進するとともに、祖国中国に抗日要求を突きつけた。一方、国民政府は抗日戦争開始のために中共絶滅を急ぎ、蔣介石自らが華北に督促に行ったところ、12月張学良・楊虎城に監禁され、抗日を要求されるという西安事件が勃発したのである。

　37年7月7日に盧溝橋事件が起き、17日盧山会議で蔣介石は「最後の関頭」声明を出した。8月第2次上海事変が勃発して3ヵ月にわたる戦闘となり、日本の一方的侵略段階から日中双方の戦争段階へと局面は一挙に転換した。こうした激動の中で、9月第2次国共合作・抗日民族統一戦線がついに樹立され、華僑を含む中華世界全体で、蔣介石を頂点とする抗日戦争体制が採られることになる。12月日本軍は首都南京を陥落させるが、国民政府は武漢、さらに重慶に撤退しながら、抗戦の意思を明確にした。同時に38年4月、国民党は「抗戦建国綱領」を採択し、抗戦と経済建設を並進するという「抗戦建国」路線を確立した。国家系4大銀行の連合組織「四聯総処」設立により金融集中が図られ、38年には、工業合作運動は各地で緊急な軍需品と民需品の生産を支え、資源委員会が電力と重工業を分担し、省別企業公司も各省で生産と運輸を担当するという三層の戦時工業体制がとられた。また、水利拡充と耕地増大によって平年作の維持をめざし、抗戦基盤を支えた。その上、「援蔣輸血路」としてビルマルートなどを経て、英・米・ソから大量の機械・トラック・武器等がバーターで流入した。華僑も抗日献金などで強力に支援した。さらに、41年6月に主要な地方財源であった田賦が中央に移管され、国家財政基盤を安定させた。こうした国民政府の経済政策の成功と抵抗により、日本は「点（都市）と線（鉄道・道路）」しか占領できず、それすらも、たとえば中共の発動した「百団大戦」によって分断され、大打撃を受けた。中国側の持久戦に対して、日本側は「華を以て華を制す」方針に転換し、傀儡政権として、37年12月北平に「臨時政府」、38年3月南京に「維新政府」を設立し、それを統合した形で、40年3月南京に汪兆銘の「中華民国政府」を成立させた。こうして日本は、背後で操る形での二重支配を企てたのである。

　41年1月皖南事変などの国共の対立もあったけれども、中国は約4年間半、独力で強国日本への抗戦を継続した。12月太平洋戦争が勃発し、アメリカが参戦すると、早くも中国勝利後の戦後構想が浮上した。国民政府は蔣介石を頂点に国民党一党独裁の強化を図り、しだいに中共・第三勢力等への弾圧を強めた。こうした状況下で、雲南省昆明に疎開していた西南連合大学は大学内と地方の民主化運動を推進するともに、「国民党一党独裁」への反対を表明した。44年日本軍は最後の力を振り絞って大陸打通作戦を敢行して泥沼戦争の局面打開を図るが、すでに不可能であった。このように、国民政府軍・中共軍ともに根強い抗戦を続け、日本軍85万人を中国戦線に釘づけにし、米・英・ソ中心の連合軍反撃の基盤を形成した。こうして45年8月日本ファシズムはついに打倒されることになる。

本　論
1．国民革命と南京国民政府の成立
① 北伐の完成（1928年6月）
　(1) 南京国民政府の成立（27年4月）
　　・四・一二クーデタ（27年4月）——→第1次国共合作の破棄
　　・国民政府の分裂┬─南京（国民党右派蔣介石）
　　　　　　　　　　└─武漢（国民党左派汪兆銘と中共）
　　・7月国民党左派は中共党員を排除——→武漢国民政府解消——→南京国民政府に合流
　(2) 蔣介石の北伐再開（1928年4月）と勝利
　　・田中義一内閣の対中強硬政策——→日本の権益と居留民保護を名目に山東出兵（27、28年）——蔣介石の北伐に干渉——→済南事変（28年5月）
　　・親日派の奉天軍閥 張作霖（ほうてん ちょうさくりん）は日本支持下で「満洲」の実効支配
　　　　——北京政府の実力者の直隷派、安徽派等の各軍閥を打ち破り、勢力拡大
　　　　——→国民革命軍が北京を攻略して、張作霖を駆逐
　　・北伐の達成（28年6月）——→軍政終了
　　・関税自主権の回復——米国・英国と28年7月に。なお、日本とは30年5月（関税収入は外債償還の担保とされ、西原借款も含まれる）
　　・「満洲某重大事件」（奉天事件、28年6月）——張作霖を、関東軍が爆殺——日本は国民革命軍の所行と偽るが暴露——→田中義一内閣の倒閣
　　　　関東軍——日本租借地の旅順・大連地域を日本政府は関東州と称し、19年関東庁が設立され、陸軍部が独立して関東軍と称した
② 張作霖爆殺への張学良の怒り
　(1) 中国東北地方「満洲」の自力建設を遂行——日本の利権に抵抗
　(2) 学校での反日教育、反日の遼寧（りょうねい）国民外交後援会の活動——→排日運動の激化
　(3) 「満洲」の中央集権化
　　・「改旗易幟」（かいきえきし）（旗を国民党の青天白日旗に変える）を断行
　　・張学良は国民政府委員
　　・「満洲」は国民政府下に帰属——外交・交通・財政の3権を国民政府に移管
③ 南京国民政府の正式成立（1928年10月）
　(1) 訓政体制（国民党一党独裁による民衆の参政訓練時期）の確立
　　・国際的承認の獲得、「以党治国」の制度化、中央集権化（実効支配地区の拡大）
　　・「国民政府組織法」・「訓政大綱」を制定
　　　　——立法・行政・司法・考試・監察の5院が最高機関

第3章 | 南京国民政府の成立と抗日戦争

▲図1　張作霖爆殺事件

▲図2　張学良

(2) 中共地区や雲南省などを除く中国の中央集権化を、基本的に達成
  (3) 七項建設──国産品提唱・衛生・保甲・合作・築路・造林・識字の各運動
  (4) 浙江財閥(せっこうざいばつ)が経済基盤
④ 中共の動向
  (1) 南昌蜂起(27年8月1日)周恩来らの指導──中共独自の軍隊の初めての蜂起
  (2) 八・七会議──→瞿秋白(くしゅうはく)主催
    ・総書記陳独秀が「右翼日和見主義」として失脚
    ・土地革命方針の確立
  (3) 農村蜂起
    ・秋収蜂起(27年9月)──湖南・江西で毛沢東(もうたくとう)らの指導←─秋の収穫と租税・小作料を納付時期で、農民の不満の高揚が背景──→国民党の圧倒的武力の前に敗北
    ・毛沢東は中共中央の長沙市攻撃命令を無視
       ──→約1000人の部隊を率いて湖南・江西省境の井崗山に向かう──井崗山は湖北を含む3省に革命の影響を与え得て、かつ5村あって食糧豊富
    ・紅軍の創設(10月)
       ──朱徳の登場
       ──3大規律・6項注意(後に8項注意)の厳守──→民衆と結びつく
    ・井崗山ソビエトの成立(28年4月)←─朱徳と毛沢東による
  (4) 都市蜂起
    ・広州蜂起──27年12月葉剣英の第四軍に鉄道労働者など5万人が呼応
       ──→広州労農民主政府(ソビエト広州コミューン)樹立──「一切の権力をソビエトに」、「土地国有化」、「8時間労働制」などがスローガン
       ──→国民党と列強の圧倒的武力の前に敗北し、7000～8000人が殺害される
       ──→瞿秋白失脚、続いて李立三も都市方式に固執して失脚
    ・ソ連式の都市革命挫折・農民主体の革命への転換──農村・山岳革命根拠地の建設

2 「満洲」事変と南京国民政府の対日「不抵抗」政策

① 世界恐慌と農業恐慌
  (1) 後進資本主義国たる日本の脆弱な経済を直撃──失業者の増大、農村の破産
    ・都市では労働者のストライキ、農村では小作争議が増大
  (2) 不況打開策としての「満洲」侵略──「満蒙は日本の生命線」
  (3) 浜口雄幸内閣の協調外交──→ロンドン軍縮会議(1930年)──軍事費の削減
     軍部は不満──→内閣軽視の傾向を助長──→民間のファッショ推進

史料1　張学良の回憶

　私が日本の侵略に激しい憎しみを抱いたのは、幼い頃から日本人の東北での横暴をこの眼で見てきたからであり、また成人に達して国家の大義に目覚めた結果である。父の遭難（張作霖爆殺事件）と「九・一八」（「満州」事変）の暴挙。これが、日本の侵略に対する私の憎悪を決定的にした。

（張学良「西安事変懺悔録」、中国の会『中国』103、1972年）

紅軍の3大規律・6項注意

3大規律──1一切の行動は指揮に従う、2人民からは針一本・糸一本取らない、3土豪から没収したものは全体のものとする

6項注意──1売買は公正に、2話は穏やかに、3睡眠のときに使用した戸板は元に戻す、4借りたものは必ず返す、5所かまわず大小便をしない、6捕虜の財布に手をつけない

3大規律──1命令には敏速に服従する、2農民からは針一本取ってはならない、3敵や地主から没収したものはすべて公のものとする

8項注意──1言葉づかいはおだやかに、2買物は公正に、3借りたものは返す、4壊したものは弁償する、5人を殴ったり罵ったりしない、6農作物を荒らさない、7婦人に淫らなことをしない、8捕虜をいじめない

◀図3　毛沢東

▶図4　宣統帝溥儀

史料2　李立三・都市中心の革命主義

　一省、または数省での政権奪取にも、プロレタリアの偉大な闘争が勝敗を決する力である。中心都市、産業地域、特に鉄道、海運、兵器工場の労働者大衆のストライキの高潮がなければ、決して一省、または数省での政権の勝利もあり得ない。「農村によって都市を包囲」し、「紅軍だけで中心都市を奪取する」考えはすべて一種の幻想である。

（李立三「一省、または数省での政権奪取の勝利の条件をいかに準備するか」1930年4月、国際問題研究所編『中国共産党史資料集』4　1972年）

② 「満洲」事変
  (1) 日本の関東軍による間接侵略
    ・万宝山事件（31年7月）──中朝農民衝突利用の謀略とその失敗
  (2) 関東軍による直接侵略──→「満洲」事変の勃発(1931年9月18日)
    ・板垣征四郎、石原莞爾らの関東軍は奉天から8キロにある柳条湖の鉄道を爆破
      ──→関東軍は中国の東北軍の行為と偽り、「満洲」の多く地域を侵略・占領
    ・若槻礼次郎内閣は「不拡大方針」──→関東軍の独走を阻止できず
  (3) 国際情勢──各国は日本に干渉できず
    ・米は日本のやり方を不承認──→経済恐慌による国内問題の対応に懸命
    ・ソ連は第1次五ヵ年計画の最中──重工業の優先的発展と農業集団化運動
  (4) 中国は国際連盟に提訴（31年9月）──日本側も国際連盟に逆提訴（12月）
      ──→日本の中国に対する軍事侵略は国際的に非難の的
    ・国際連盟はリットン調査団を派遣（32年1月）
      ──英国のリットン卿を団長とする仏・独・伊・米各国代表19人

③ 第1次上海事変──「満洲」から眼をそらせる目的
  (1) 第一次上海事変（32年1月）──直接的契機は、日蓮宗の日本人僧侶5人を、板垣
      が雇った中国人無頼漢に襲わせ、僧侶1人が死亡──→「中国義勇軍」の行為と偽る
      ──→日本人居留民保護を名目、排日運動を直接弾圧
  (2) 十九路軍と上海民衆の激しい抵抗
  (3) 淞滬停戦協定（32年5月）──日本優位の協定
    ・日本軍の呉淞等の駐兵権、十九路軍の福建への移動

④ 傀儡「満洲国」の建国（32年3月）と日本の国際連盟脱退
  (1) 「満洲国」執政（34年から皇帝）は清朝最後の皇帝宣統帝溥儀
    ・「日満一体不可分」を鼓吹し、日本の統制下に置く
    ・「一国一党」の協和会が指導←──関東軍が実権
    ・全官吏の30％が岸信介ら日本人
    ・公用語は日本語
    ・日本では五・一五事件──青年海軍将校らが総理大臣犬養毅を射殺（32年）
  (2) リットン報告書（32年10月）
    ・日本の行動は自衛権の発動とは認め難い　　・中国の排日運動も問題
    ・「満洲国」は自発的独立運動の産物ではない
    ・列強の共同管理を提案──→日本を批判しながらも、中国の主権を無視

第3章　南京国民政府の成立と抗日戦争

▲図5　蔣介石

▲図6　日本軍に捕獲、殺害された抗日救国軍の人員

▼図7　「長征」の経路

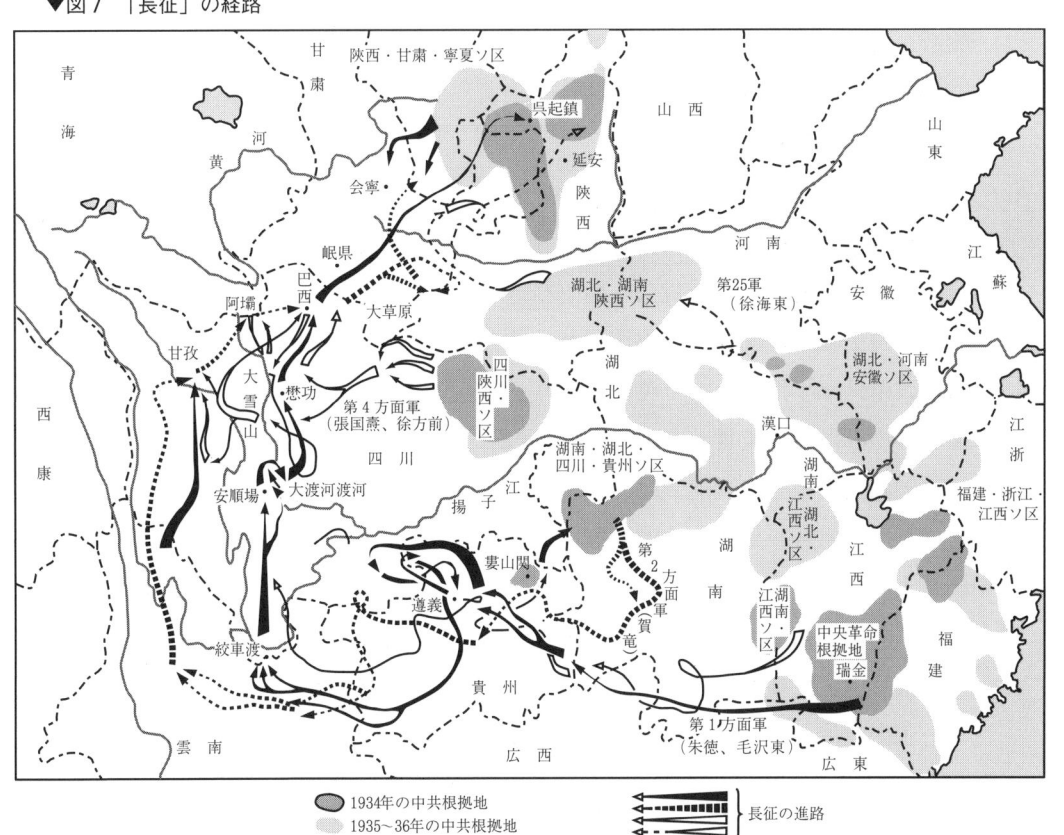

1934年の中共根拠地
1935～36年の中共根拠地
長征の進路

(3) 日本の国際連盟脱退と侵略拡大
　・国際連盟、リットン報告を受けて日本の「満洲」からの撤退を勧告（33年2月）
　　　──国際連盟総会でリットン報告書が42対1（日本）、棄権1（タイ）で裁決
　　　──→松岡洋右主席代表は「日本政府が日支紛争に関し、国際連盟と協力せんとする努力は限界」と宣言して脱退（33年3月）──→日本軍は熱河を侵略・占領
　・塘沽(タンクー)停戦協定（5月）──関東軍と国民政府との間で締結──→日本は長城以北に中間地帯を作り「満洲国」を中国から分離、熱河占領も認めさせた
　・「天羽声明」（34年4月）──「満洲国」成立後の日本の基本姿勢
　　　──→中国が他国を利用して日本排斥しないように警告、日本の単独支配を目指す

⑤ 南京国民政府と反共・対日「不抵抗」政策
(1) 蒋介石の「安内攘外」（中国を安定させた後で、日本と戦う）政策
　・「Ｃ・Ｃ団」（28年7月結成）と「藍衣社(らんいしゃ)」（31年結成）による中共・第三勢力弾圧
　・地方武装の強化──地主武装の民団を保安隊に改編
　・保甲制度──相互監視と連帯責任
(2) 中共の各ソビエト区への5回にわたる全国的包囲攻撃（囲剿(いそう)、30年夏－34年秋）
(3) 「危害民国緊急治罪法」（31年）──→「敦睦友邦令(とんぼくゆうほうれい)」（35年6月）
　　　──国民政府による抗日言論・抗日団体組織化の禁止令
(4) 儒教による思想統制と新生活運動

⑥ 南京国民政府の経済建設と抗戦準備
(1) 浙江財閥が経済基盤
(2) 参謀本部直属機関の国防設計委員会を設立（32年11月）
　　　──軍事・国際情勢分析・教育・資源調査・財政・運輸などの国防全般を掌握
　・軍事委員会所属の資源委員会への改組（35年4月）
　　　──特殊7鉱物の統制・輸出管理と重工業建設──→重工業五ヵ年計画
(3) 幣制(へいせい)改革（35年11月）──英国大使リース＝ロスの勧告で、法幣（国家4大銀行の発行券のみが「法定貨幣」）を英国のポンドと米国のドルにリンク
　　　──→国際通貨として機能させ、日本の傀儡政権発行の紙幣との闘争に備えた
(4) 合作（協同組合）事業の全国的展開──→農村金融・流通下層基盤の形成

⑦ 中国兵士・民衆の抗日要求と抗日武装闘争
(1) 中国民族資本指導の民衆の抗日運動──→対日経済絶交運動・日本商品ボイコット
(2) 宋慶齢(そうけいれい)ら中国民権保障同盟の設立（32年12月－33年6月）
　　　──→国内政治犯の釈放、集会、結社、言論、出版の自由を要求

史料3　「長征」について

　長征はどのような意義があるのか。我々は次のようにいう、「長征は歴史記録の上に現れた最初のものである。長征は宣言書であり、宣伝隊であり、種蒔き機である」、と。盤古に天地が開かれてから、三皇五帝を経て今日に至るまで、我々のような長征が歴史上にあったであろうか。12カ月もの間、空では毎日、何十機という飛行機が偵察と爆撃を行い、地上では何十万という大軍が包囲、追撃、阻止、遮断して、途中、筆舌に尽くしがたい困難や危険に遭遇したにもかかわらず、我々は各自二本の足を動かして2万余華里（1万2500キロ）を踏破し、11の省を縦断し、横断した。こうした長征がかつてあったであろうか。未だかつてなかった。長征は宣言書である。それは紅軍が英雄であり、帝国主義者、その手先蔣介石らが全く無能であることを全世界に宣言した。長征は帝国主義者や蔣介石の包囲、追撃、阻止、遮断が破産したことを宣言した。また、長征は宣伝隊でもある。それは、11省の約2億の人民に対して、彼らを解放する道は紅軍の道しかないことを宣布した。もし、この壮挙がなかったならば、世界には紅軍という大きな道理が存在することを、広範な民衆にこれほど速やかに知らせることができなかったであろう。長征はまた種蒔き機である。それは、11省に沢山の種をまいたが、それらは芽を出し、葉を広げ、花を咲かせ、実を結び、やがては収穫されることになる。要するに長征は我々の勝利、敵の失敗という結果で終わった。

（毛沢東「日本帝国主義に反対する戦術について」1935年12月27日）

史料4　持久戦によって弱国中国は強国日本に必ず勝利する

　抗日戦争はなぜ持久戦なのか。最後の勝利はなぜ中国のものなのか。……

　〈日本側〉第一に、日本は強い帝国主義国で、軍事力、経済力、政治組織力は東洋第一級のもので、世界でも5、6の著名な帝国主義国の一つである。……だが第二に、日本の社会経済の帝国主義的性格から……その戦争は退廃的で野蛮なものとなっている。……第三に、日本の軍事力、経済力、政治組織力は強いが、量的に不足している。日本の国土はかなり小さく、人力、軍事力、財力、物力ともに欠乏を感じており、長期の戦争に耐えられない。第四に、日本は国際ファッシスト諸国の援助を得ることはできるが、同時に、国際的援助を上回る国際的反対にぶつからざるを得ない。……

　〈中国側〉第一に、我国は半植民地半封建の国である。……我国は依然として弱国であり、軍事力、経済力、政治組織力などの面で劣っている。戦争が不可避で、中国が速勝不可能な根拠はここにある。だが第二に、中国ではここ100年以来、解放戦争が積み重ねられて今日に至っており、もはや歴史上のいかなる時期とも異なっている……中国の戦争は進歩的であり、中国の戦争の正義性が生まれている。第三に、中国は大国で土地が広く、物産が豊かで、人口が多く、兵力も多いので、長期の戦争を支えることができる。……第四に、中国の戦争の進歩性、正義性から国際的に広範な援助が得られる。……

　そこで、中日戦争は持久戦であり、最後の勝利が中国のものである以上、持久戦は具体的には3段階となる。……第1段階は、敵の戦略的進攻、我が方の戦略的防御時期である。第2段階は、敵の戦略的保持、我方の反攻準備時期である。第3段階は、我方の戦略的反攻、敵の戦略的退却時期である。

（毛沢東「持久戦について」1938年5月）

(3) 国民禦侮自救会を設立（33年3月）――抗日と民主的権利を要求
  ・宋慶齢らの保障同盟と魯迅らの左翼作家連盟を結集
  ・労働者・学生・作家・知識人・商人などの30余団体が参加
(4) 東北抗日武装の抵抗（32年後半以降）
  ・東北軍の元将兵――馬占山、李社、唐聚五ら東北義勇軍
  ・東北軍の旧部隊と民衆の合体組織――王徳林の救国自衛軍
  ・民衆自衛組織としての秘密結社――紅槍会・大刀会など
  ・一部の地主抗日武装
(5) 福建人民革命政府の樹立（33年11月－34年1月）――→「反蔣抗日」
  ・十九路軍と第三勢力（第三党、社会民主党、広西派、トロツキー派等）の政権
⑧ 中共と国民政府の内戦と「長征」
(1) 中共は江西省瑞金に中華ソビエト共和国の成立（1931年11月）
  ・主席――毛沢東、副主席――項英と張国燾、紅軍総司令――朱徳
  ・「中華労農民主共和国憲法大綱」・「土地法」・「労働法」を採択
  ・30年段階で、全国の共産党地区は13省300余県に大小15根拠地、計数千万の人口を擁する一大勢力となっていた（江西の中央ソ区は1000万）
(2) 第5回包囲攻撃（33年10月－34年秋）
  ・ドイツ顧問フォン＝ゼークト将軍指導による国民政府軍100万と飛行機200機を大動員
  ・党中央を掌握していた王明らソ連留学派が正規戦・陣地戦を要求。また、第三勢力を敵とする「中間階級主要打撃論」をとり、福建人民革命政府を支援せず
    ――→中共は自ら孤立化
(3) 「長征」（34年10月－35年10月）←――中共は国民政府軍の攻撃に耐えきれず
  ・スローガン「北上抗日」
  ・貴州省遵義会議で毛沢東の軍政両権での指導権確立（35年1月）
  ・八・一宣言（35年8月1日）――「内戦停止」・「一致抗日」の呼びかけ
    ――→1万2500キロを走破し、陝西省延安に新たな根拠地を築く
⑨ 華北分離工作と日本の動向
(1) 日本は華北分離工作（1935年5月）を画策
    ――中国から河北・山東・チヤハル・綏遠・山西の華北5省の分離独立
    ――→梅津-何応欽協定（6月10日）で中国は5省の分離独立を承認
(2) 土肥原-秦徳純協定（6月27日）
    ――関東軍はチヤハル省に勢力を拡大、内蒙工作の基盤を築く

第3章　南京国民政府の成立と抗日戦争

▲図9　日本軍による中国人の生き埋め

▲図8　日本兵による試し斬り

史料5　軍紀の乱れ、処罰、および慰安施設の設置目的

　支那事変（盧溝橋事件）勃発より昭和14年末に至る間の軍法会議に於て処刑せられ者は、掠奪、同強姦致死傷420、強姦、同致死傷312、賭博494に達しあり。其の他支那人に対する暴行、放火、惨殺等の所為亦散見する所なり。抑々、此種事犯は皇軍の本質に戻る悪質犯にして軍紀を紊るのみならす、事変地民衆の抗日意識を煽り、治安工作を妨け、支那側及第三国の宣伝資料に利用せられて、皇軍の声価を傷け、延いては対外政策にも不利なる影響を及ほし、聖戦目的の遂行を阻害する等、其の弊害誠に大なるものあり。宜しく軍隊幹部に於て部下の教育指導を適切にし、特に今次聖戦の目的を一兵に至るまて、徹底せしめ、其の行動を之に即応せしむると共に、慰安其の他の諸施設を強化する等、各種の手段を講し、以て此種犯行を防止し、皇軍の真価を発揚するを要す。

　　（砲銃隊本部「支那事変ノ経験ヨリ観タル軍紀振作対策」1940年、『従軍慰安婦極秘資料集』　緑
　　　蔭書房　1992年）

(3)　河北の非武装地帯に冀東防共自治政府成立（35年12月）
　　　　——→国民政府は冀察政務委員会を設けて外交折衝で対抗
　(4)　二・二六事件——陸軍少壮将校ら約1400人によるクーデタ（36年2月26日）
　　　　——大蔵大臣高橋是清、内大臣斉藤実らを殺害し、首相官邸、警視庁を占拠
　　　　——→軍部の権力がさらに強まり、政党政治に終止符
　　・36年コミンテルンに対抗するとして日独防共協定を締結——→次いでイタリア参加
⑩　抗日戦争要求の拡大と西安事変
　(1)　一二・九運動（35年）——八・一宣言に呼応して北平で学生運動が発生
　　　　——→冀察政務委員会の設立も日本侵略の拡大を招くとして危機感
　　　　——→「日本帝国主義打倒」、「内戦停止と一致抗日」
　　　　——→南京、上海、太原、西安など全国各地に波及
　(2)　上海で全国各界救国連合会の成立（36年6月）
　　・婦女界救国会、文化界救国会、労働者救国会などが結集
　　・各党各派の武力衝突停止、政治犯釈放、統一的抗日政権の樹立をスローガン
　(3)　世界華僑の抗日要求
　　・全欧華僑抗日救国連合会を設立（36年9月）
　　　　——仏・独・ベルギー・伊・ソ連などの抗日救国団体が結集
　　・シンガポール華僑により各界救国連合会成立。フィリピン、ビルマでも同様
　(4)　両広事変（36年6月－9月）
　　・白崇禧、李宗仁ら西南軍閥を中心として抗日と「失地回復」要求
　(5)　綏遠事変（36年11月）
　　・関東軍と徳王ら蒙古傀儡軍に綏遠省主席の傅作義が逆襲
　(6)　抗日七君子事件（36年11月）
　　・即時釈放・愛国無罪の声の圧倒的高まり
　(7)　西安事件（1936年12月12日）
　　・西安で東北軍の張学良、西北軍の楊虎城が蔣介石を監禁
　　　　——→全国に通電（国民政府の改組、内戦停止、政治犯の釈放、抗日七君子の釈放、
　　　　愛国運動の解禁、政治的自由、孫文遺嘱の遵守、救国会議の開催などを要求）
　　・中共の周恩来と蔣介石の直接談判
　　・国民党内における蔣奪還をめぐり「武力解決」と「和平解決」の激しい論争
　　　　——→英の支持を得て「和平解決」を目指す宋美齢・宋子文らと張学良・楊虎城との
　　　　交渉始——→和議成立
　　・蔣介石釈放（12月25日）——→張学良は南京まで随行し、逮捕される

史料6　近衛文麿首相の「東亜新秩序」に関する講演

　本日ここに明治節を迎え、明治天皇の聖徳を偲び、……天皇の御遺業たる東洋平和の確立に関し、政府の所見を開陳するは私の最も光栄とするところであります。……固より日本は列国との協力を排斥するものではありません。……もし列国にして日本帝国の真意を理解し、この東亜の新秩序を講ぜんとする場合は、……東洋平和のために協力するものであります。日本が共産主義と闘い抜かんとするのは世界周知の事実であります。コミンテルンの企図するところは東亜の赤化（共産主義化）であり、世界平和の攪乱であります。日本は蔣介石政権のいわゆる『長期抵抗』の背後で盲動する赤化の根源に向って断固これが絶滅を期すものであります。

（衆議院調査部『武漢陥落と長期建設に関する論調』1938年11月）

	回　数	爆撃機数	投下爆弾	死者（人）	負傷者（人）	破壊家屋（戸）
1938	3	36	54	24	26	5
1939	25	632	1,736	5,072	3,952	7,199
1940	49	3,092	7,976	2,425	3,686	20,109
1941	50	2,180	5,911	2,469	2,569	5,987
1943	1	27	98	15	32	77
計	128	5,967	15,775	10,005	10,265	33,377

西南師範大学歴史系、重慶檔案館編『重慶大轟炸1938-1943』1992年、183～213ページから作成。
1942年は重慶爆撃はない。

▲図10　日本軍による重慶無差別爆撃統計（1938-1943）

年	重慶市	四川	広西	雲南	貴州	西康	陝西	甘粛	寧夏	青海	計
1937	3	8	1	1		2	1				16（ 3）
1938	9	46	7	9	5	7	7	10	1	1	102（ 22）
1939	27	73	15	25	15	10	17	12	1	1	196（ 89）
1940	9	57	29	9	5	8	23	12	1	1	154（ 36）
1941	7	16	5	1	4	2	1	2			38（ 14）
不明	6	9	14	6	1	1					37（ 15）
計	61	209	71	51	30	30	49	36	3	3	543（179）

飯田藤次『重慶インフレーションの研究』1943年、90、92頁から作成。なお、（ ）は国家4銀行分支行処の設立数。また、四川の統計は重慶を除いている。

▲図11　各銀行分支行処の設立統計（1937-1941）

省	内地移転工場数				内地移転技術工数			
	～1938	1939	1940	計	～1938	1939	1940	計
四　川	134	89	31	254	1,532	6,156	417	8,105
湖　南	118	4	0	122	148	2,413	216	2,777
広　西	21	2	0	23	55	469	8	532
陝　西	20	7	0	27	58	294	80	432
その他	11	12	0	23	0	288	30	318
総　計	304	114	31	449	1,793	9,620	751	12,164

▲図12　工場内地移転の省別統計

抗日七君子

　章乃器（民族資本家、1897-1977年）・李公樸（教育家、1902-1946年）・鄒韜奮（ジャーナリスト、1895-1944年）・王造時（大学教授、1902-1971年）・沈鈞儒（弁護士、1875-1963年）・沙千里（弁護士、1901-1982年）・史良（弁護士、1900-1985年）

3．中国抗日戦争の開始と重慶国民政府の成立

① 盧溝橋事件（1937年7月7日）
  (1) 直接的契機
    ・日本軍は数発の銃声を契機に宛平城を攻撃──どちらが撃ったかは不明
  (2) 国共両党参加の廬山会議（江西省）で蔣介石「最後の関頭」声明（7月17日）
       ──→盧溝橋事件が解決できない場合、「抗戦あるのみ」との態度表明
  (3) 上海で抗日七君子を釈放（7月31日）

② 第2次上海事変（37年8月13日－11月）とドイツ
  (1) 直接的契機と経過
    ・大山勇夫中尉の射殺事件が契機
    ・日本軍増強──→蔣介石は「日本の留まることのなき侵略」に「自衛抗戦」を声明
    ・日中両軍の衝突──→日本軍の無差別空爆と市街戦
  (2) ファルケハウゼンらドイツ軍事顧問団の蔣介石支援←──ドイツは対中武器輸出国
  (3) ドイツ大使トラウトマンの日中和平工作の推進（37年9月）──→失敗
    ・日本──内蒙自治政府の承認・駐兵権・賠償など強硬な姿勢を堅持
    ・蔣介石──「日本の要求に同意すれば、中国で革命が起こり、国民政府は打倒される」と主張
  (4) 激戦の末、日本軍は上海占領－中国最大の軽工業地帯
    ・同時期の37年8－10月、華北ではチヤハル・冀南・晋北（山西省北部）各会戦
       ──晋北会戦では、平型関で八路軍が日本軍に大打撃

③ 第2次国共合作・抗日民族統一戦線の成立
  (1) 中共の国民党3中全会に向けての5項目提案と4項目妥協（1937年2月）
  (2) 国民党3中全会では激論の末、承諾──「赤匪根絶議案」を採択
  (3) 中共「抗日救国十大綱領」（37年8月）
    ・陝西省洛川で、国民党・全国人民・全国各党各派各界各軍に、抗日のために全軍事力の総動員、全国人民の総動員を呼びかけ
  (4) 第2次国共合作（1937年9月）
       ──→両党中心に労働者・農民・プチブル・民族資本家から大地主・大資本家までも包括する広範な全国規模の抗日民族統一戦線が成立

④ 首都南京の放棄と重慶国民政府の樹立
  (1) 日本の「無血入城」と首都南京陥落（37年12月）──→「南京大虐殺」
    ・日本では戦勝気分で提灯行列──国民政府は武漢、さらに重慶へと移動して抗戦
    ・従軍慰安婦創設の目的←──戦闘意欲の鼓舞、日本軍内の性病蔓延の阻止など

第3章　南京国民政府の成立と抗日戦争

中共の5項目提案・4項目妥協

5項目提案────1内戦停止と一致対外、2言論・集会・結社の自由、3各党各派各界各軍の代表会議の招集、4対日抗戦の準備、5人民生活の改善

4項目妥協────1武装暴動の停止、2ソビエト政府を中華民国特区政府、紅軍を国民革命軍と改称し、国民政府軍事委員会の指導を受ける、3民主制度の実行、4土地没収政策の停止

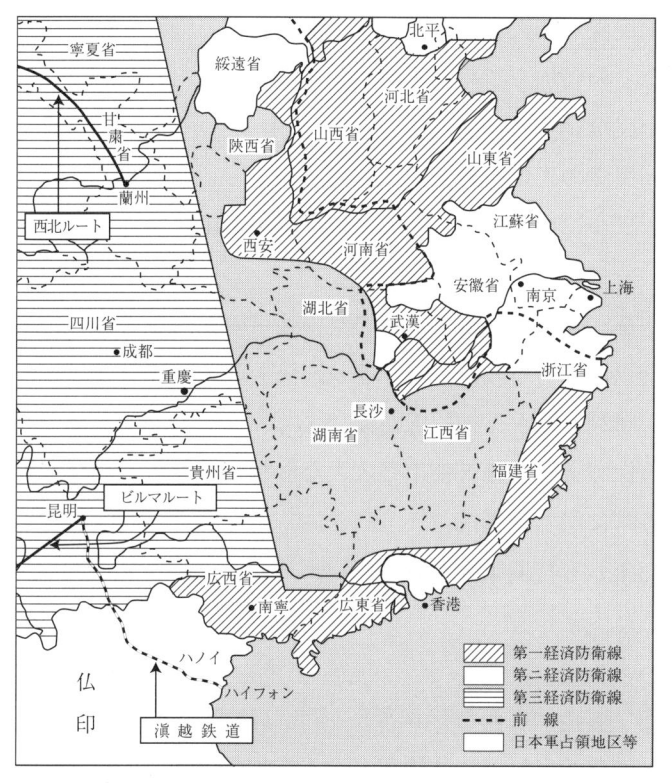

▲図13　中国工業合作運動の経済防衛線の構想

▼図14　工業合作社のマーク

「工」は「天地人」、「合」は皆一つの心、三角形は三民主義、外枠の円は世界を示す。

▼図15　工業合作指導者レウィ=アレーの青少年技術訓練

(2) 国民政府軍と中共軍の協力で山東省台児荘で日本軍に初勝利（38年3月）
　　　──→中国は「日本に勝てない」との神話の払拭
　　・日本軍は江蘇省徐州を占領（5月）
⑤　「抗戦建国綱領」と国民政府抗戦体制の確立
　(1)　「抗戦建国綱領」（38月3月）──軍事中心であったが、持久戦という形態上、抗戦経済建設に力点──→民意の結集をはかる
　(2)　国民参政会の設立
　　　──参政員200人のうち、国民党が88人と最も多いが、中共党員・青年党員・社会民主党員・少数民族・華僑などの参加を認めた画期的なものであった
　　　　──→蔣介石を頂点とする「全民抗戦」の体制
　(3)　三民主義青年団の創設──国民党の青年組織
　　　　──目的は一つに抗日活動、二つに中共や第三勢力系の青年組織に対抗
⑥　広州・武漢の陥落（38年10月）──→戦争の泥沼化
　(1)　日本軍は貿易重要都市の広州を、重工業地帯、為替の集中地帯の武漢を占領
　　・日本の力は武漢までで、それ以後は対峙段階──→「速戦速決」政策の破綻
　　　　←──日本軍は初戦でほとんど勝利したが、補給線が伸びず
　　　　──→日本は「点と線」しか確保できず、地方都市と広大な農村が残され、かつ占領した「大都市と鉄道」も常に激しい抵抗
　(2)　日本軍の重慶大爆撃（38-43年）も打開策とならず
⑦　中国抗戦経済の形成
　(1)　持久戦の地理的基盤
　　・四川省重慶を中心とする西南（雲南、広西など6省）・西北（陝西など6省）両翼抗戦体制──→遅れたこの地域に自給自足経済体制と一大工業地帯の創出の模索
　(2)　戦時財政
　　・国家財政の主要財源（7割前後）である関税・塩税・統税を失う
　　　　──→重点を直接税の所得税・遺産税・印紙税へと転換
　　・──→救国公債・国防公債各5億元など、大量の公債発行
　(3)　田賦の中央移管とその実物徴収（じつぶつちょうしゅう）
　　・抗戦財政基盤の育成──税引き上げがインフレに追いつかない状況
　　　　──→41年6月地方重要財源の田賦を中央が取り上げ
　　　　──田賦は中央財政の36%──→中央税の印紙税30%、遺産税25%を地方に配分
　　・財政の中央・省・県の3級制を中央・県の2級制に改め、中央に県を直属させ、省を無力化──→財政の中央集権化

第3章　南京国民政府の成立と抗日戦争

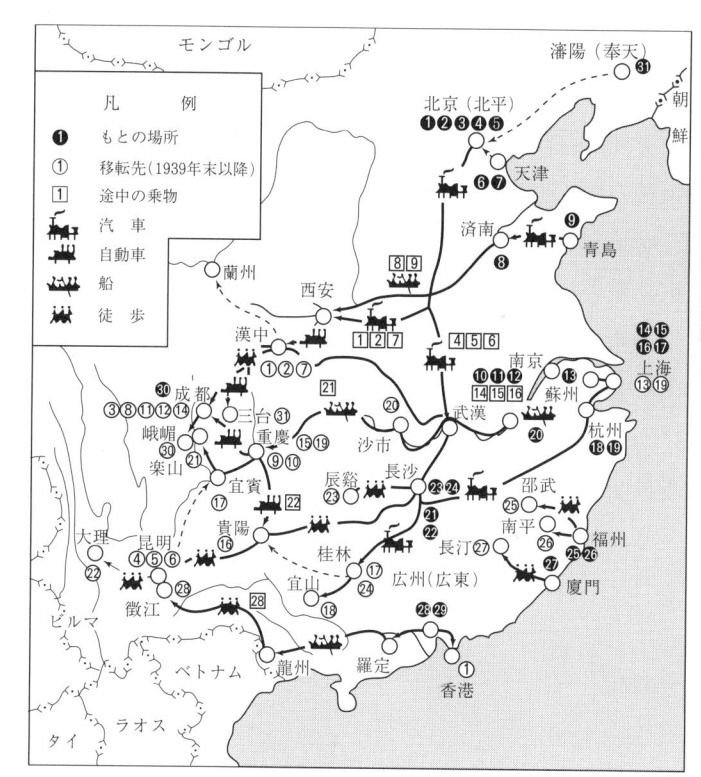

▲図16　中国の大学などの疎開

▲図17　西南連合大学の旧教室
現在、雲南大学内にある

①国立北平大学　1350キロ　北平→1937年、西安（西安臨時大学）→1938年、漢中（西北連合大学）
②国立北平師範大学　1380キロ　北平→（同前＝西北連合大学）→〔1939年独立、西北師範学院→1941、蘭州〕
③私立朝陽学院　（350キロ、原表の誤り？　約2500キロ）北平→1938年、沙市→同年、成都→〔1941年、巴県（重慶の近く）〕
④国立北京大学　2600キロ　北平→1937年、長沙（西南連合大学）→1938年、昆明
⑤国立清華大学　2600キロ　北平→（同前＝西南連合大学）
⑥私立南開大学　2100キロ　天津→（同前＝西南連合大学）
⑦国立北洋大学（北洋工学院）1500キロ　天津→（①②に同じ＝西北連合大学）
⑧私立斉魯大学　1500キロ　済南→成都
⑨国立山東大学　2100キロ　青島→1938年、江津（重慶の近く）
⑩国立中央大学　1550キロ　南京→1937年、重慶（一部は成都）
⑪私立金陵大学　2000キロ　南京→1937年、成都
⑫私立金陵女子文理学院　2000キロ　南京→1937年、成都
⑬私立東呉大学　60キロ　蘇州→1937年、上海
⑭私立光華大学　2300キロ　上海→1937年、成都
⑮私立復旦大学　1850キロ　上海→1937年〔広山→貴陽→〕重慶（キロ数は上海→重慶の直行里程？）
⑯私立大夏大学　2200キロ　上海→貴陽
⑰国立同済大学　1400キロ　上海→桂林→〔昆明→宜賓〕
⑱国立浙江大学　1550キロ　杭州→〔建徳→吉安・泰和→〕宜山
⑲私立之江大学　（1500キロ、150キロの誤り？）杭州→〔安徽・屯溪→〕1938年、上海〔→1941年、浙江・金華→福建・邵武→1943年、貴陽→1944年、重慶〕
⑳省立安徽大学　700キロ　安慶→沙市〔別の資料では、安徽・六安〕
㉑国立武漢大学　1200キロ　武漢（武昌）→楽山（嘉定）
㉒私立武昌華中大学　1900キロ　武漢→大理
㉓国立湖南大学　300キロ　長沙→辰谿
㉔私立湘雅医学院　450キロ　長沙→桂林〔別の資料では貴陽〕
㉕私立福建協和大学　250キロ　福州→1938年、邵武
㉖私立華南女子文理学院　150キロ　福州→南平（延平）
㉗国立厦門大学　250キロ　厦門→長汀
㉘国立中山大学　1300キロ　広州（広東）→1938年、羅定→龍州→澂江
㉙私立嶺南大学　120キロ　広州→香港
㉚国立四川大学　120キロ　成都→峨嵋
㉛国立東北大学　瀋陽→1931年、北平・天津→1936年、西安→1938年、三台

(4) 戦時金融
- 中央・中国農民の両国家銀行を中心とする移転と金融網の拡充
- 四聯総処の成立（37年11月）──独立傾向の強かった中央・中国・交通・中国農民の国家4銀行の合体組織──→金融の中央集権化、金融総動員体制の確立

(5) 戦時工業──対日経済抗戦の三層工業構造の確立
　　　──→西南建設委員会所属の工鉱調整委員会と中央遷廠（せんしょう）委員会
　　　──→上海などから工場移転と工場新設
- 下層工業基盤の形成──月中国工業合作運動が多数の共同組合式の小工業を群生──38年8月以後──軽工業に力点
- 上層工業基盤の形成──資源委員会が電力・重工業・鉱山開発などに力点
- 中間工業基盤の形成──40年7月以後、企業公司が16省に設立──鉱工業・運輸に力点

(6) 戦時農業
- 金融──→水利と開墾に積極的に貸付
- 農業促進委員会の設立──→農業生産促進
- 耕地面積の増大──37－40、44年豊作、41－43年平年作

(7) 戦時貿易
- 「援蒋輸血路」としてのビルマルート（39年7月－42年5月）、西北ルート、香港ルート
- ソ連・英・米の国民政府支援とバーター貿易、フランスとの貿易
　　──→中国側は茶・タングステン・アンチモニーなどを輸出し、武器・弾薬・機械部品・トラック・ガソリンなどを輸入

(8) 「中華民国公庫法」（40年1月）──中央銀行による統一的国庫網と国庫収支の管理

(9) 新県制の施行（40年3月）←──憲政実施の要求に押されて、県を単位とした民主政治を推進
- 地方行政系統を県・区・郷鎮の3級制から県・郷鎮の2級制に改編
- 実質的に民衆自治を骨抜き──→徴税、徴兵を容易にし、道路修築などへの力役への組織的動員を可能化

⑧ 国共対立と中央集権化
(1) 国民党第5期5中全会（1939年1月）──「溶共（ようきょう）、防共、限共、反共」を決定
　　──→蒋介石提出の「限制異党弁法（げんせいいとうべんぽう）」採択──→防共委員会を結成

第3章　南京国民政府の成立と抗日戦争

▲図18　東条英機と汪兆銘

▼図19　重慶

日本軍の空爆を避けるため、暗い色の建物が多かったが、最近は明るい色の建物もふえてきた。

▼図20　国民政府財政中の軍事費の割合

(単位, 1000元)

年	総支出	軍事費	％
1931	571,967	302,619	52.91
1932	589,110	338,658	57.49
1933	872,664	385,785	44.21
1934	1,203,583	386,591	32.12
1935	1,336,921	362,030	27.08
1936	1,893,977	555,226	29.32
1937	2,091,324	1,387,559	66.35
1938	1,168,653	698,001	59.73
1939	2,797,018	1,536,598	54.94
1940	5,287,756	3,773,369	71.36
1941	10,003,320	4,880,835	48.79
1942	24,459,178	11,347,007	46.39
1943	54,710,905	22,961,267	36.45
1944	151,766,892	55,318,967	33.00
1945	1,276,617,557	421,297,013	37.59

(2) 重慶国民政府は最高軍事委員会下に精神総動員会を設置（39年3月）
　　・「国家至上、民族至上」・「軍事第一、勝利第一」で個人の自由を犠牲
　　　──→国民精神総動員
(3) 国民政府軍の中共軍への攻撃（39年1月以後）
　　・山東省博山で八路軍兵士400人惨殺（4月）
　　・湖南省平江で新四軍幹部6人殺害（6月）
　　・皖南事変（41年1月、新四軍事件）──国民政府軍7、8万人が軍長葉挺の新四軍1万人を襲撃
(4) 雲南省の中央集権化
　　・日本軍の仏領北部インドシナ進駐──→雲南軍閥龍雲は16万の兵力を背景に、国民政府軍の支援を拒絶──→40年11月蒋介石は国民政府軍の機械化部隊8個師団の昆明進駐を強行
　　・雲南の中央集権化達成（41年末）

⑨ 国民政府の教育統制と第三勢力・大学の動向
(1) 大学の疎開
　　・長沙臨時大学の設立（1937年11月）──北京・清華両国立大と私立天津南開大
　　・西南連合大学の成立（38年4月、昆明）←──戦火の拡大による再移転
　　　──文学・理学・法商・工学・師範各学院により構成（教師200人、学生3000人）
(2) 国民政府・国民党の教育統制
　　・西南連合大学に区国民党部、三民主義青年団直属分団部を設置
　　・39年国民政府は教育の独立を否定──→「党を以て学校を治める」
　　　──→学校行政責任者（学院長以上）は国民党加入の義務
　　・「大学及び独立学院教員資格審査暫行規定」（40年10月）
　　　──教師の思想、組織の審査、統制──→学術や教育の発展を阻害
(3) 保衛中国同盟の成立（香港、38年8月）←──宋慶齢・宋子文・エプシュタイン
　　　──→全世界の民主人士に中国への医薬品、救援物資の送付を呼びかける
(4) 民主政団同盟の成立（重慶、41年3月）←──黄炎培・張瀾・梁漱溟らの第三勢力
　　・団体での加入のみ許可
　　・国民党一党独裁の撤廃、思想・学問・言論・出版・集会・結社の自由の保護
(5) 西南連合大学に第三勢力の著名人士が集中──開明軍閥龍雲の連合大学への支援
　　・国民党一党独裁の反対と民主化運動の推進

史料7　蔣介石『中国の命運』1943年3月

　資本主義は人生を生産技術の下に使役し、以て利潤を追求せんとするものである。帝国主義は人生を戦争技術の下に使役し、植民地を開こうとするものである。このような思想の交錯するなかで、国内の階級闘争と国際的民族戦争とが世界近代史の全幅を埋めている。大戦が終わって苦痛を深く感じる時、非戦論者は科学を恨み、科学は殺人手段を進歩させ、戦争を残酷にし、人類を滅ぼすとするだろう。だが、彼らは戦争を終結させるには戦争の根源を絶つべきであり、戦争の道具を制限しても無駄であることを知らない。……中国の高尚偉大な政治哲学が明らかにされず、深遠悠久な政治思想が樹立されなかった誤りから来ている。そこで、第二次世界大戦の終結後には技術を人生に使役させる制度と思想をもってきて、初めて永久平和を樹立し、大同社会に向かって一歩進むことができる。……中国人士を惑わす「中国はアジアを指導すべし」との言は退けねばならない。……中国の雪恥図強は二つの意義がある。……第一に、中国は自立自強の後は自ら受けた深い苦痛を決して他国に与えないこと、日本帝国主義の打倒後、その衣鉢を継いで決して「アジア指導」の意向をもったり、行動したりしないことである。第二に、中国の自立自強には、まず中国自身が立ち上がることである。……その目的は世界各国と相並進し、さらに世界各国と共同して世界の永久平和と人類の自由解放の責任を負担するためである。

（蔣介石著、波多野乾一訳『中国の命運』日本評論社　1946年）

日本人反戦運動指導者・鹿地亘

「（社会運動は）非常に苦しい条件の中でね、だけど、それが潰されても潰されても甦り、それが出てくる社会的根拠があるわけですよね。……小さいことでも大事にする必要がある。……それが流れを創り出すかに絶えず注意して、自分で励まされてそれをやっていくと、必ず勝利するということでしょう」

「（日本が）アジアの帝国主義としてね、成長してきた歴史をもっているということは、日本人にとっては厄介なことですよ」

（菊池一隆「鹿地亘氏へのインタビュー」『中国研究月報』545　1993年）

⑩　日本の動向と傀儡政権設立
　(1)　近衛文麿声明（38年1月）──日本の「以華制華」政策
　　　　──「爾後国民政府を対手とせず」、「新興支那政権の成立発展に期待」
　(2)　傀儡政権の設立とそれとの提携
　　　　──戦争継続と占領地保持の財政負担の打開策としての傀儡政権
　　・王克敏（こうこくびん）の中華民国臨時政府（北平、37年12月14日）──┐
　　・梁鴻志（りょうこうし）の中華民国維新政府（南京、38年3月28日）──→
　　　──→汪兆銘（精衛）の中華民国政府（南京、40年3月30日）
　　　　　　蒋介石の重慶国民政府に対抗を目的──東亜新秩序を標榜──→統治力は弱い
　　・徳王の蒙古連合自治政府（張家口、39年9月1日）、最高顧問は金井章次
　　　　──→少数民族の二極分解（漢民族による差別と日本の侵略）
　(3)　戦争の長期化──膨大な軍事費、兵員と物資の欠乏
　　　　──→日本はエネルギー資源・戦略物資を求めて東南アジアに「南進」
　(4)　米は日米通商航海条約の破棄通告（39年7月）←──日本の対中貿易妨害が理由
　(5)　ノモンハン事件（1939年5月-9月）
　　　　──ハルハ河畔で、日・満軍とソ連、外蒙軍が交戦──日・満軍の大敗
　(6)　百団大戦（40年8月-12月）──八路軍が河北・山西の正太鉄道を中心に華北の鉄道470キロ・公路1500キロを徹底破壊
　(7)　日本は仏領インドシナ北部に進駐（39年9月）
　　　　──「援蒋ルート」の断絶と資源の獲得が目的
　　　　──→日本と米・英・蘭との矛盾激化
　　・日独伊三国同盟（40年9月）──→政治・経済・軍事面の同盟強化と米の参戦牽制

4．太平洋戦争と中国の抗日戦争

①　国際的な対日経済封鎖網
　(1)　1941年初頭からの日米交渉はほとんど進展せず
　　　　──→A．B．C．D包囲陣による対日経済封鎖網の完成
　(2)　日ソ中立条約の締結（4月）──北方の安全保障と「南進」への条件作り
　　・ドイツ軍のソ連に侵入（6月）──日本はソ連国境に約80万人の大部隊を動員
　　・関東軍特種演習（いわゆる「関特演」）でソ連を牽制
　(3)　仏領インドシナ南部に進駐（7月）──→英・米は在外の日中資金凍結
　　　　──→米は航空機燃料の対日輸出禁止（8月）
　(4)　御前会議で英、米、蘭との開戦決意（11月5日）←──原案は大本営政府連絡会議

史料8　長谷川テルの反戦詩・反戦文・反戦放送

　砲火と砲煙がこの国際都市をおおい、恐怖の叫び声が上がっている。……誰がこんな目にあわせるのか。日本人であろうか。いや、そうじゃない。私は急いで頭を横に振り、全身の憎しみを込めて答える。日本の帝国主義者どもなのだ。……今、上海の砲火の下には、日本から引っ張り出されてきた20歳代の私の同胞や友人達がいるのだ。私は鋭い痛みを覚える。私の心は叫ぶ。日中両国人民のために戦争を止めろ、と。…日本民衆は沈黙を守っている。それは意識するしないにかかわりなく……侵略を認めることではないか。……私の胸の中に血まみれのバラが咲いた。……私は……声を限りに日本の兄弟たちに呼びかける。いたずらに血を流すのはおやめなさい。あなた方の敵は……中国にいるのではないのです。　　　　（高杉一郎『中国の緑の星』朝日新聞社　1980年）

日本のエスペランティストへの公開書簡

　お望みとあらば私を裏切り者と呼んでくださって結構です。私は恐れはしません。むしろ私は他民族の国土を侵略するばかりか、何の罪もない無力な難民の上に、この世の地獄を現出させて平然としている人々と同じ民族の一人であることを恥とします。……進歩的人間だとか……マルクス主義者だとさえ自称していたインテリゲンチャが軍国主義者や政治家にひれ伏して、恥知らずにも『皇軍』の『正義』について太鼓を打ちならしているのを聞くと、私は怒りがこみ上げ、吐き気がもよおしてくるのをどうすることもできません。……この戦争に中国が勝利することは、単に中国民族の解放を意味するだけではなく、日本を含む全ての極東の被圧迫民族の解放を意味するのです。それは、全アジア、そして全人類の明日への鍵です。

なくなった二つのリンゴ

海を越え、山を越えてあなたに届くのは、あなたがよく知っている声……
毎晩、私はマイクの前に立つと、お母さんと呼びかけたい衝動にかられます……
しかし、次の瞬間、私の目の前には数え切れない色々な人々の顔が浮かびます
悲しげな顔、疲れ切った顔、腹をすかした顔、
怒った顔、うらめしそうな顔、
男や、女や、子供や、老人の顔
お母さん！　たった一人の私の大事なお母さん。
だけど、私はあなただけの娘でいるわけにはいかないのです
弱く打ちひしがれた者への愛と、その人たちを苦しめている者たちへの憎しみという
この貴重な宝である「誇り」はあなたが私に下さったものです
私たちは奪われたものを取り返さなければなりません……
お母さん。耳を塞がないでください。目を覆わないで下さい。
たとえ、あなたには死ぬほど恐ろしくとも、灼熱した闘いのルツボの中からだけ、なくしたリンゴは取り戻せるのです

　　　　　　　（高杉一郎『中国の緑の星－長谷川テル反戦の生涯』朝日新聞社　1980年）

② 太平洋戦争の勃発（1941年12月8日）
  (1) 日本軍によるハワイ真珠湾を奇襲──英米に宣戦布告──日米開戦
  (2) 香港（41年12月）・英領マレイ（42年1月）占領
  (3) シンガポールに上陸（42年2月）──学生・労働者・農民による壮絶な防衛戦
    ──華僑（かきょう）を大虐殺──華僑は次々と抗日遊撃隊を結成し、抵抗を続行
  (4) 蘭印（らんいん）のジャワ・スマトラ、米領フィリピンなどを占領
  (5) 日本の大東亜共栄圏構想──欧米帝国主義から解放の鼓吹と実態
    ・フィリピン・インドネシア・ビルマに親日政権樹立、タイは日本との協力声明
      ──当初日本軍を欧米植民地からの「解放軍」として歓迎するところもあった
    ・日本軍のアジア人に対する優越感と差別感
      ──日本語教育・神社参拝・過酷な労働強制・捕虜虐待
        マレイ・フィリピンでの住民虐殺
      ──シンガポール・マレイ・フィリピン各地で民衆の激しい反日闘争
③ 国民政府の動向
  (1) 蔣介石、「抗戦力を増強し、友邦との共同作戦を行う」と演説（41年12月15日）
      ──国民政府は戦争勝利後の「建国」を睨んで反共反民主の党勢拡大を企図
      ──軍事費削減と軍事力の温存、工業生産増強・金融改革に重点
  (2) 国民への抑圧
    ・「国家総動員法」公布（42年5月）──物資徴発の強化、生産・消費・移動の統制強化、言論・集会などの自由の統制強化
    ・特務による反国民党の動向に対する弾圧強化──新聞・雑誌・出版物を発禁処分
  (3) 日本との抗戦──消極的に継続──第二次長沙会戦・浙贛会戦（せっかん）・鄂西会戦（がくせい）、常徳会戦を戦う
  (4) 欧米との交渉
    ・米中合同のビルマ奪還作戦（43年12月）
      ──中国駐在の米軍司令官スティルウェルの指導で、インドから北ビルマに進攻
      ──日本軍を攻撃、飛行場などを占領
    ・米・英と新条約締結（43年1月）領事裁判権、治外法権を含む不平等条約の撤廃
    ・米大統領ローズベルトは蔣介石に書簡（44年7月）
      ──在中米軍・国民政府軍・中共軍の最高指揮官にスティルウェル任命を要請
      ──蔣は拒絶──米の蔣介石・国民政府に対する評価下落

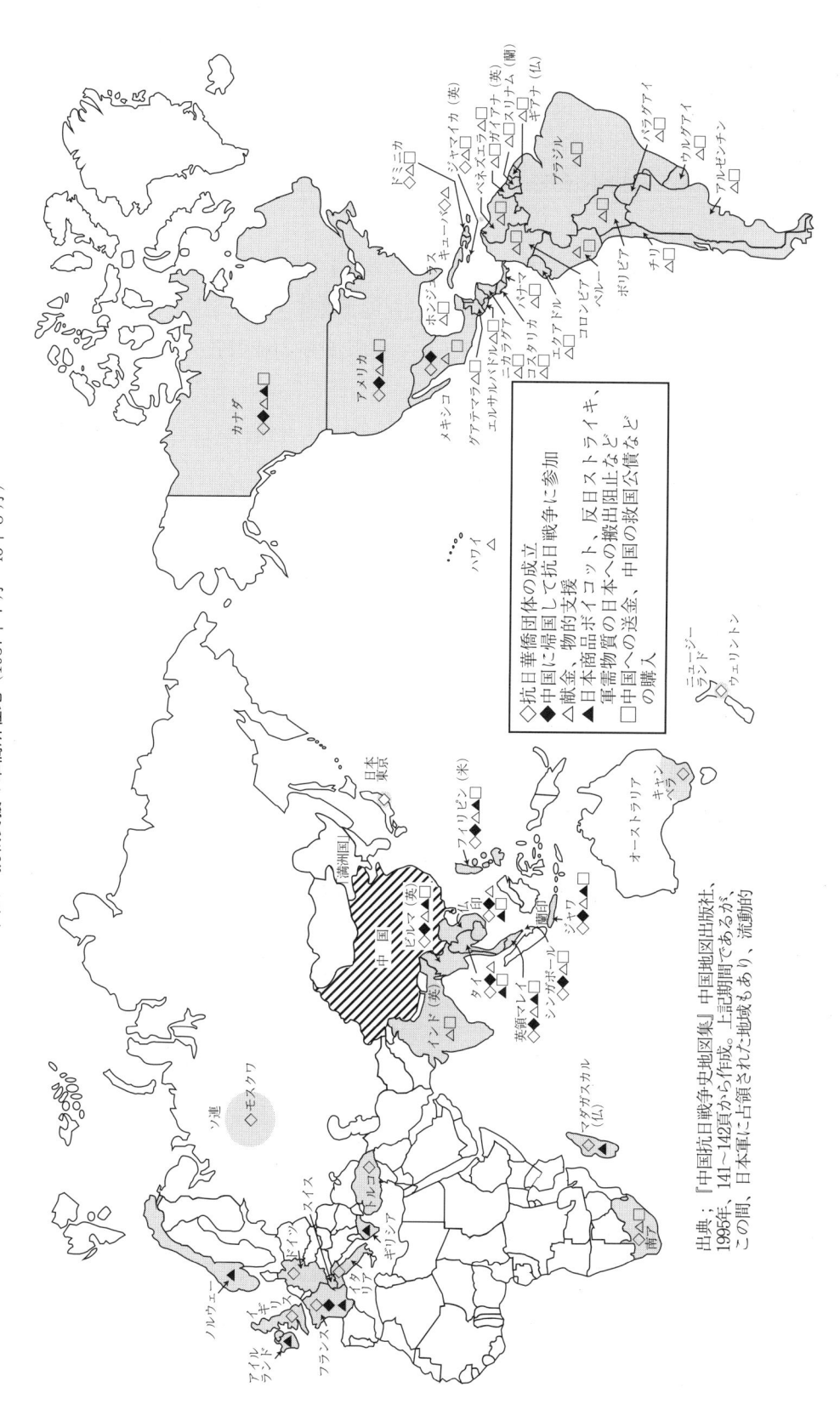

第3章　南京国民政府の成立と抗日戦争

▼図21　抗戦支援の華僑所在地（1937年7月〜45年8月）

◇抗日華僑団体の成立
◆中国に帰国して抗日戦争に参加
△献金、物品的支援
◆日本商品ボイコット、反日ストライキ、軍需物資の日本への搬出阻止などの購入
□中国への送金、中国の救国公債など

出典：『中国抗日戦争史地図集』中国地図出版社、1995年、141〜142頁から作成。上記期間であるが、この間、日本軍に占領された地域もあり、流動的

111

(5) 蔣介石『中国の命運』出版（43年3月）
　・不平等条約撤廃に伴い、儒教による「新中国」建設の構想
　　──英米式の民主主義・自由主義批判、ソ連の共産主義を批判
　・心理・倫理・社会・政治・経済各建設面において民衆の自覚を促し、平和・独立自主の「新中国」建設を呼号
(6) 対中共政策
　・蔣介石・国民政府は最後に残る辺区（中共地区）の中央集権化を企図
　　→国民政府は兵力50万で、陝甘寧（せんかんねい）辺区を包囲攻撃（43年6月）
　　→国内外の世論の批判を受けて失敗──国民政府の威信低下

④ 第三勢力・大学の動向と民主化要求の激化
(1) 西南連合大学の憲政討論会（43年）──同大教授 張 奚若（ちょうけいじゃく）が「国民党一党独裁」批判
　・学生自治会の強い支持──同大学が民主の堡塁となる
(2) 中国民主同盟の成立（44年9月）
　・民主政団同盟の「政団」が取り消され、個人参加が可能となった
　　→四川、雲南、陝西、広西、広東などの県レベルにまで影響力
(3) 昆明文化界の作家・教授・音楽家・演劇者・新聞記者314人の集会（45年3月）
　・国事会議を開催、「民主連合政府」の樹立、特務解体を訴える
(4) 西南連合大学は2万人デモ（5月）
　・国民党一党独裁反対・連合政府樹立を主張

⑤ 中共の苦難打開と勢力増大
(1) 辺区の状況──日本軍の攻撃、国民政府軍の封鎖、干魃（かんばつ）などで極度の困苦
　・皖南事変（41年1月）に前後して国共関係は極度に冷却
　　→国民政府は辺区への財政援助を打ち切り、軍事的経済的封鎖を強化
　・日本軍の「三光（さんこう）作戦」──多くの村などが廃墟となり、辺区縮小・人口減少
　　──41年以後の殺光・焼光・搶光で、八路軍も40万人から30万人に減少
　　→45年5月ころ、辺区19、人口1億、正規軍91万、民兵220万に成長
(2) 整風（せいふう）運動開始（42年6月－43年夏）
　・マルクス・レーニン著作の学習と毛沢東思想の推進
　　→「病を治して人を救う」方針と「反革命分子」の摘発
(3) 42、43年の経済政策
　・大生産運動──「自力更生」・「生産自給」・「農業第一、工業第二」
　　→部隊・機関・学校・民衆による開墾と生産増大

史料9　陳立夫（国民政府元教育部長・中統局長）「日本人への提言」

　日本人が中国を攻撃したことは誤っている。以後、再び誤ってはならない。我々は「兄弟の邦」である。戦うべきではない。……日本人は誤ったが、我々はその点にこだわろうとは思わない。……それ故、日本は十分に検討し、中国に対する姿勢を根本から改めなくてはならない。中日戦争後、もし蔣介石公が（賠償放棄という）寛大な政策を採らなかったならば、今日、日本がどのような状態になったいたか分からない。日本は国家の事柄に関してもう少し遠くまで見通すべきである。……日本人も中国人も非常に聡明である。今日、日本の工業はアメリカより少し進んでいるかもしれない。日本はアジアを指導し、資本主義の悪い点には対抗する必要がある。日本には大きな志がない。幾十年間、日本は工業面ではアメリカを追い上げた。だが、物質面だけではなく、精神面も追求する必要がある。……我々の文化は「王道文化」であり、「覇道文化」ではない。この文化をもって全世界を指導する。……「仁義道徳」をもって行うことが必要で、鉄砲、飛行機、爆弾で行う必要はない。

（菊池一隆「陳立夫氏へのインタビュー」1995年3月、『中国研究月報』592　1997年）

何日君再来

　日本は……蔣介石政権を一地方政権に落とし、将来つくられる親日的中央政権に吸収しようと構想していた。しかしそれは全くの幻想でしかなかった。当時の民衆について梨本祐平氏は象徴的なエピソードを伝えている。39年9月ごろ、北平（今の北京）で日本軍の宣伝映画が上映された。

　「南京城頭に日章旗をひるがえし、銃剣を高く捧げて万歳を叫ぶ兵隊の顔があらわれて消えると、敗戦の苦悩をひそめた蔣介石の姿があらわれた。……この瞬間である、今まで息をつめて見入っていた中国人観客はいっせいに起ち上がって"蔣介石万歳""中国は負けないぞ！"という喚声が怒濤のように湧きあがった」。騒然たる場内から誰からともなく三民主義の歌がはじまり、やがてそれは大合唱となった。この映画は翌日から上映禁止となった。また、当時、被占領地区で爆発的人気のあった流行歌「何日君再来」（君いつ来たる）は、人々が「君」を蔣介石に読みかえて口ずさんだという。

（小島晋治、丸山松幸『中国近現代史』岩波新書336、1986年）

- ・42年以降、減租減息運動——「二五減租（小作料25％減）」
  - ——→農民の負担軽減、地主・資本家の土地・財産所有権の保証
- (4) 政治・軍事改革と経費節減——辺区内の統一戦線強化
  - ・「三三制」——辺区政府人員の比率を中共党員（「労働者と貧農の代表」）・進歩分子（「小資産階級代表」）・中間分子（「中産階級と開明紳士・地主の代表」）がそれぞれ3分の1——→中共以外の第三勢力などの人士に協力を求める
  - ・「精兵簡政」——財政再建のため、軍事機構・主力部隊を縮小し、地方部隊・民兵を強化、行政機構の簡素化——→冗員を生産に——→兵・幹部などと民衆の結合
- (5) 教育政策
  - ——→抗日軍政大学・陝北公学（人民大学の前身）・魯迅芸術学院などを設立
  - ——→幹部を養成、文芸運動の推進など——→辺区の人材育成、教育や文化向上に貢献
- (6) 毛沢東の「連合政府について」（45年4月）←——蔣介石『中国の命運』に対抗
  - ・国民党の一党独裁・反共政策に反対し、各党各派・無党無派の代表的人物を集めた民主的な臨時連合政府を樹立し、全中国の抗日団結を主張
    - ——→戦争勝利後の国民代表大会で民主連合政府を成立させ、独立・自由・民主・統一・富強の新中国建設——→統一戦線をベースとする新民主主義国家の樹立

⑥ 国際反ファッショ抗日闘争
- (1) 中国侵略に反対した日本人——国共両地区での日本人反戦運動
  - ・国民党地区に日本人民反戦同盟（鹿地亘・青山和夫ら）成立（1939年12月）
    - ——→日本軍に対する反戦宣伝、日本人捕虜に反戦教育
  - ・辺区に吉積清らの共産主義者同盟（42年）、岡野進らの解放連盟（44年）
    - ——→日本軍部の打倒、日本革命・民主建設などを主張
  - ・長谷川テルの反戦放送——無意味な侵略戦争の停止を訴える
- (2) 朝鮮人・台湾人のナショナリズムと抗日闘争
  - ・韓国独立運動家の金九と中国国民党の提携——韓国光復軍創設（40年9月）
  - ・左派朝鮮独立運動家の金若山——朝鮮義勇隊
    - ——→日本語文献の翻訳、朝鮮人兵士の投降呼びかけ、兵士暴動指導など
  - ・台湾義勇隊——→台湾革命同盟会の成立（41年2月）
    - ——台湾の祖国中国への復帰を主張——台湾内での宣伝
  - ・42年以降、台湾義勇隊は廈門(アモイ)傀儡市政府の記念大会などを3回の襲撃実施
    - ——→日本軍関係者などに多数の死傷者
- (3) 華僑の抗日戦争支援——献金と反日デモ
  - ——→日本・朝鮮・台湾および日本軍占領地での華僑の親日と抗日への二極分解

第3章　南京国民政府の成立と抗日戦争

▲図22　平頂山殉難同胞遺骨館（遼寧省）

　平頂山事件は32年9月16日に、日本軍が鉱山労働者と民衆300余人を虐殺した事件。

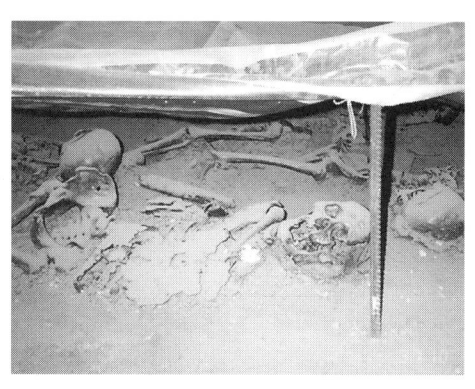

▲図23　同左内部

▲図24　南京大屠殺遇難同胞記念館の入り口

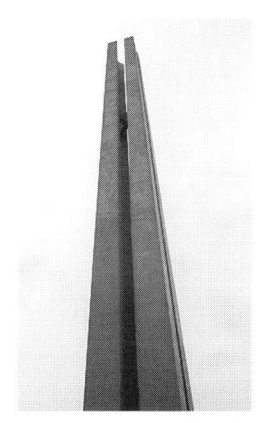

▲図25　日本占領期死難人民記念碑（シンガポール）

▼図26　撫順戦犯管理所

▲図27　同左内部

　日本人戦犯とともに、溥儀も収監され、軍国思想が改造された。人道的手段が用いられ、自らの戦争中の行為を心から反省した者も多かった。

⑦ 日本の敗退
　(1) 日本はミッドウエー海戦に敗北（42年6月）──→42年後半から連合国の総反撃
　(2) カイロ会談（43年11月、ローズベルト・チャーチル・蔣介石）
　　・「カイロ宣言」──日本の無条件降服、第1次世界大戦以後、日本が獲得した
　　　　　　　　　　太平洋諸島の返還、「満洲」・台湾の返還、朝鮮の独立
　(3) 日本軍による大陸打通作戦（44年4月−12月）
　　・日本軍は51万人を動員して、中国南北の鉄道線確保と南洋との連絡を目指す
　　・米軍は空爆で対抗
　　・国民政府軍はこの戦闘で大敗北──→国民党統治に亀裂──→労農運動の激発
　(4) ヤルタ会談（45年2月、ローズベルト・チャーチル・スターリン）
　　・「ヤルタ協定」──ソ連の対日参戦、南樺太・千島のソ連帰属
　　・米軍の沖縄上陸（4月）──→東京・大阪などの猛空爆──植民地台湾・朝鮮も空爆
　(5) 国民政府軍は湖南省の芷江会戦で勝利（5月）──→日本軍は中国西南から退却
　　・重慶で国民党六全大会（5月）──→「憲政」に移行を示唆
　　・「中ソ友好同盟条約」（8月）締結──中・ソの対日共同作戦を決定
　(6) ポツダム会談（45年7月、トルーマン・チャーチル・スターリン）
　　・米英ソによるドイツの占領統治方式と日本処理方針
　　・「ポツダム宣言」──蔣介石の同意の下で米・英・中3国により公表
　　　　　　　　　　　ソ連署名──→日本に無条件降伏を勧告
　　　　　　　　　　──軍国主義勢力の永久除去、日本の領土を北海道・本州・四国、
　　　　　　　　　　　九州に限定、基本的人権の尊重、民主主義の復活と強化
　　・米軍が広島・長崎に原爆投下（1945年8月6日・9日）
　　・ソ連参戦（8月8日）←──「ヤルタ協定」に基づく
　　　　──→「満洲」・朝鮮・樺太に進撃
　(7) 日本の「ポツダム宣言」受諾、無条件降伏（8月14日）
　　・中国の勝利、日本の敗戦決定（8月15日）←──天皇のラジオ放送

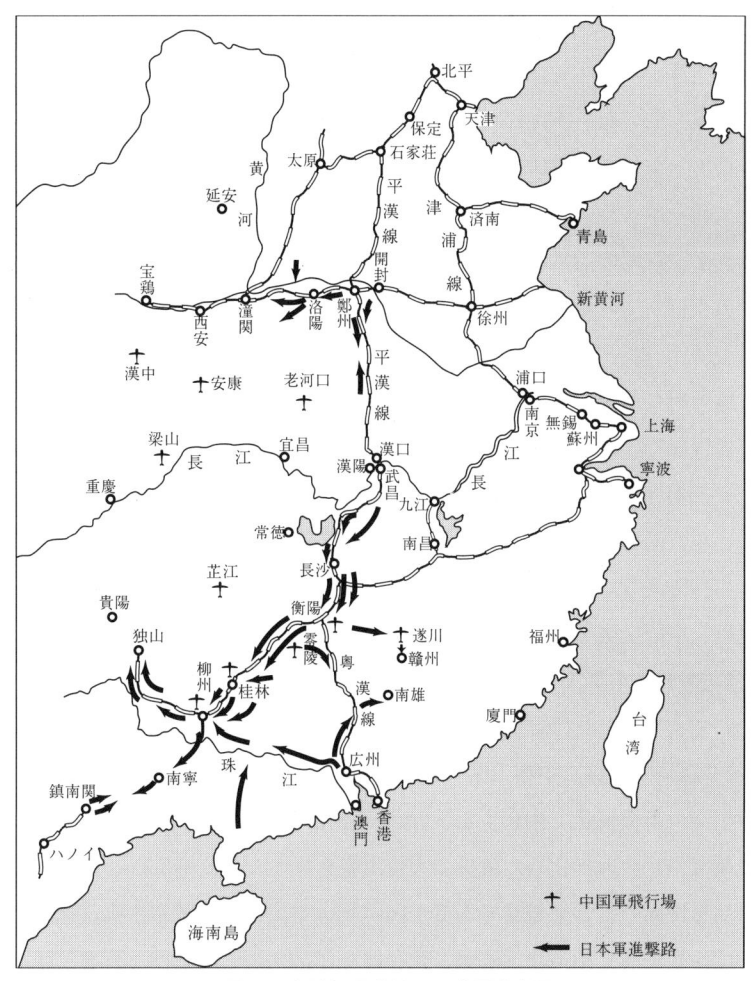

▲図28　大陸打通作戦の日本軍進撃図

▼図29　太平洋戦争におけるアジアの死者概数

	軍人・ゲリラ	民間人	備　考
日　　本	185万人	65万人	
沖　　縄	9万4000人	9万4000万人	沖縄戦のみ
台　　湾	3万人	不明	
朝　　鮮	57万6000人(徴用工・軍人)	14万3000人(「慰安婦」)	その他を含め、計90万人
中　　国	1300万人以上	1000万人以上	
フィリピン	5万人	100万人以上	
シンガポール	不明	5000人以上	虐殺
インドシナ	200万人以上（餓死）		
インドネシア	200万人		

クローズアップ7－中国工業合作運動と国際反ファッショ抗日ネットワーク

　盧溝橋事件後、上海、無錫、武漢などの工業集中地帯を失った中国は対日抗戦を決定したものの、工業力が極度に不足していた。中国にとって深刻な情況だったのである。それを打開するため、アメリカ人ニム＝ウエールズ（女流作家）、エドガー＝スノー（ジャーナリスト）によって工業合作運動が構想され、ニュージーランド人レウィ＝アレー（国際反戦主義者）が強力に指導した。アレーは「絶望するな。必ず打開の道はある」と主張し続けた。こうして、中国第三勢力に大々的に推進され、国共両党の支持も受けることで、経済面での抗日民族統一戦線としての役割を果たすことになった。

　その構想は、協同組合式の小工業を群生させることで、巨額の財政負担であった難民を単なる慈善の対象としてではなく、誇りを復活させ、抗戦経済力に変えるという斬新な野心的試みだったといえる。その上、工業合作社は労働者による協同組合式の自主管理工場という進歩的形態を採り、手工業とともに、現代的機械も使用して、生産近代化、効率化を図るものであった。そして、空爆被害を最小限度に押さえるためにも、工業の過度の集中を是正し、工業分散化を推し進めた。

　工業合作運動は、中国全国を3つの経済防衛線に区分し、それに適応した3種の生産形態を採用した。〈第1経済防衛線〉小型工業合作社。日本軍占領区、もしくは日本軍と対峙する前線、戦区で活動する。そこで、生産工具は軽便で、工業合作社は遊撃隊とともに移動し、「工業ゲリラ軍」と称される。〈第2経済防衛線〉中型工業合作社。戦区と大後方（国民政府支配区）の中間地帯に設立され、半手工業・半機械化で生産する。〈第3経済防衛線〉大型工業合作社。大後方に設立され、比較的大規模で、かつ近代化した機械で大量生産を行うとしている。

　生産物は軍需品と民間の日常必需品であるが国防第一で、(1)　軍需品；武器弾薬、医薬品、軍用毛布など、(2)　生活必需品；綿織物、衣服、靴、紙など、(3)　工業原料；石油、鉄、各種機械など、(4)　外貨獲得品；植物油、茶、生糸など、(5)財源補填品；砂金であった。

　工業合作運動は海外の民間レベルで圧倒的支援も受け、国際反ファッショ抗日ネットワークとして機能した。例えば、アメリカでは太平洋問題に関心のある知識人階級、イギリスの英中協同組合振興協会、フランスの国際労働組合総連合、インドのネルー、ジャワ華僑等々から圧倒的支持と物心両面の支援が寄せられている。こうして、工業合作社は中国の西北、西南、東南各省の奥地にまで急速に組織され、大量の軍需物資、民衆の生活必需品を生産して中国抗戦経済の有力な支柱となったのである。
　　　　　　　　　　　　　　（菊池一隆『中国工業合作運動史の研究』汲古書院　2002年）

クローズアップ8――――――――華僑と抗日戦争

　華僑が孫文などを支援し、辛亥革命を勝利に導くことに重要な役割を果たしたことは周知の事実であるが、抗日戦争時期、祖国・中国に対する日本の侵略に強く反対し、活発に行動したことも見逃せない歴史的事実である。

　盧溝橋事件後、国民政府は持久戦を遂行するために、華僑の支持、資金援助が不可欠であった。そこで、民族意識を鼓吹して、中国と華僑を結びつける工作を行った。華僑側も中国の国際的地位

が在住国での自らの地位を決定する要因ともなるため、多額の献金などによる支援に奔走した。こうして、互いに対立、抗争することも多かった世界華僑は抗日という共同目標を持ち、団結、統一の道を歩んだ。特に欧州では、中国の抗日民族統一戦線の結成よりも早く、全欧の抗日連合組織・「全欧抗連」創出という先駆性を示した。アメリカでも対日石油、屑鉄の輸出阻止に力を発揮し、日本の対中侵略力量の削減に成功した。南洋（東南アジア）華僑は激しい抗日運動を展開し、直接、日本経済に打撃を加え、オセアニア、アフリカにも抗日救国組織が設立された。このように、一時期、世界的規模で華僑による国際的な抗日包囲網が形成されたといっても過言ではない。

ただ日本、例えば神戸華僑は日本の中国侵略に批判的な者もおり、抗日意識も旺盛であったが、南洋華僑による日本商品ボイコットで大打撃を受けた上、日本当局からの厳しい弾圧にあい、否応なく日本の祖国侵略に加担した者も少なくない。また、日本植民地・朝鮮の華僑は山東との貿易に従事していたが、日常必需品など重要物資でなかったことが、その立場を弱いものとし、日本当局の弾圧・追放政策に翻弄された。

結局、欧州はナチス・ドイツに席巻され、華僑抗日運動は沈滞したが、ある部分は連合軍に参加して反ファッショ戦争を戦った。アメリカでは太平洋戦争後も、華僑は抗日運動を継続し、かつ連合軍にも多数参加している。南洋各国は日本軍の統制下か、占領下に置かれた。当時、日本は蔣介石・国民政府が倒れないのは華僑支援にあると疑っており、抗日運動の華僑の直接弾圧を目論み、シンガポール占領後、華僑を「大虐殺」した（日本では約5000人虐殺説、シンガポールでは5万人以上の虐殺説。現在、シンガポールでは、日本軍の野蛮な行為を風化させないために虐殺記念碑も建てられている。この下には犠牲者の遺骨が埋葬されている）。ともあれ、タイの中華総商会は日本と妥協し、汪兆銘の南京傀儡政権を支持することで、存命を図り、マレイ、フィリピンなどでは華僑の一部が抗日ゲリラとなって日本敗戦まで抵抗を続けた。

（菊池一隆「国民政府と世界の華僑」『二〇世紀中国と日本－中国近代化の歴史と展望』下巻、法律文化社　1996年等）

クローズアップ9────中国特務と抗日戦争

1930年代南京国民政府は反共・対日「不抵抗」政策をとった。そして、蔣介石は「安内攘外」政策を打ち出し、抗日を求める中共や第三勢力を弾圧した。これを行ったのが、国民党特務の「C・C団」、および「藍衣社」である。「C・C団」は国民党部、警察、教育局・学校（校長等の多くが「C・C団」参加、もしくはシンパ）を基盤とする思想治安機構で、日本でいえば特高に近い仕事をし、「藍衣社」は軍部を基盤とし、憲兵に近い仕事をする。ここでは、「C・C団」に絞って書いておこう。

「C・C団」は中国伝統の儒教思想、旧三民主義（第1次国共合作時期の連ソ、容共、農工扶助の「三大政策」を除く）と反共・反民主を掲げ、「愛国心」を鼓吹して国民党への忠誠を強制した。「C・C団」は、日本と戦うためには思想的統一が必要であり、ソ連からの外来思想の共産主義でも、英米式の民主・自由でも中国を救うことはできず、蔣介石・国民党を中核として儒教思想で団

結することが必要と考えていた。こうして、中共党員や第三勢力系の民主主義者、自由主義者、学生を逮捕し、拷問し、考えを変えない者に対しては殺害に及び、中国民衆から恐れられ、深い憎しみをかった。

　36年12月西安事変から続く37年9月第2次国共合作・抗日民族統一戦線の樹立は反共である「C・C団」を混乱に陥れたが、「抗日」を掲げて再び台頭した。元来、「C・C団」は日本と戦うために反共を推進していたのであり、日本の中国侵略に対しては激しい怒りを持っていたのである。「C・C団」は、中国が軍事・工業面では日本よりも圧倒的に劣っているけれども、軍事勝敗の決定的要素は文化であり、中国は儒教の本家で、日本はそれを模倣したに過ぎず、中国は文化的に圧倒的優位に立っていると強調した。そして、三民主義は伝統文化から醸造された中心思想であり、文化事業に従事する教育界人士は「抗戦に立ち上がれ」と呼びかけたのである。

　香港では、日本軍と「C・C団」、「藍衣社」との間で厳しい情報戦争が行われた。「C・C団」は領事、新聞記者、オリンピック女子水泳選手、小学校教師、医者、印刷業者、労働者等を組織し、日本軍政下の情報を収集した。これらの人々は日本軍の香港占領と圧政に激怒して参加したのであり、無報酬であった場合も多い。結局、日本軍はこれらの人々を逮捕したが、その中に日本留学経験者や親日派官僚も含まれていたため、「許し難い」として利用できる者を「二重スパイ」とし、他は処刑してしまった模様である。しかしながら、一般人がレジスタンスのため、「C・C団」に参加し、情報収集活動に命をかけて従事した。なぜ彼らがこうした活動に立ち上がらざるを得なかったのか。その理由を十分考えてみる必要があるかもしれない。

（菊池一隆「都市型特務『C・C』系の『反共抗日』路線について」（上）、（下）、『近きに在りて』35、36、汲古書院　1999年）

クローズアップ10　　　　　　　　　　汪兆銘について

　汪兆銘の字は精衛で、1883年広東省番禺（ばんぐう）（今の広州市）で商人の子供として生まれた。外国人居留地が近く、欧米人の東洋人に対する優越感が露骨に見える地域で、汪は反発を感じながら育った。父から陽明学を学び、民衆を苦しみから救う在野の知識人になりたいとの理想を持っていたようだ。1904年科挙の秀才に合格。9月広東省官費留学生の試験に合格して、法政大学促成科に留学する。5年日露戦争での日本の勝利に感銘し、明治維新の意義を確信し、西郷隆盛、勝海舟に心ひかれ、また憲法、国家学などを学ぶ。同年8月孫文の講演会を聞き深く感銘して中国同盟会に加入し、評議会議長となる。また『民報』の編集に加わる。7年3月孫文に随行して英領マレイ華僑に革命を宣伝し、中国同盟会の資金集めと分会100余所の設立を行う。10年清朝摂政王（せっしょうおう）の暗殺をもくろむ。失敗し、処刑判決を受けるが、汪の才能を惜しむ粛親王（しゅくしんのう）によって無期懲役に減刑された。

　辛亥革命後、釈放され、南北和議に南方派代表として出席し、かつ孫文と袁世凱との提携を図り、国民党内で物議を醸しだした。なお、孫文の臨時大総統就任の宣言を起草する大役も果たしている。12年フランスで呉稚暉（ごちき）、蔡元培（さいげんばい）らとともに中法大学を創設に尽力し、また中国人労働者・学生への支援活動を行った。13年第二革命の失敗後、再びフランスに留学し、社会学、フランス文学を研究

する。17年帰国し、広東国民政府で秘書長代理として孫文を助け、党務、軍務の仕事をする。また21年広東教育会会長。24年1月国民党1全大会で党規約委員になり、国民党中央執行委員、国民政府宣伝部長にも就任、25年孫文臨終の枕元で遺嘱草稿を作成した。汪が新三民主義の連ソ、容共、農労扶助を掲げ、国民党左派の指導者になったことから、軍をバックに急浮上してきた国民党右派の蔣介石との対立を深めた。特に、26年中山艦事件での対立により下野、フランスに外遊。27年武漢国民政府の要請で帰国するが、蔣介石は四・一二クーデタを断行し、南京国民政府を樹立。汪はコミンテルンからの中共武装蜂起の密電を見て反共を決意、7月武漢国民政府から中共党員を追放した（第1次国共合作の崩壊）。その後、武漢、南京の両国民政府は合流し、汪は国民政府委員、中央党部組織部主任等に就任した。29年閻錫山、馮玉祥と三角連盟を結んで反蔣運動を起こすが、失敗した。31年「満洲」事変の勃発により、「共に国難に赴く」として妥協を図り、32年1月汪自ら行政院長に就任、軍事は蔣介石に任せた。汪は第1次上海事変を機に対日「一面抵抗、一面交渉」を強調した。33年には外交部長を兼任し、8月梅津-何応欽協定を締結した。ただ、対日宥和政策は激しく非難され、35年11月汪は抗日派によって狙撃され、重傷を負った。36年2月ドイツに治療に行くが、西安事件の勃発により、37年1月急遽帰国し、第2次国共合作に反対する。

　37年12月首都南京の陥落以降、特に工業先進国、軍事強国の日本に「中国は決して勝利できない」と確信し、ドイツ大使トラウトマンの和平調停に期待をかけ、日本との妥協を主張し、抗戦派と対立した。38年4月国民党総裁制の施行に伴い、総裁に蔣、副総裁に汪が就任し、国民参政会議長にも選出されている。だが、汪の「日中提携」を基礎とする「和平救国論」に組みする者は少なかった。38年日本陸軍省軍務課長の大佐影佐禎昭らと香港駐在の国民政府外交部亜州司長の高宗武との間で、汪を担ぎ出す工作が進められ、11月「反共、倒蔣、和平」を三位一体とする合意が形成された。12月近衛が「東亜新秩序声明」を出すと、汪は妻の陳璧君、周仏海らと重慶を脱出し、昆明を経由してハノイに逃れた。22日近衛の「日華国交調整の根本方針」の声明に呼応して、29日「和平、反共、救国」の『艶電』を発表した。39年1月重慶国民政府は汪の永久党籍剥奪で対抗し、6月逮捕命令を出している。ところで、汪は5月日本を訪問し、平沼首相と会い、10月再訪日して交渉に入るが、日本側は強引で、「満洲」割譲を含む占領地域の既得権益を放さず、汪は苦渋の中で譲歩に譲歩を重ねた。かくして、12月日本と密約「日支新関係調整綱要」を締結するが、それが陶希聖らに暴露され、汪の威信は地に落ちた。40年3月南京に「反共和平」と「大アジア主義」を謳う日本傀儡「国民政府」を成立させ、行政院長に軍事委員会委員長を兼務し、11月主席に就任。同月「日華基本条約」も締結するが、大きく日本側に妥協した内容であった。そして、日本軍に協力して中共地区を封鎖し、41年3月から反共治安政策である「清郷」を強力に実施した。

　太平洋戦争後の43年1月対英米宣戦布告を行い、10月「日華同盟条約」を締結し、日本のファシズム戦争に巻き込まれたが、同時に日本に中国主権回復と独立を迫り、治外法権撤廃と租界返還に一定の成果を収めた。こうした折り、汪の体内に一発残っていた銃弾の古傷が悪化し、名古屋大学病院に入院するが、44年11月脊髄炎症を併発して死去。このように、中国の再生、日本との友好を考え、また中国必敗の確信から「中日和平」を推進することで、戦争被害を最小限度に押さえながら、中国の権利を少しでも拡大することに奔走した人生であるが、汪の主観的意図はともあれ、

結果的には日本にほとんど抵抗できず、母国への侵略政策に加担した。現在、中国や台湾で大漢奸〔かんかん〕・売国奴との最悪の評価を受け、他方、利用した日本では、彼の名と行動の一部を教科書などで表面的に知るだけで、その史実の多くを忘れ去ってしまった。

参考文献
　　安藤徳器編訳『汪精衛自叙伝』(大日本雄弁会　講談社　1941年)
　　山中峯太郎『新中国の大指導者・汪精衛』(潮文閣　1942年)
　　土屋光芳「汪精衛と『和平運動』」(明治大学『政経論叢』57−1、2　1988年)
　　古厩忠夫「汪精衛政権はカイライではなかったか」(『日本近代史の虚像と実像』3、大月書店
　　　　　1989年)
　　高橋久志「汪精衛」、山田辰雄編『近代中国人名辞典』(霞山会　1995年等参照)

第3章　南京国民政府の成立と抗日戦争

課題と研究状況

1．中国近現代政治史をいかに考えるか

　1919年五・四運動以降、49年中華人民共和国成立までの中国現代史は、主要に中共党史を中心とする革命成功史として捉えられてきた面を否めない。反面、当時、国際的に中国政府と認知されてきた国民政府は過小評価され、また国民党と中共の狭間にあった第三勢力の研究は決定的な遅れを示してきた。しかし、70年代後半から、中共を相対化し、中華民国史の枠組みで捉え返す研究が飛躍的に増大し、国民党のみならず、民族資本家、知識人ら都市中間階層を基盤とする第三勢力に関する研究も増大しつつある。

　ところで、日本の侵略に対して国民党、中共、および国家主義青年党、社会民主党、トロツキー派、無党無派等々の第三勢力がそれぞれ離合集散したが、各勢力も一枚岩ではなく、主義、思想、権力掌握等々から独自の動きを繰り返した。こうしたテーマにアプローチするには、中国近現代史の基本的動向を押さえた上で、これら各政治勢力の動向を、一つ一つ確認しながら歴史の中でどのような位置づけにあるのかを考察し、それを総合化する視点が必要といえよう。もちろん日本の動向、及び植民地台湾や朝鮮の独立運動等とも有機的に関連づけて考察する必要がある。こうすれば、人から借りた歴史観ではなく、複雑な歴史的諸相から少しでも独自な歴史観が養成できる。

参考文献

　　山田辰雄『中国国民党左派の研究』（慶応通信　1980年）

　　平野　正『中国民主同盟の研究』（研文出版　1983年）

　　中国現代史研究会編『中国国民政府の研究』（汲古書院　1986年）

　　菊池貴晴『増補・中国革命の基本構造』（汲古書院　1974年）

　　菊池貴晴『中国第三勢力史論』（汲古書院　1987年）

　　菊池一隆「国民政府による『抗戦建国』路線の展開」（『抗日戦争と中国民衆』法律文化
　　　　　社　1987年）

　　西村成雄『中国ナショナリズムと民主主義』（研文出版　1991年）

　　横山英、曽田三郎編『中国の近代化と政治的統合』（淡水社　1992年）

　　田中　仁「中国革命の歴史的再検討」（『現代中国の変革』世界思想社　1994年）

　　狭間直樹編『一九二〇年代の中国』（汲古書院　1995年）

　　野沢豊編『日本の中華民国史研究』（汲古書院　1995年）

　　横山宏章『中華民国史』（三一書房　1996年）

2．戦争史の時期区分についての検討

　日中戦争史、中国抗日戦争史は中国近現代史と日本近現代史にまたがるテーマである。複雑ではあるが、興味深く、かつ避けては通れないテーマといえる。日本の研究者の主流は「十五年戦争論」であるが、中国ではほとんどが「抗戦八年論」をとっている。また、塘沽停戦協定をもって一旦戦争に断絶があるとして、盧溝橋事件から日中戦争とする見解もある。

　これは単なる時期区分ではなく、多くの事実の何に焦点を当て、何を捨象するかとの問題と深く関わってくる。それ故、例えば、「十五年戦争論」では1931年「満洲」事変から45年日本敗戦まで、日本政府は一貫した侵略政策を有していること、アメリカとの太平洋戦争のみならず、アジアでの戦争も重要な位置を占めること、および日本の賠償責任などが論じられる。それに対して、「抗戦八年論」では「満洲」事変から盧溝橋事件までが戦争ではなく、一方的日本の侵略であること、その侵略に耐えきれなくなった中国は37年盧溝橋事件後、第2次上海事変、もしくは第2次国共合作・抗日民族統一戦線の樹立後、戦争を開始したとする。当然、これらの議論は日本は中国の「泥沼戦争」、ソ連参戦、アメリカの原爆、もしくはそれらが複合的にどのように組み合った結果、日本が敗戦したのかなどの議論とも密接に繋がる。

　この問題にアプローチするには、それぞれの論者が何を根拠に、もしくはどのような史料に基づいて論じているかを、特に注意して見る必要がある。そして、自分がいずれの説をとるかを決める前に、まず戦争の実態と推移を正確に押さえる努力が必要であろう。できれば、自分で独自に時期区分してみるとよい。日本のみならず、戦争相手国の中国の動向、実態を正確に押さえ、双方から立体的に歴史を構築していくことが望ましい。

参考文献

　王平　　　『抗戦八年』（琥珀出版社　1968年）

　黒羽清隆『十五年戦争史序説』（三省堂　1979年）

　石島紀之『中国抗日戦争史』（青木書店　1984年）

　副島昭一「日中戦争とアジア太平洋戦争」（『歴史科学』102　1985年）

　安井三吉「日中戦争史研究についての覚え書－『十五年戦争』と『抗日戦争』」（『歴史
　　　　　科学』99・100 合併号　1985年）

　池田誠編『抗日戦争と中国民衆』（法律文化社　1987年）

　蒋維国著、藤井彰治訳『抗日戦争八年』（早稲田出版　1988年）

　江口圭一『十五年戦争小史』（青木書店　1991年）

　菊池一隆「日中十五年戦争論再考」（『歴史評論』569　1997年）

3．盧溝橋事件についての検討

　「満洲」事変の直接的契機である柳条湖事件の解明に比して、盧溝橋事件の直接的契機に関してはまだ不透明部分が多い。例えば、第一に、銃弾「第一発」（実際は数発か十数発）が、演習を開始しようとした日本軍の上空を飛んでいったことに関しては、諸説入り乱れ、例えば(1) 偶発説、(2) 関東軍か日本特務機関の謀略説、(3) 国民政府の宋哲元配下の守備部隊の抗日示威等々がある。第二に、「一人兵士行方不明」に関しては、日本軍が拉致疑惑を主張し、宛平県城の強制捜査を要求したが、中国側が拒絶したことで日本軍が宛平県城を砲撃し、事件が拡大した。結局、「行方不明」の兵士は生理現象で隊を離れていたことが判明した後も、日本軍が砲撃を続行していることから単なる口実であったことは疑い得ない。

　こうした問題にアプローチするには、盧溝橋事件のみを切り離して考察せずに、日本の山東出兵、「満洲」事変からの日本の一貫した侵略行動、もしくはその指向形態から考える必要がある。その後、確かに日本側は「不拡大」を声明しているが、口実を作っての侵略拡大を「張作霖爆殺事件」や柳条湖の満鉄爆破など、何度も行ってきた日本軍のやり方を見ると、日本では「偶発説」が有力だが、中国が主張する「日本軍謀略発砲説」も一概に否定できない。ただ、どちらが発砲したかより、むしろ盧溝橋事件が発生したのは日本でなく、中国であり、日本軍が駐留していたのは東京ではなく、北平（北京）であるという明白な事実から立論し、「第一発」で戦争となる軍事的飽和状態に達していたことを明確に押さえておく必要がある。

参考文献

　洞　富雄「『兵一名行方不明』二件」（『歴史地理教育』419　1987年）

　今井　駿「盧溝橋事件の『発端』について」（『歴史評論』444　1987年）

　安井三吉『盧溝橋事件』（研文出版　1993年）

　安井三吉「盧溝橋事件再考－中国における『日本軍計画』説をめぐって」（『東洋史研究』
　　　　第55巻4号　1997年）

　秦郁彦　『盧溝橋事件の研究』（東京大学出版会　1996年）

　狭間直樹等『世界の歴史－自立へ向かうアジア』25（中央公論新社　1999年）

4．国民政府の経済建設についての検討

　元来、国民党大政治家の蒋介石、孔祥熙(こうしょうき)、宋子文、陳果夫ら「四大家族」が国民政府の財政、金融、経済を私物化していた点が「官僚資本」として厳しく批判された。そして、それらは英米帝国主義に中国経済を隷属させ、「半植民地化」を強めてきたとされてきた。それに対し、遅れていた中国の財政金融、経済をむしろ発展させるための必要な資本蓄積の側面からも進歩的で、孫文のいう「国家資本」と見なすべきとの考えが急浮上してきた。そして、幣制改革も英米の経済に隷属させた側面よりも、むしろ日本の経済侵略に抵抗する上で有効であったし、重慶国民政府の経済政策も侵略戦争を阻止する上で成功したとし、肯定的に見る見解が増大してきている。

　こうしたテーマにアプローチするには、まず中国経済史の中での位置づけを行い、経済変革の歴史的背景を明らかにする。そして、南京国民政府から重慶国民政府に連続、もしくは断絶する財政、金融、経済建設等の政策、機構、実態を基本的に押さえるとともに、それらが中国内外との関係でいかなるものであったかを、正確に見る必要がある。特に、日本の軍事的経済的な侵略問題との関係、および英、米、ソとの経済関係のプラスとマイナス側面に常に目配りしなくてはならない。また、その際、財政金融、経済政策のみならず、工農業生産、貿易などに視野を広げ、それらがいかなる有機的関連を持っていたかを考察する。さらに、日本の侵略という歴史的背景の中で、抗戦と国内経済建設の両側面から、国民政府の経済政策がどのような意義と限界を持っていたかを考える。

参考文献
　　陳伯達著、大阪市立大学中国研究会訳『中国四大家族』（創元社　1953年）
　　許滌新著、山下龍三訳『官僚資本論』（青木文庫135　1953年）
　　中嶋太一『中国官僚資本主義研究序説』（滋賀大学経済学部　1960年）
　　A・B・メリクセトフ『中国における官僚資本』（アジア経済研究所　1975年）
　　野沢豊編『中国幣制改革と国際関係』（東京大学出版会　1981年）
　　菊池一隆「重慶政権の戦時経済建設」（『歴史学研究別冊特集』1981年）
　　菊池一隆「重慶政府の戦時金融－『四連総処』を中心に－」（『中国国民政府史の研究』
　　　　汲古書院　1986年）
　　奥村　哲「抗日戦争と中国社会主義」（『歴史学研究増刊号』651　1993年）
　　久保　亨『中国経済100年の歩み』（創研出版　1995年第2版）
　　狭間直樹等『データで見る中国近代史』（有斐閣選書　1996年）

5．「南京大虐殺」についての検討

　「南京大虐殺」は現在でも激論が交わされているテーマであるが、歴史それ自体を考えず、現在の政治風潮に乗った形で、政治的な主張や誇張をする者がおり、研究者までも虐殺数に巻き込まれ、問題自体が矮小化され、地道な学術研究が疎かにされる傾向もあることは憂慮される。一応、虐殺数からいえば、主要に30数万、20万以上、4万人、1万3000人、6000～3000人等々、様々で、また、論者によって虐殺の範囲（南京城内だけか、南京近郊を含むかなど）も一定でなく、その期間設定も1～6週間と異なるまま、論じられていることは問題であろう。

　こうしたテーマにアプローチする際、まず各説が何を根拠、もしくは史料として虐殺数を算出しているのかを見なくてはならない。一般的に加害者側は数を少なくし、被害者側は数を多くする傾向があることは押さえておこう。そして、根拠が稀薄なもの、狭い局部的な少数の経験（例えば、「ある兵士によれば」など）を拡大解釈し、「南京大虐殺」全体を論じようとするものは問題であろう。まずは史料に向き合い、当時の政治、軍事状況、日本軍のやり方などを実証的に押さえ、その上で「南京大虐殺」がどのような位置にあるのかを冷静に考察しなければならない。「南京大虐殺」を平頂山、武漢等々、中国各地での日本軍による虐殺事件との相互関連の中で有機的関連をつけて分析する。また、当時の情況として、日本は厳しい報道管制をとっており、日本の民衆には正確に伝わっていなかった事実を押さえる。それ故、日本側、中国側、欧米側各史料を照合し、相互比較しながら自ら考える。

　なお、虐殺数より、「なぜそうしたことが起きたのか」、「再発防止にはどうしたらよいか」の問題分析、解明はやはり重要である。例えば、(1)首都南京を陥落させれば勝利でき、日本に帰国できると考えていた、(2)現地調達主義で捕虜を連れて歩けない、(3)中国人を差別して人間とは見ていなかった、(4)日本軍における指揮系統や責任の所在が不明確。こうしたことが指摘されているが、さらに深く追求する必要がある。

参考文献
　南京市文史資料研究会編、加々美光行、姫田光義訳『証言・南京大虐殺』（青木書店　1984年）
　洞　富雄『南京大虐殺の証明』（朝日新聞社　1986年）
　鈴木　明『"南京大虐殺"のまぼろし』（文芸春秋　1983年）
　君島和彦・井上久士「『南京大虐殺』評価に関する最近の動向」（『歴史評論』432、1986年）
　笠原十九司『南京難民区の百日－虐殺を見た外国人』（岩波書店　1995年）
　笠原十九司『南京事件』（岩波新書530　1997年）
　ジョン・ラーベ著、平野卿子訳『南京の真実』（講談社　1997年）

第4章　人民共和国の成立

概　観

　1945年8月、中国は日本に勝利した。1937年7月の盧溝橋事件以来8年間、満洲事変（1931年9月）から数えれば実に15年間にわたる戦いの末であった。抗日戦争期には形ばかりとはいえ共同して日本に対抗した国民・共産両党だったが、共通の敵が消えると、国共の協力関係は風前の灯火となった。しかし、長期の戦争で疲弊した国民からの内戦反対、和平希求の声を前に、国共は重慶でトップ会談を開き、その戦後構想は「政府と中共代表の会談紀要（双十協定）」として発表され、蔣介石の下での両党の合作や内戦の回避、独立・自由・富強の新中国の建設が謳われた。これにより国共内戦は一時的に休戦し、1946年1月には国共両党の他、民主同盟・青年党・無党派からなる政治協商会議が開かれ、憲政への道が模索された。自らの主導にあくまでも固執する国民党と、挙国一致の臨時的連合政府の樹立を叫ぶ共産党の隔たりは大きかったが、最終的には「憲法草案」等に関する決議が行われた。だが同年3月、同決議内容を国民党が同党第6期2中全会で批判し、修正を決議したことが共産党の態度硬化を呼び、6月には全面的内戦が開始された。

　いかなる新中国を建設するのかという問題は、米ソ両国にとっても重要な関心事だった。カイロ会談（1943年11月）・ヤルタ会談（1945年2月）を経て、国民政府は連合国から中国の正統政府と認知され、共産党は国民政府に協力するよう米ソ両国から圧力が加えられていた。しかし大戦終了後、米ソはヨーロッパを舞台に急激に対立の度を深め、冷戦への道を歩み、それが北東アジアにも波及する過程で、米国は国民政府を、ソ連は共産党をそれぞれ支援する方向に傾いて行った。

　内戦は当初国民政府軍が有利に戦いを進めたが、中共軍（1947年10月、正式に中国人民解放軍を名乗る）が徐々に力をつけ、48年から49年にかけて大陸各地で次々と勝利を収め、国府軍は急速に瓦解していった。また、国民政府統治地区では、インフレの進行、テロの横行等が相次ぎ、同政府の威信と統治能力に傷をつけていった。

　中華人民共和国（1949年10月1日に建国を宣言）が台湾を除く国土をほぼ完全に掌握したのは、チベット進駐を果たした51年末であった。新政府は中共と民主諸党派で構成される人民政治協商会議の共同綱領に基づく暫定政権として発足した。この時期、新政府は「新民主主義」を掲げて、疲弊した国内経済建て直しのための諸政策を断行した。農村部においては、土地改革を通じて搾取制度の廃絶と土地再分配を実施し、人口の大半を占める農民の支持を確固たるものにした。都市部においては、外資企業や民族資本の接収、三反五反運動による労働者の地位向上などにより、インフレの抑制を図った。これによっ

て国内経済は急速に回復し、中共は政権基盤を強化した。しかしアジアに共産党主導の政権が誕生したことの衝撃は大きく、外交面において中国は厳しい国際環境に直面した。アメリカは抗日戦争以来継続していた対アジア政策の見直しを迫られ、国連代表権問題やアメリカの「封じ込め」政策により米中関係は急激に冷え込み、50年に勃発した朝鮮戦争におけるアメリカの朝鮮・台湾方面への軍事介入と中国の戦線介入により対立が決定的となった。この時期、中国は国内では抗米援朝運動を展開して反対勢力の撲滅を図る一方、対外的には「向ソ一辺倒」の方針を採って、東側陣営の一員としての位置づけを明確にした。しかしながら中ソ関係は、友好条約の締結にも関わらず、微妙な対立をはらんでいた。

　1954年の第1回全国人民代表大会開催と中華人民共和国憲法採択によって執政党としての立場を確固たるものにした中共は、社会主義計画経済実現のための「過渡期の総路線」を掲げて各種改革に着手した。すでに53年から始まっていた第1次五カ年計画では、都市部で企業国営化と重工業を中心とする工業建設が推進され、また農村では農業合作化が推進されたが、改革の急速な展開に伴う歪みも生じていた。こうした中で高崗・饒漱石事件を契機に整風運動が行われ、党内の権力集中が進行した。また社会全体に対しても「胡風反革命集団」批判など、文化・思想面での統制が次第に強まっていった。一方、朝鮮戦争の休戦を受けて、中共政権は台湾解放に向けた武力攻勢を強めたが、体勢を立て直した国民党政権はアメリカからの軍事支援を得てこれに抵抗した。外交においては、インドシナ問題や朝鮮問題が議題となったジュネーブ会議に周恩来が出席して注目を集め、また「平和五原則」を提唱し、アジア・アフリカ会議を開催するなど、新たな外交路線を展開した。

　スターリンの死後総書記職を継いだフルシチョフがスターリン批判を展開すると、中共は独自の社会主義建設路線を模索し始めた。56年に開催された第8回党大会では社会の均衡ある発展を重視した穏歩路線が採られ、また「百花斉放・百家争鳴」と称して、広く知識人の意見を求めた。しかし知識人の意見が共産党の一党独裁への批判に拡大すると、毛沢東はこれを「敵対矛盾」と見なし、反右派闘争を発動して徹底的に弾圧した。さらに58年の8全大会第2次会議で、より急進的な社会主義建設路線を採択し、土法高炉による鉄鋼増産と、農村の人民公社化による食糧増産を柱とした「大躍進」政策が、全国的に実施された。同政策は現実的には破綻していたものの、59年の廬山会議で彭徳懐らへの右傾日和見主義批判の結果継続され、自然災害ともあいまって、60年までの3年間に国民経済を大幅に減退させた。この間、社会主義建設のあり方を巡る中ソの見解の相違が明確となり、両国間の亀裂が次第に深まる一方、米中、日中間においても緊張状態が続いた。また建国以来の民族政策が地方民族主義批判を契機に抑圧的傾向を強め、ついには59年のラサ反乱を引き起こすとともに、インドとの間でダライラマの処遇や国境線画定をめぐって軍事的衝突をもたらし、アジア諸国との協調関係に影響を与えた。

本　論

1．戦後処理をめぐる国共両党の対立

① 抗日戦争勝利にいたる国際的情況と戦後処理

 (1)　ヤルタ秘密協定（1945年2月）
  ・ローズベルト（米）・チャーチル（英）・スターリン（ソ）により決定
   ── 連合国の一員である中華民国代表不在の決定
   ── ソ連の対日参戦、ソ連の国民政府支持が明確化
   ── ソ連のモンゴル・中国に対する権益を大幅に容認

 (2)　ソ連赤軍の満洲進攻
  ・ドイツ降伏（1945年5月）によるソ連軍のヨーロッパ戦線から極東戦線への移動
  ・ソ連、対日宣戦布告（8月8日）── 満洲に全面進攻
   ── 関東軍の崩壊、投降兵はソ連へ抑留
  ・日本、ポツダム宣言受諾（8月14日）

 (3)　中国の「惨勝」と戦後処理をめぐる困難
  ・蔣 介石（しょうかいせき）の抗戦勝利の演説（1945年8月15日）
   ── 対日賠償請求の放棄など、日本に対する寛大な処置を指示
  ・満洲の政治的・軍事的空白化
   ── 国共両軍が満洲に殺到 ── 南部を国府軍が、北部を中共軍が占領
   ── 満洲在住民間日本人の難民化 ── 残留日本人孤児の発生
  ・国府の台湾回収 ── 台湾省行政長官公署の設置（10月）
   ── 陳儀（ちんぎ）が台湾省行政長官兼台湾省警備総司令として着任、独裁的権限を行使
   ── 大陸人による日本資産の回収、行政・経済の実権掌握
   ──「本省人」と「外省人」の対立（「省籍矛盾（しょうせきむじゅん）」）の形成

② 国共両党、政治協議を再開

 (1)　中国共産党の戦後構想
  ・『連合政府論』（1945年4月）── 毛沢東（もうたくとう）の中共第7回大会における報告
   ── 諸階級・各民族の連合による「中華民主共和国連邦」の構想

 (2)　中ソ友好同盟条約の締結（1945年8月14日）
  ・国民政府を認めるスターリンの中共への圧力
   ── 毛沢東・周 恩来（しゅうおんらい）、蔣 介石と協議（9月）

 (3)　「政府と中共代表の会談紀要（双十協定（そうじゅうきょうてい））」の発表（1945年10月10日）
  ・平和・民主・団結・統一を基礎として長期合作方針を確認

第4章　人民共和国の成立

史料1　ヤルタ秘密協定（ソ連の対日参戦に関する協定）　1945年2月11日

　三大国、すなわちソビエト連邦、アメリカ合衆国及びグレート・ブリテンの指導者は、ソビエト連邦が、（中略）次のことを条件として連合国に味方して日本国に対する戦争に参加すべきことを協定した。

1　外蒙古（モンゴル人民共和国）の現状が維持されること。
2　1904年の日本国の背信的攻撃により侵害されたロシアの旧権利が次のとおり回復されること。
(b)　大連港が国際化され、同港におけるソビエト連邦の優先的利益が擁護され、かつ、ソビエト社会主義共和国連邦の海軍基地としての旅順口の租借権が回復されること。
(c)　東支鉄道及び大連への出口を提供する南満州鉄道が中ソ合同会社の設立により共同で運営されること。（後略）

　前記の外蒙古並びに港及び鉄道に関する協定は、蔣介石大元帥の同意を必要とするものとする。大統領は、この同意を得るため、スターリン大元帥の勧告に基づき措置を執るものとする。

(㈶鹿島平和研究所編『現代国際政治の基本文書』原書房　1987年)

▼図1　蔣介石とマーシャル特使(右)、スチュアート大使(左)

史料2　毛沢東『連合政府論』　1945年4月23日

　我々は、日本侵略者を徹底的に撃滅した後に、全国の絶対多数の人民を基礎として、統一戦線的な、民主的な同盟による国家制度を樹立することを主張する。我々はこのような国家制度を新民主主義の国家制度と呼ぶ。（中略）我々の主張する新民主主義の政治とは、外部からの民族的圧迫を覆し、国内の封建主義的、ファシズム的圧迫を廃止することであり、さらに、こうしたものを覆し、廃止した後に、旧民主主義的な政治制度を樹立するのではなく、全ての民主的諸階級を連合した統一戦線の政治制度を樹立することである。（中略）新民主主義の国家問題及び政権問題には、連邦の問題が含まれる。中国領域内の各民族は、自発的希望と民主主義の原則に基づいて、中華民主共和国連邦を組織し、またこの連邦の基礎の上に、連邦の中央政府を組織すべきである。

(『解放日報』1945年5月2日)

(4) 米国政府による国共両党への調停
　　・マーシャル特使、中国に赴任（同年12月）
　　・モスクワで米英ソ外相会談（同年12月）
　　　──→米ソ、中国への内政不干渉及び両国軍隊の早期撤退を認め合う
　(5) 政治協商会議の開催（開催地：重慶、1946年1月10－31日）
　　・国民党8名・共産党7名・中国青年党5名・中国民主同盟9名・無党派9名が参加
　　　共産党──連合政府構想・国民大会選挙再施行等を提起──→国民党の憲政路線を
　　　　　　　　　　　　　　　　　　　　　　　　　　　　　　　　否定
　　　国民党──連合政府構想を否定、国民大会代表（36、37年選出）の権利擁護
　　　　──→双方の妥協
　　　＊憲法草案の大幅修正（国民党の妥協）──行政府優勢型から立法府優勢型へ
　　　＊国民政府拡大案の採用（中共の妥協）──旧代表1200名に新代表700名を加える
③　一時的緊張緩和
　(1) 停戦協定の成立（1946年1月）
　(2) 整軍協定の成立（同年2月）
④　緊張関係の再燃
　(1) 国民党第6期2中全会（1946年3月）政協決議修正を決定
　　　──→中共が反発、国民大会不参加を表明
　(2) 国府軍の東北への増強──→中共軍との紛争拡大
　(3) 西側諸国の対ソ強硬姿勢
　　　──→チャーチル、フルトンで「鉄のカーテン」演説（同年3月）
　(4) ソ連軍の満洲撤退完了（1946年5月）
　　　──→「戦時没収品」として総額20億ドル相当の工業施設・機械類を持ち去る
　(5) 中共『土地問題に関する指示（五・四指示）』（1946年5月4日）
　　　──→寛大な土地政策：「富農と地主を区別しなければならない」と指示

2．国共内戦
①　国府軍、中共の中原解放区に大挙侵攻、全面的内戦勃発（1946年6月）
　・共産党、米国の対中政策の批判を開始（同年7月）──→米国の反共路線への反応
②　憲法制定のための国民大会開催（「制憲国大」、同年11－12月）
　　　──中共・民主同盟は欠席
　・中華民国憲法を制定・公布（1947年1月）──→国民党の「法統（ほうとう）」の根拠
③　アメリカの調停失敗、マーシャル帰国（1947年1月）
　　　──→国府軍、延安（中共本拠地）を制圧（同年5月）。国府軍の絶頂期

史料3　政府と中共代表の会談紀要　1945年10月10日

(1) 平和建国の基本方針に関して　中国の抗日戦争が既に終結し、平和建国の新段階が間もなく始まろうとしており、共に努力せねばならないこと、平和・民主・団結・統一を基礎とし、かつ蔣主席の指導の下に、長期にわたって合作し、内戦を堅く避け、独立・自由及び富強の新中国を建設し、三民主義を徹底的に実現せねばならないこと、を一致して認めた。双方はまた蔣主席の唱える政治の民主化、軍隊の国家化、及び党派の平等・合法が、平和建国のために必ず通らねばならない道であることを共に承認した。

(2) 政治の民主化の問題に関して　すみやかに訓政を終結させ、憲政を実現すべきこと、またまず必要な措置を採り、国民政府が政治協商会議を召集し、各党派代表及び学識経験者を集めて国是を協議し、平和建国法案及び国民大会召集などの問題を討論すべきであることを一致して認めた。（後略）

（『解放日報』1945年10月12日）

▼図2　重慶会談での蔣介石と毛沢東　1945年9月

▼図3　中共軍と国府軍の勢力比較　1947年6月

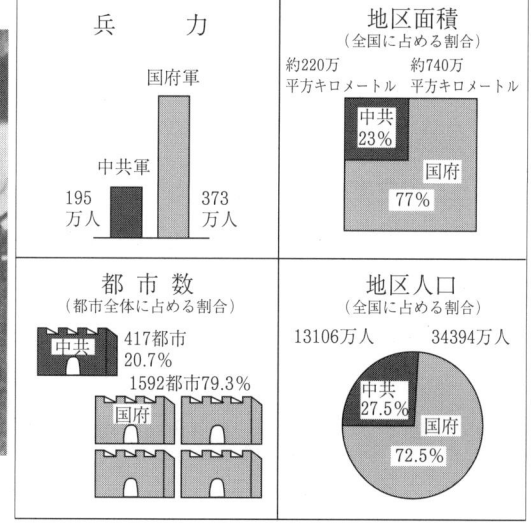

兵力
中共軍 195万人
国府軍 373万人

地区面積（全国に占める割合）
中共 約220万平方キロメートル 23%
国府 約740万平方キロメートル 77%

都市数（都市全体に占める割合）
中共 417都市 20.7%
国府 1592都市 79.3%

地区人口（全国に占める割合）
中共 13106万人 27.5%
国府 34394万人 72.5%

史料4　毛沢東「時局に関する声明」　1949年1月14日

中国共産党は次のように声明する。中国人民解放軍は、そう遠くないうちに国民党反動政府の残存軍事力を全部撃滅できるだけの十分な力と十分な理由を持ち、確固とした自信を持っているが、早く戦争を終わらせ、真の和平を実現し、人民の苦しみを減らすために、中国共産党は、南京国民党反動政府及びその他のいかなる国民党地方政府や軍事集団とも、次のような条件を基礎に和平交渉を行う用意がある。その条件とは、(1) 戦争犯罪人を処罰すること、(2) 偽憲法を廃止すること、(3) 偽法統を廃止すること、(4) 民主主義の原則に基づいて全ての反動軍隊を編成替えすること、(5) 官僚資本を没収すること、(6) 土地制度を改革すること、(7) 売国条約を廃棄すること、(8) 反動分子の参加しない政治協商会議を開き、民主連合政府を樹立して、南京反動政府及びそれに所属する各級政府の一切の権力を接収すること、である。

（『人民日報』1949年1月15日）

④ 形勢の逆転
  ・中共全国土地会議、「中国土地法大綱」採択（1947年9月、10月10日公布）
    ⟶「五・四指示」より先鋭的な土地改革
    ＊「すべての地主の土地所有権を廃止し、『耕者有其田』の土地政策を実行」
  ・「人民解放軍宣言」（47年10月10日）──国民党政権打倒と民主連合政府樹立を提起
    ⟶新民主主義論に基づく民主諸党派との連携による統一戦線政策の展開
  ・内蒙古自治政府の設立（1947年5月）⟶共産党主導による内蒙古民族運動の統合
  ・毛沢東「当面の情勢とわれわれの任務」（1947年12月25日）
  ・国民政府、軍事情勢や財政悪化等から大規模財政援助を米国に要求
    ⟶マーシャルプランとの兼ね合いで「1948年対外援助法」として採択（1948年3月）
    ⟶内戦拡大に伴い、国民政府は「動員戡乱時期臨時条款」を制定⟶憲法の凍結
⑤ 悪化する大陸経済
  (1) 急激なインフレ──内戦本格化に伴う軍事費の増大と対米借款の増大
    ⟶財政赤字補填のための法幣乱発により、物価が戦前の14万5000倍に急騰
    ⟶国民党支配地区の経済的崩壊
  (2) 「四大家族」への資本集中と政府の腐敗
    ・国民党官僚・軍が大都市凱旋後、日本軍・漢奸資産を接収・私物化
    ・蔣（介石）、宋（子文）、孔（祥熙）、陳（果夫・立夫兄弟）による優良企業の独占
  (3) 民衆の反国民党意識の高まり
    ・上海大暴動（1946年11月）
    ・北平反米学生デモ（1946年12月）──米軍兵士の女学生暴行事件が発端
    ・五・二〇学生運動（1947年5月）──反飢餓・反内戦・反迫害を要求
    ・二・二八事件（台北、1947年2月28日）
      ⟶外省人支配に反対する本省人の暴動を軍隊投入により鎮圧
      ⟶戒厳令の施行と「共産主義分子の陰謀」を名目とした白色テロの横行
      ⟶台湾知識人に打撃、外省人支配の構図が固定化
      ⟶国府台湾移転後の社会的基礎形成

3．国民党政府の崩壊

① 三大戦役に勝利した中共軍
  ・遼瀋戦役（1948年9月－11月）──満洲で中共軍が国府軍を撃破
  ・淮海戦役（1948年11月－49年1月）──徐州を中心とする山東省・江蘇省での決戦
  ・平津戦役（1948年11月－49年1月）──中共軍による天津の包囲攻撃と北平（北京）への無血入城（1949年1月31日）⟶国府、首都を南京から広州へ（同年2月）

国共内戦に関わった日本人たち

　日本の敗戦後、労働力としてソ連に抑留された人々が多数存在することはよく知られているが、自主的にあるいはやむを得ず中国に留まり、中共軍や国府軍に協力した（させられた）人々もいる。国府軍に協力した日本人の一例として、日本軍投降後も山西省に残留し閻錫山軍に加わり、中共軍部隊と戦った河本大作の部隊がある。同部隊に参加した者の多くは、1949年4月の太原（山西省省都）陥落に至る間に、戦死したり捕虜になった。

　また、戦後富田直亮中将を団長とする旧日本軍将校百余名が、国府軍各部隊の作戦指導の助言や兵士の訓練等を行った「白団」の例もある。1954年に米華相互防衛条約が結ばれ、米国から正式な軍事顧問団が台湾に赴任してきてからも、これら日本人将校は軍人教育に携わっていたという。

　他方、当時の中共側に欠けていた高度な技術や知識を買われ、懇請されて中共軍に加わったケースもある。旧関東軍航空部隊の中共軍への協力は、中国人民解放軍空軍建設の基礎ともなった。医療・防疫関係の知識を買われて従軍した人もいる。また、一兵士として東北地区で戦列に加わり、その後も軍に従って中国を南下し、海南島での戦役を経て朝鮮戦争にまで参加した人等さまざまである。

▼図4　人民解放軍と国府軍の兵員数の変化

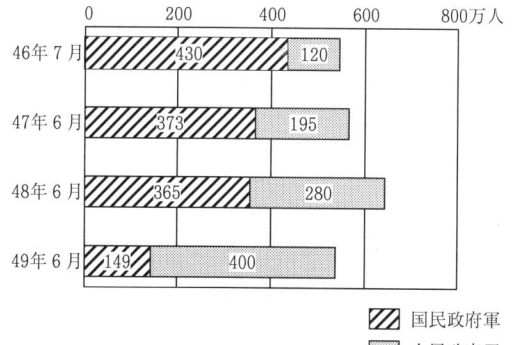

	国民政府軍	人民政府軍
46年7月	430	120
47年6月	373	195
48年6月	365	280
49年6月	149	400

（単位：万人）

▼図5　瀋陽解放を祝うパレード

掲げられた肖像画は、右から林彪、毛沢東、朱徳

史料5　『人民日報』に見る『中国白書』前文　1949年8月

　中国国民に対する合衆国の友好と援助との歴史的政策は、それでも和戦両時期を通じて維持された。対日戦勝利の日以来、合衆国政府は国民党中国に対する援助として、総額およそ20億ドルに近い金額を贈与及び貸付の形で承認した。その金額はその価値から言えば、中国政府の貨幣支出の50％を超え、中国政府の予算に対する比率から見ても、合衆国が戦後に西欧のいかなる国民に提供したものよりも大きな割合を占めるものである。（中略）対日戦勝利の日以後、合衆国によって中国軍隊に提供された軍事的装備の大部分は中国共産党の手に帰したが、それは全く国民党指導者の軍事的不手際、彼らの離脱と降伏、彼らの軍隊の間における戦意の欠如などによるものである。

（『人民日報』1949年8月28日）

②　国民党内からの和平運動
- 李宗仁(副総統)・白崇禧(華中軍総司令)・程潜(湖南省主席)ら、中共と和平交渉再開
- 中共、戦犯処理や民主連合政府樹立などの和平8条件を提示
　　──→蔣介石、総統職辞任(1949年1月21日)、李宗仁が総統代行に
③　中共・国府会談(北平、同年4月)──→中共和平案を国府側拒否──→決裂
- 中共、渡江作戦を決行(4月20日)──→南京を占領(同月23日)
- 解放軍による各地の解放──軍政を敷き大行政区を設置
　　第一野戦軍(彭徳懐・賀龍)──西北(新疆・甘粛など)
　　第二野戦軍(劉伯承・鄧小平)──西南(四川・貴州など)
　　第三野戦軍(陳毅)──華東(上海・南京周辺)
　　第四野戦軍(林彪)──東北、中南(湖南・広東など)
　　華北野戦軍(聶栄臻)──北京周辺
- アメリカ政府、『中国白書』を発表(49年8月)──国民党敗北の責任を蔣介石と国府の腐敗と無能に起因すると結論

4．中央人民政府の成立
①　人民政治協商会議(1949年9月)
　(1)　特徴
　　　- 共産党の強力な主導下での開催と運営──→国民党主導だった46年の会議との相異
　　　- 各党派代表の他、団体代表・地域代表・軍隊代表・少数民族代表などにより構成
　(2)　決定事項
　　　- 新国家の名称──中華人民共和国、国旗──五星紅旗、国章──穀物の穂と歯車に丸く縁どられた五つの星と天安門
　　　- 連邦制の否定、少数民族の自決権の制限(建国後完全否定)──→自治権付与のみに
　　　- 「中国人民政治協商会議共同綱領」──暫定憲法として機能
　　　　──→新国家を新民主主義＝人民民主主義の国家と規定
　　　　──→帝国主義・封建主義・官僚資本主義反対と独立・民主・平和・統一を標榜
　　　- 「中国政治協商会議組織法」──全国政治協商会議を暫定国会として機能させる
　　　- 「中華人民共和国中央政府組織法」──政務院の設置
②　中華人民共和国の成立
- 1949年10月1日、天安門城楼上にて毛沢東が宣言
- 中央人民政府主席──毛沢東，同副主席──朱徳、劉少奇、宋慶齢、李済深、張瀾、高崗，政務院総理兼外交部長──周恩来，人民革命軍事委員会主席──毛沢東，人民解放軍総司令──朱徳

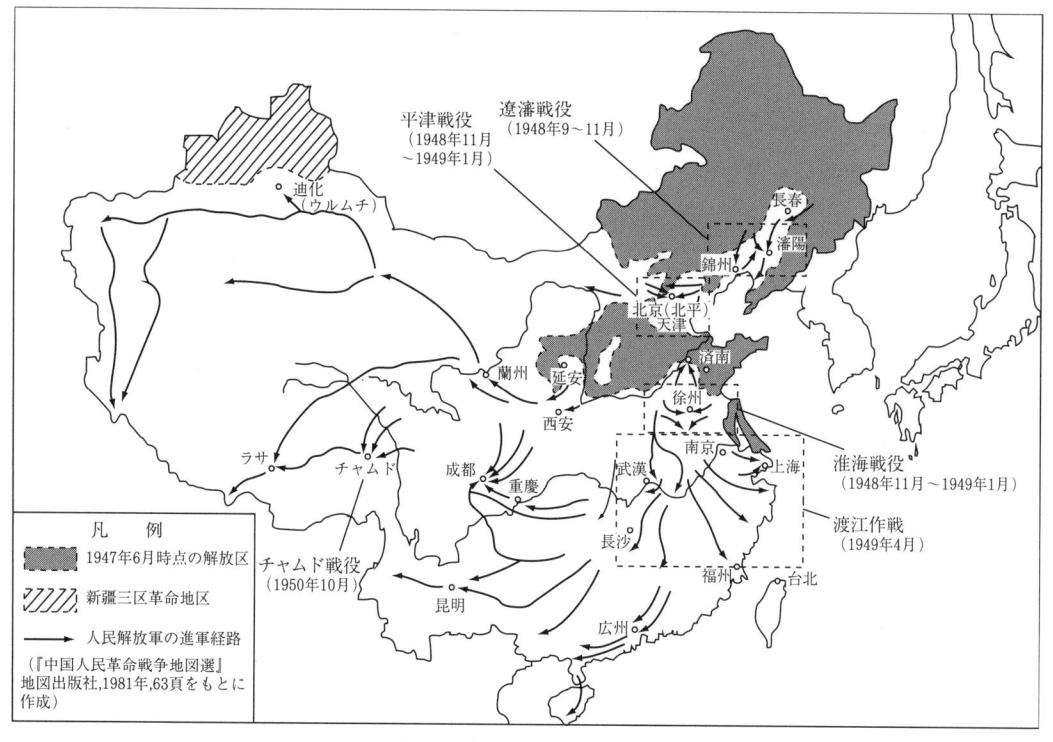

▲図6　人民解放軍の進軍経路

内戦期の米国知識人：フェアバンクの活動と研究

　米国における中国研究の基礎を築いた最も有名な人物の1人に、フェアバンク（John King Fairbank）がいる。彼は1945年10月から46年7月にかけて、米国広報文化局（USIS）責任者として重慶や上海で活動した。平和への希望と悲観が交錯するこの時期、フェアバンクは、USISの活動目標の一つとして、「アメリカ化ではなく、近代化を。われわれがわれわれのために良いと思うことが中国にとってよいとはかぎらないだろう。中国の問題は、科学と民主の結合の問題、それらを中国の文化的な伝統の中で大衆の生活に適用する問題というようにまとめることができよう。」（平野健一郎他訳『中国回想録』みすず書房）と提示した。伝統中国が持つ固有の問題の存在を重視したこの視点は、それから2年後に出版した The United States and China（市古宙三訳『中国』上下巻、東京大学出版会）に活かされているし、現代中国の様々な問題を考えていく上でも、依然重要であると言えよう。

③ 大陸部の軍事的掌握
　・新疆省主席ブルハン、中共への帰順表明（1949年9月26日）
　・広州解放──→国府は広州から重慶へ遷都（同年10月12日）
　　──→国府、重慶から撤退（11月30日）──→国府、台北への遷都決定（12月8日）
　・海南島占領（50年4月）と福建省東山島占領（50年5月）
　・チャムド戦役（1950年10月）──チベット軍を撃破、チベット進攻の端緒
　・「チベット和平解放に関する協約（十七条協定）」（1951年5月23日）
　　──→解放軍ラサ進駐（10月26日）
　・中華人民共和国政府は台湾・澎湖(ほうこ)・金門(きんもん)・馬祖(まそ)・大陳列島を除く中国全土を掌握

④ 外交政策の展開
　(1) 中国人民共和国政府の国際舞台への参入の試み
　　・周恩来書簡（10月1日）：各国政府との外交関係樹立を呼びかけ
　　・周恩来、国連事務総長に国民政府の国連代表権取り消しを要求（11月15日）
　　　──→国連、アメリカなどの反対により要求を拒絶
　(2) ソ連・東側諸国との関係樹立
　　・ソ連、中華人民共和国との外交樹立、国府との外交断絶を表明（1949年10月2日）
　　・東側諸国等との外交関係樹立表明：ブルガリア・ルーマニア・ハンガリー・チェコスロヴァキア・ポーランド・ユーゴスラヴィア・モンゴル・東ドイツ
　　・毛沢東、モスクワ訪問（1949年12月）──毛沢東の初めての外国訪問
　　　──→スターリンとの不和表面化
　　・中ソ友好同盟相互援助条約（1950年2月）
　　　──外蒙古の独立・新疆での中ソ合弁会社の設立・旅順海軍基地のソ連継続使用の承認
　　　──中国、50～54年まで合計3億ドルの借款を受ける
　(3) 西側諸国との対立
　　・中米関係──朝鮮戦争を通じ米国で東側共産主義陣営としての対中国イメージが定着──→米政府は国民政府援助に動く──→中米関係の悪化
　　・中日関係──日本の再軍備、片面的講和条約により、政府間対立明確化
　　　吉田書簡（1952年1月16日）──国民政府との条約調印の意向を表明
　　　「日華平和条約」調印（1952年4月28日）──台湾国民政府と外交関係樹立
　　・民間交流の継続──第一次民間貿易協定（1952年6月）、邦人引き揚げ交渉
　　　──→日中友好協会（1950年10月設立）などが交渉窓口に
　　・鳩山内閣時代──日ソ国交回復に続き日中国交正常化も検討

第4章　人民共和国の成立

史料6　『中国人民政治協商会議共同綱領』　1949年9月29日

　第1章総綱　第1条　中華人民共和国は新民主主義、すなわち人民民主主義の国家であって、労働者階級が指導し、労農同盟を基礎とし、民主的諸階級と国内の各民族を結集した人民主独裁を実行し、帝国主義・封建主義及び官僚資本主義に反対して、中国の独立・民主・平和・統一及び富強のために奮闘する。
（『人民日報』1949年9月30日）

▼図7　天安門楼上で建国を宣言する毛沢東

▼図8　ラサに進駐する人民解放軍

　十七条協定の成立により、人民解放軍は戦火を交えることなくラサに入城した。
　チベット政府は軍事と外交を中央に掌握され、次第に従属性を深めた。

史料7　中ソ友好同盟相互援助条約　1950年2月14日

　第1条　両締約国は、日本あるいは侵略行為において直接間接に日本と結託するその他の国の新たな侵略及び平和の破壊を防止するため、あらゆる必要な措置をとるよう共同して努力することを保証する。締約国のいずれか一方が日本または日本の同盟国から攻撃を受けて戦争状態に入った場合は、他方の締約国は全力を挙げて軍事上及びその他の援助を与える。

　第5条　両締約国は、友好協力の精神をもって、また平等・互恵・国家主権と領土保全の相互尊重、及び内政不干渉の原則を厳守して、中ソ両国間の経済、文化関係を発展させ強化し、相互にあらゆる可能な経済援助を与え、かつ必要な経済協力を行うことを保証する。

（『人民日報』1950年2月15日）

5．朝鮮戦争

① 朝鮮半島の情勢

(1) 大韓民国、朝鮮民主主義人民共和国の成立

- 二つの朝鮮

  日本降伏後、北緯38度線を境に米ソ両軍が朝鮮半島を分割占領

  各種政治勢力が離合集散──→対立と分裂を拡大

- 米英ソ三国外相会議（1945年12月、モスクワ）

  ──→モスクワ三国協定の成立（12月27日）

  ──→朝鮮内部の激しい左右対立──→テロの横行

- 第1次米ソ合同委員会（1946年3月、ソウル）──→決裂（5月6日）

  ──米国、朝鮮半島の戦略的価値を高く評価──→南朝鮮内政に対する介入強化を決定

  ──ソ連、北朝鮮の戦略的価値を高く評価←──満洲で内戦勃発

- トルーマン‐ドクトリンの発表（1947年3月12日）

  （米、満洲情勢に悲観的）──→朝鮮半島の戦略的価値の低減化を惹起

  ──→米、対ソ共同行動に対する配慮も低減化

- 第2次米ソ合同委員会（1947年5月）──→決裂（7月）──→米ソ交渉の行き詰まり
- 大韓民国の成立（1948年8月15日）──李承晩（イスンマン）大統領
- 朝鮮民主主義人民共和国（北朝鮮）の成立（1948年9月9日）──金日成（キムイルソン）首相

(2) 中国と朝鮮半島の関係

- 抗日戦争期──多くの朝鮮人が中国各地（満洲・華北等）で革命戦争に従事
- 戦後──朝鮮人共産党幹部多数が朝鮮へ帰国
- 内戦期──中国共産党員や解放軍は、朝鮮半島を経由して南満と北満を往来
- その後の朝鮮戦争における中国出兵を通じ、中朝は「血で結ばれた友誼」を確立

(3) 1950年1月5日　トルーマン大統領の内戦不干渉声明

(4) アチソン国務長官による米国防衛ラインの設定（1950年1月）

- アリューシャン列島・日本・沖縄・フィリピン諸島を結ぶライン──→「不後退防衛線」

  ──→米国が朝鮮半島・台湾問題に介入しないような印象──→朝鮮戦争勃発の一要因

(5) トルーマン大統領、第七艦隊に解放軍の台湾攻撃阻止を命令（同年6月27日）

  ──→周恩来の非難声明

② 朝鮮戦争の経過

(1) 北朝鮮軍の進攻（1950年6月25日）

- トルーマン大統領、台湾海峡中立化宣言（6月27日）──中国からの台湾防衛
- 米国、地上軍の朝鮮派遣を決定（6月30日）
- 開戦から1ヶ月で、朝鮮人民軍は釜山（プサン）近くまで南下

▲図9　アチソン国務長官の示した米国国防ライン

朝鮮半島・台湾が含まれていないことに注目されたい。

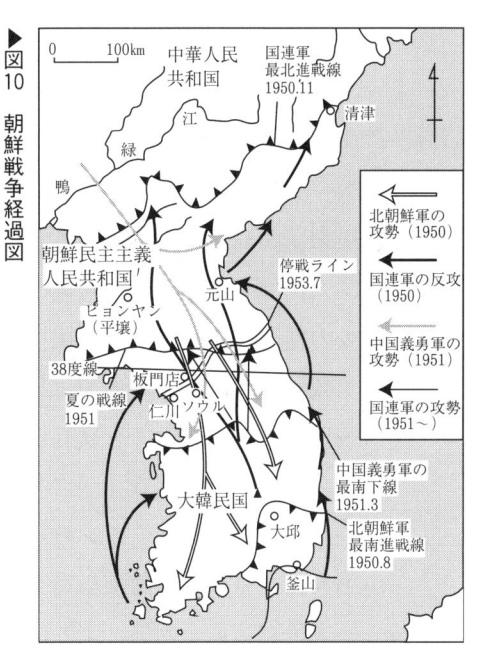

▶図10　朝鮮戦争経過図

史料8　毛沢東「中国人民志願軍編成に関する命令」　1950年10月8日

(一)　朝鮮人民の解放戦争を援助し、アメリカ帝国主義及びその走狗どもの進攻に反対し、それにより朝鮮人民、中国人民及び東側各国人民の利益を守るため、東北辺防軍を中国人民志願軍と改め、すみやかに朝鮮領内に出動し、朝鮮の同志と共同して侵略者と戦い栄光ある勝利をかちとれ。

(三)　彭徳懐を中国人民志願軍司令員兼政治委員に任命する。

(『建国以来重要文献選編』第1冊、中央文献出版社)

▲図11　鴨緑江を渡る中国人民志願軍

国連軍は国境の橋などを爆破し、中国の派兵を阻止しようとした。参戦後中国は国連に代表を派遣し、東北地方への米軍機による空爆を非難し、また細菌兵器使用の疑惑に対する調査を要求するなど、アメリカに対する外交戦も展開した。

(2) 韓国軍・国連軍の反撃
・マッカーサー、仁川(インチョン)上陸作戦（9月15日）──▶ 2週間で38度線以南を再占領
(3) 中国の参戦と抗米援朝運動の展開
・背景──朝鮮戦争への米国の介入と台湾海峡の緊張に対する中国側の危機感
・周恩来、朝鮮戦争へ参戦する意思を演説（10月1日）
・中国人民保衛世界和平反対美国侵略委員会（主席：郭沫若(かくまつじゃく)）の設立（10月）──運動の推進母体──▶中国人民抗米援朝総会と改称（51年3月）
・反米教育と人民志願軍参加、軍事支援への大衆動員や節約増産運動の促進
　──▶反革命鎮圧運動、三反五反運動と共に国民の意思統一、政権基盤強化に利用
・キリスト教界における「三自愛国運動」──教会組織経由での西側影響力の阻止
　──▶カトリックのバチカン教皇庁との断絶
・中国人民志願軍（彭徳懐総司令）に朝鮮への出動命令（10月8日）
　──▶人民志願軍の攻勢により国連軍は北朝鮮から全面退却（11月14日）
　──▶台湾海峡から東北への兵力移転により、中国軍の「台湾解放」は事実上不可能に
・マッカーサー、満洲への爆撃等戦争拡大を主張（51年1月）──▶トルーマン、マッカーサー解任（同年4月）、戦争は膠着状態へ

③ 休戦
(1) 休戦への動き
・ソ連国連代表、休戦会談を呼びかけ（1951年6月）
・開城で国連軍代表と共産軍代表の間で交渉開始──但し、2年間も交渉は難航
(2) 休戦に向かわせた米ソの国内事情
・米国における厭戦気分の高まり
　──▶アイゼンハワー（共和党）、早期停戦を公約し大統領当選（1952年11月）
・スターリンの死去（1953年3月）──▶停戦への動きが加速
・国連軍・中国人民志願軍・朝鮮人民軍が停戦協定に署名（1953年7月27日）
・彭徳懐が国防部長に就任──▶朝鮮戦争の経験から解放軍の正規化・近代化に着手

6．中華人民共和国建国初期の経済・社会

① 中央政府による統制と経済再建
・政務院「国家財政経済工作の統一に関する決定」（1950年3月3日）
　──▶財政収支・物資調達・現金管理を国家に集中、資金・資材の集中管理・集中投下
・中国人民銀行、新人民銀行券を発行（1954年3月）──旧券1万元＝新券1元

第4章　人民共和国の成立

史料9　朝鮮問題に関するトルーマン大統領の声明　1950年6月27日

　朝鮮に対する攻撃は、共産主義が独立国を征服するため転覆手段に訴える範囲を超えて、今や武力侵略と戦争に訴えようとしていることを疑う余地のないまでに明らかにしている。それは、国連安全保障理事会が国際間の平和と安全を保つために出した命令に反抗している。こういった状況の下で、共産軍による台湾の占領は、太平洋地域の安全及び同地域で合法的な、しかも必要な職務を遂行しているアメリカ軍部隊に直接的な脅威を与えることになろう。このため私は、台湾に対するどのような攻撃をも阻止するよう第七艦隊に命令した。(中略)台湾の将来の地位の決定は、太平洋における安全の回復、対日平和条約の調印または国連の考慮を待たなければならない。

(Documents on American Foreign Relations. Vol. XII, 1950)

史料10　呉耀宗「中国キリスト教の新中国建設における努力の方途」　1950年9月23日

　基本方針　(一)　中国のキリスト教教会及び団体は最大の努力、及び有効な方法をもって、教会の民衆に帝国主義が中国で行った罪悪をはっきりと認識させ、過去に帝国主義がキリスト教を利用した事実を認識させ、キリスト教内部の帝国主義の影響を一掃し、帝国主義、とりわけアメリカ帝国主義が宗教を利用して反動的力量を養おうとする陰謀を警戒し、同時に、彼らに呼びかけて、戦争に反対し平和を擁護する運動に参加させ、政府の土地改革政策を徹底的に了解擁護するよう彼らを教育する。(『人民日報』1950年9月23日)

▶図12　抗米援朝のための漫画

　この時期、中国の新聞や雑誌では、アメリカの朝鮮侵攻を非難する漫画が多数掲載された。右の作品は、アメリカの朝鮮侵攻が旧日本軍と同様に中国を標的としていると告発し、同様の結末を暗示している。

訪問団と参観団

　新中国成立後間もなく、中央政府は解放された地域に様々な形で訪問団を派遣した。彼らは新政権の宣伝とともに、同時に現地情報を調査・収集することが主な目的であったが、同時にこうした訪問団には医療隊や演劇隊などが随行していた。彼らは訪問先で医療活動や娯楽活動を展開したが、これは人心の掌握に大きな効果を上げた。また政府はこうした地方に参観団を組織させてメーデーや国慶節に招待し、北京で祝典に参加させたり中央指導者との会見の機会を設けたほか、上海などの大都市も参観させた。それまで村を出たことすらない農民達にとって、こうした全てが驚きの連続であり、新政権に心服させるものであった。こうして新政権は基層民衆レベルでの信頼を獲得したのであった。

② 国内統合への動き
 (1) 土地革命の推進
  「土地改革法」(1950年6月30日)
  「農民協会組織通則」(1950年7月15日)：雇農・貧農(ひんのう)・中農(ちゅうのう)による農村大衆組織
   ⟶土地改革の執行組織、農村合作社の組織母胎
 (2) 反革命鎮圧運動：帝国主義・封建主義・官僚資本主義残存勢力の撲滅を目指す
  ・中共中央、反革命分子の鎮圧に関する指示発出（1950年3月）
  ・「反革命処罰条例」の制定（1951年2月）：反革命罪を明文規定
   ⟶土匪・国民党特務・反動的秘密結社などを処刑⟶53年上半期でほぼ終結
 (3) 三反(さんはん)五反(ごはん)運動
  ・背景──朝鮮戦争下における戦時体制形成における市場統制の要求
   ⟶公・私間の矛盾拡大
  「三害」──国家機関工作員の汚職・浪費・官僚主義
   ⟶節約増産運動の最大の敵として認識、三反（＝三害反対）運動を展開
  「五毒」──資本家の汚職・脱税・国家資材横領・原料ごまかし・国家経済情報窃取
   ⟶三反運動と連動して五反（＝五毒反対）運動に発展
  ・共産党の指導下で大衆運動として展開
 (4) 社会関連諸法制の整備
  ・「婚姻法」（1950年5月）──一夫一婦制を規定、売買婚などを禁止
  ・「労働組合法」（1950年6月）
  ・「民族区域自治実施綱要」（1952年8月）──民族区域自治の性格を規定

7．社会主義と計画経済
① 国家制度の整備と共産党指導体制の確立
 (1) 全国人民代表大会の開催と中華人民共和国憲法の制定
  ・『全国人民代表大会・地方各級人民代表大会選挙法』公布（1953年3月）
  ・第1期全国人民代表大会第1回大会開催（1954年9月）
   ⟶毛沢東を国家主席、劉少奇(りゅうしょうき)を全人代常務委員長に選出
   ⟶毛沢東、周恩来を国務院総理に指名
  ・『中華人民共和国憲法』の採択（1954年9月20日）
  ・全人代開催の意義：形式上「国家の最高権力機関」として立法・行政・司法を統括
   ⟶人民代表の政治的能力未熟‥‥実質的に中共の指導下で運営、党の代行主義へ
   ⟶政協は民主諸党派との統一戦線組織として残存

史料11 劉少奇「土地改革問題に関する報告」 1950年6月14日

　旧中国の一般的な土地情況について言うなら、大体つぎのとおりである。すなわち、農村人口の10％にも足りない地主と富農が、約70％から80％の土地を所有しており、彼らはそれによって農民を残酷なまでに搾取していた。そして、農村人口の90％を占める貧農、雇農、中農およびその他の人民は、ぜんぶ合わせてもわずか20％から30％の土地を所有しているにすぎず、彼らは一年中はたらいても衣食に不自由していた。（中略）このような情況は、やはり重大なものである。それは、われわれの民族が侵略され、貧困化し、たちおくれている根源であり、またわれわれの国家の民主化、工業化、独立、統一、富強にとっての根本的な障害である。もしこのような情況が改変されなければ中国人民革命の勝利は強固になりえず、農村の生産力は解放されえず、新中国の工業化は実現の可能性がなく、人民は革命の勝利による根本的な成果を手にすることができなくなる。（中略）これがつまり、われわれが土地改革を実行しなければならない根本理由であり、根本目的である。

（『建国以来重要文献選編』第1冊『劉少奇選集』下巻）

▶図13　土地改革運動で地主を批判する農民

　農村では人々が地主・富農・中農・貧農・雇農などに階級分類され、地主の土地や余剰財産を没収し、各農民に再分配された。これにより農民の労働意欲が高まり、食糧生産の向上をもたらした。土地革命の際には地主の過去の罪状を告発・批判する大会が多く開かれたが、一部では地主をリンチにかけるなどの行き過ぎも見られた。

史料12 中華人民共和国反革命処罰条例　1951年2月21日

第2条　人民民主政権を転覆させ、人民民主事業を破壊することを目的とした各種の反革命犯罪者は全て本条例により処罰する。

第3条　帝国主義と結託し祖国に反逆した者は、死刑または無期懲役に処す。

第6条　以下のスパイ行為または利敵行為の一つを行った者は、死刑または無期懲役に処す。その罪状の比較的軽い者は五年以上の懲役に処す。

（1）国内国外の敵のために国家機密を盗取・探知し、あるいは情報を提供した者。

第17条　本条例の罪を犯した者は、その政治権利を剥奪することができ、またその財産の全部または一部を没収することができる。

第18条　本条例施行以前の反革命犯罪者にも本条例の規定を適用する。

（『人民日報』1951年2月22日）

(2) 国家制度の整備
  ・中央政府の整備:「国務院組織法」(54年9月28日)——→政務院を国務院に改組
  ・地方行政の整備:
    1,「地方各級人民代表大会と地方各級人民委員会組織法」(54年9月28日)
      ——→それぞれを地方の国家権力機関、国家行政機関と規定、地方自治の視点の欠如
    2,大行政区行政機構の廃止(54年6月)
    3,一部省の合併・抹消
      綏遠省——→内蒙古自治区に編入(54年3月)
      松江省・黒竜江省——→黒竜江省、遼東省・遼西省——→遼寧省(54年8月)
      西康省——→四川省と西蔵に分割併合(55年7月)
  ・司法制度の整備——「人民法院組織法」と「人民検察院組織法」(54年9月28日)
② 中国共産党の集権化と計画経済への移行
 (1) 中共党組織の再編
  ・党員の急増:解放後の地域で農民・労働者の党員増加、民主諸党派からも入党者増加
  ・社会各単位内における党組の形成:党権力の社会末端への浸透と政治動員力の強化
  ・高崗・饒漱石(じょうそうせき)事件(1953年)——高崗(東北人民政府主席)と饒漱石(華東人民政府主席)が反党同盟を組み党・政府の指導権奪取を企てたとして摘発、大行政区を「独立王国」にしようとしたと批判
    ——→大行政区を代表する高崗・饒漱石と党・政府の中央集権化を目指す劉少奇・周恩来との確執が背景とされる
  ・中共第7期4中全会「党の団結強化に関する決議」、高崗・饒漱石事件を告発(54年2月)——→高崗は事件後自殺、死後55年に党員除名処分
  ・中共中央地方局の廃止・統合——高崗・饒漱石事件の反省による地方権力強大化の防止、省級党政組織の整備と大行政区廃止に伴う措置
 (2)「過渡期の総路線」と第1次五カ年計画
  ・「過渡期の総路線」——毛沢東が中共中央政治局会議で提示(53年6月、8月公表)
    ——→新民主主義期の終了と社会主義計画経済への移行を打ち出す
  ・第1次五カ年計画の実施(1953年開始、55年に全人代で計画案可決)
    ——→ソ連の援助による156の建設プロジェクトが主体
    ——→ソ連型社会主義モデルの追求、重工業建設偏重の傾向

史料13　中華人民共和国憲法　1954年9月20日

　第一章総綱　第一条　中華人民共和国は、労働者階級が指導し、労農同盟を基礎とする人民民主主義国家である。

　第二条　中華人民共和国の全ての権力は、人民に属する。人民が権力を行使する機関は、全国人民代表大会と地方各級人民代表大会である。

　全国人民代表大会、地方各級人民代表大会及びその他の国家機関は、一律に民主集中制を実行する。

　第四条　中華人民共和国は、国家機関と社会の力に頼り、社会主義工業化及び社会主義的改造を通じて、一歩一歩搾取制度をなくし、社会主義社会をうち立てることを保証する。

（『人民日報』1954年9月21日）

▼図14　中華人民共和国の最高機関

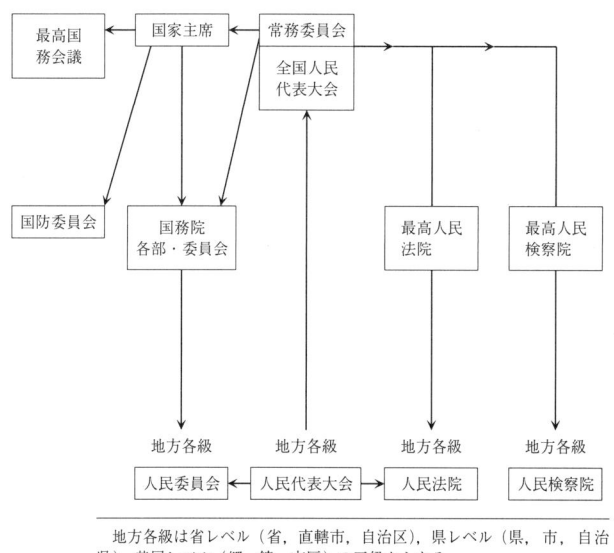

地方各級は省レベル（省，直轄市，自治区），県レベル（県，市，自治県），基層レベル（郷，鎮，市区）の三級からなる。

▼図15　中華人民共和国行政区域系統

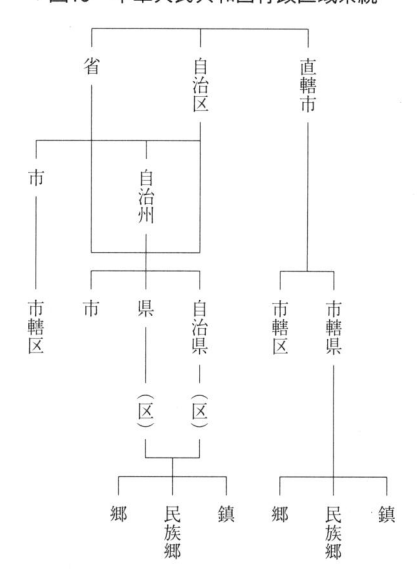

史料14　中共全国代表会議「高崗・饒漱石の反党同盟に関する決議」　1955年3月31日

　高崗の反党分派は、東北地方での活動の中で党中央委員会の政策に違反し、つとめて党の役割を引き下げ、党の団結と統一を破り、東北地方を高崗の独立王国にしていた。1953年に命を受けて中央の職に転じて以後、高崗の反党活動は一段とひどくなってきた。（中略）饒漱石は‥‥1953年に命を受けて中央の職に転じて以後、中央の権力を奪い取る高崗の活動が成功するであろうと考えたので、高崗と反党同盟を結び、中央委員会組織部長という彼の職務を利用して、中央の指導的地位にある同志に反対することを目的とする闘争を始め、党を分裂させる活動を盛んに行った。（中略）中国共産党全国代表会議は、反党陰謀の首謀者であり、あくまで悔い改めようとしない裏切り者高崗を党から除名し、反党陰謀のいま一人の首謀者饒漱石を党から除名し、また、党内外における彼らの全ての職務を免ずることを全会一致で決議する。

（『新華月報』1955年第5号）

(3) 農業集団化の急展開
- ・背景——土地改革後の土地・生産手段細分化による農業の零細化、生産力向上に限界
  - ⟶都市人口に提供する食糧を確保し、工業化を支える要請
  - ⟶農業集団化による農業生産力の増強を構想
- ・中共中央「農業生産互助に関する決議（草案）」(1951年9月)
  - ⟶農村の互助組を基礎に、初級合作社をへて高級合作社へと組織する方針を決定
  - ⟶当初は約10年の期間内での緩やかな組織化を設定
- ・農業集団化の急速な進展:「過渡期の総路線」下で集団化のテンポ早まる
- ・鄧子恢(とうしかい)（中共農村工作部長）、第3回全国農村工作会議で総括報告（1955年5月）
  - ⟶急激な農業集団化に伴うひずみを懸念、「冒進(ぼうしん)」を批判
- ・毛沢東「農業合作化問題について」(1955年7月)
  - ⟶「冒進」批判を逆批判、農業集団化の加速を奨励
- ・中共第7期6中全会、「農業合作化問題に関する決議」採択（1955年10月）
  - ⟶1956年までに全国で高級合作社化がほぼ完了

(4) 辺疆の再編と動揺
- ・辺疆民族地区の再編——憲法規定に合わせた民族自治区の体系化
  - ——自治区（省レベル）・自治州（専区レベル）・自治県（県レベル）
  - ⟶国家行政体系への組込み、自治権限を実質的に制限
- ・「民主改革」の実施——少数民族旧支配階層の伝統的統治を解体、土地改革の実施
  - ⟶少数民族側の激しい抵抗、戦闘状態に
- ・李維漢(りいかん)（中共統一戦線部長）の「和平改革」強調——チベット（西蔵）では6年間民主改革を実施しない方針が確定

③ 党権力の浸透と社会・文化統制
(1) 社会・文芸界の組織化
- ・中国作家協会・中国美術家協会・中国音楽家協会・中国文学芸術界連合会などの設立
- ・中国婦女連合会・中国仏教協会・中国イスラム教協会
  - ⟶統一戦線政策に基づき広範な社会諸勢力を組織化、同時に自律的活動展開を制限

(2) 胡風(こふう)「反革命集団」批判と文芸界統制（1954年）
- ・作家胡風が「文芸問題に対する意見（三十万言の書）」で党の文芸指導を批判（1954年6月）——胡風を逮捕・投獄（7月）
- ・疑獄事件へ発展——関係者2100余人を捜査、93人が連座して逮捕——以後の党の知識人政策に大きな影響

第4章　人民共和国の成立

史料15　毛沢東「過渡期における党の総路線」1953年6月

　中華人民共和国が成立してから社会主義的改造が基本的に成し遂げられるまで、これは一つの過渡期である。この過渡期における党の総路線と総任務は、かなり長い間に、国の工業化と、農業、手工業、資本主義工商業に対する社会主義的改造を基本的に実現することである。

（『毛沢東選集』第5巻）

（工業総生産＝100）

	社会主義工業	国家資本主義工業	内訳		資本主義工業
			公私合営	委託加工注文	
1949	34.7	9.5	2.0	7.5	55.8
50	46.3	17.8	2.9	14.9	36.9
51	45.9	25.4	4.0	21.4	28.7
52	56.0	26.9	5.0	21.9	17.1
53	57.5	28.5	5.7	22.8	14.0
54	62.8	31.9	12.3	19.6	5.3
55	67.7	29.3	16.1	12.2	3.0
56	67.5	32.5※	32.5	—	…

※　すでに全業種別企業の公私合営化（資本家は定息のみ）

▲図16　資本主義工業の社会主義的改造（手工業は含まず）

史料16　毛沢東「農業合作化問題について」1955年7月31日

　全国の農村には、新たな、社会主義の大衆運動の高まりが訪れようとしている。ところが、一部の同志は、纏足女のようにヨチヨチ歩きながら、はたのものに、はやすぎる、はやすぎる、といつも恨みごとを言っている。そして、よけいな品定めや、的はずれの泣き言、きりのない心配、数え切れないほどのきまりと戒律、こうしたものが農村の社会主義の大衆運動を指導する正しい方針だと思っている。（中略）いま農村の合作化をめざす社会改革の高まりは、すでにある地方では訪れているし、全国にももうすぐ訪れるであろう。これは五億余りの人口の大がかりな社会主義の革命運動であり、きわめて大きな世界的意義を持っている。我々は、積極的に、熱情をこめて、計画的にこの運動を指導すべきであって、様々な方法でこの運動を後退させるべきではない。

（『建国以来重要文献選編』第7冊）

（万円）

	互助・協同組織参加農家数（％）	農業生産協同組合			農業生産互助組参加の農家数（％）
		合計	高級合作社	初級合作社	
1950	1,131.3（10.7）	219戸	32戸	187戸	1,131.3（10.7）
51	2,100.2（19.2）	1,618戸	30戸	1,588戸	2,100.0（19.2）
52	4,542.3（40.0）	5.9	0.2	5.7	4,536.4（39.9）
53	4,591.2（39.5）	27.5	0.2	27.3	4,563.7（39.3）
54	7,077.5（60.3）	229.7	1.2	228.5	6,847.8（58.3）
55	7,731.0（64.9）	1,692.1	4.0	1,688.1	6,038.9（50.7）
56	11,782.9（96.3）	11,782.9	10,742.2	1,040.7	——（——）

▲図17　農業集団化の進展

④ 台湾問題と対アジア外交
(1) 朝鮮戦争の休戦と台湾武力攻撃
  ・朝鮮休戦協定の締結（53年7月）──→東北地方の軍を台湾海峡方面への移転が可能に
  ・大陳列島（浙江省沿岸）作戦（54年5月-55年2月）──金門・馬祖解放作戦の前哨戦──→「台湾解放」への意志明確化
  ・民主諸党派・人民団体による「台湾解放共同宣言」（54年8月）
  ・金門島・馬祖島への砲撃（同年9月）、第1次台湾海峡危機
  ・アメリカの台湾問題への介入←──台湾本島攻撃による戦闘拡大への懸念
  ・米華相互防衛条約の調印（同年12月）──→アメリカの台湾軍事支援強化、ただし金門・馬祖は条約適用範囲外
    ──→周恩来が抗議声明、「台湾解放」に対する外国の干渉を非難
  ・第1次台湾海峡危機の終結：中共政権の台湾武力解放の挫折
(2) 対アジア外交の展開
  ・周恩来・ネール、平和五原則に関する共同声明（1954年6月）
    ──→領土・主権の相互尊重、相互不可侵、相互内政不干渉、平等互恵、平和共存
  ・周恩来、ジュネーブ会議に出席──→中国初の国際会議参加、インドシナ問題に関与
  ・第1回アジア・アフリカ会議の開催（1955年4月、バンドン〔インドネシア〕）
    ──→周恩来出席、平和五原則を敷衍した「バンドン十原則」を採択

8．社会主義移行への曲折
① ソ連共産党第20回大会（1956年2月）
    ──→フルシチョフ、平和共存・平和移行・スターリン批判を展開
    ──→毛沢東、スターリン批判を社会主義諸国の結束を乱すものとして不快感表明
② 「十大関係を論ず」（1956年4月）：毛沢東の最高国務会議における発言
  1．工業と農業、重工業と軽工業の関係、2．沿海工業と内陸工業の関係、
  3．経済建設と国防建設の関係、4．国家・生産単位と生活者個人の関係、
  5．中央と地方の関係、6．漢民族と少数民族の関係、7．党と党外の関係、
  8．革命と反革命の関係、9．是と非の関係、10．中国と外国の関係
  ・ソ連の経験を戒めとし、中国の従来の経験を総括、積極評価──→中国革命の独自性表出
③ 第8回中国共産党大会の開催（56年9月）
  ・個人崇拝批判──劉少奇・鄧小平（とうしょうへい）の活躍──→毛沢東、第二線に退いた印象
  ・劉少奇「革命の嵐は過ぎ去った」──集団指導体制による党運営を志向

史料17　米華相互防衛条約　1954年12月2日

　第二条　締約国は、この条約の目的を一層効果的に達成するため、単独に及び共同して、自助及び相互援助により、武力攻撃並びに締約国の領土保全及び政治的安定に対して外部から指導される共産主義者の破壊活動に抵抗する個別的及び集団的能力を、維持し発展させる。

　第七条　台湾及び澎湖諸島の防衛のために必要なアメリカ合衆国の陸軍、空軍及び海軍を、相互の合意により定めるところに従って、それら及びその付近に配備する権利を中華民国政府は許与し、アメリカ合衆国政府は、それを受諾する。

　＊本条約締結当時、防衛の範囲内に金門・馬租といった大陸から至近距離にある離島は含まれていなかったが、1958年8月の解放軍の金門・馬租砲撃により、米国は同島らを条約の適用範囲内に含めることとなった。

（『中外條約輯編（民国十六年至四十六年）』）

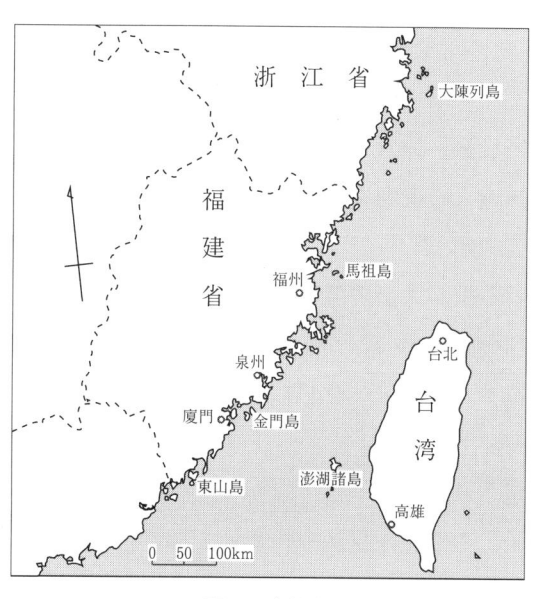

▲図18　台湾海峡

▲図19　バンドン会議で演説する周恩来

史料18　中印両首相の平和五原則声明　1954年6月28日

　3，最近中国とインドは一つの協定に達した。この協定の中で、両者は両国間の関係を導く若干の原則を確認した。これらの原則は、（甲）領土・主権の相互尊重、（乙）相互不可侵、（丙）相互の内政不干渉、（丁）相互互恵、（戊）平和共存である。（中略）これらの原則が各国の間に適用されるばかりでなく、一般国際関係に適用されるならば、それは平和と安全の固い基礎となり、現在存在している恐怖と疑いは信頼感によって取って代わられるであろう。

（『人民日報』1954年6月29日）

④ ハンガリー事件（56年10月）の経験
　・毛沢東「人民内部の矛盾を正しく処理する問題について」（57年2月）
　　──→スターリンの「左」の誤り批判：「敵対矛盾」の過度の強調に警鐘
　　──→社会主義国家内の党・政府と人民の矛盾を「人民内部矛盾」として処理するよう
　　　　強調
　　──→反右派闘争後、階級闘争を強調する形へ修正した後に公表（57年6月）
⑤ 「百花斉放・百家争鳴」の展開──知識人の政策提言を奨励
　・百花斉放──芸術を発展させる方法、百家争鳴──科学を発展させる方法
　・背景──「人民内部矛盾」の「敵対矛盾」への転化懸念、知識人のガス抜きを意図
⑥ 反右派闘争
　(1) 知識人・民主党派の党・政府に対する批判急進化
　　・章伯鈞（民主同盟副主席）・羅隆基──「政治設計院」の設置を提言
　　・儲安平（『光明日報』編集長）──共産党の「党の天下」思想を批判
　(2) 毛沢東の反撃と反右派闘争の展開
　　・毛沢東「これはどういうことか」（『人民日報』1957年6月）
　　　──→反右派闘争を公開で呼びかけ──知識人の批判を「毒草」と認識、攻勢に転じる
　　・整風運動の展開──右派分子打倒が主要課題
　　　──→各研究・教育機関、文芸団体における批判大会の開催
　　　──→知識人相互の暴露・告発、自己批判の強要
　　・反右派闘争の拡大──曖昧な右派認定基準と各単位・党組織への右派摘発強制に起因
　　　──→全国で55万人が「右派分子」に認定される
　　　──→政府及び各機関における「右派分子」の罷免・排除──→農村で強制労働
　　・中共8期3中全会（1957年9月）、鄧小平「整風運動に関する報告」
　　・地方民族主義批判の展開──民族問題における大漢族主義批判からの方針転換
　　　──→少数民族旧支配層、宗教指導者、民族知識人を批判・弾圧
　　・社会主義教育運動──全国の社会各層で思想教育運動を展開
　(3) 反右派闘争のもたらした影響
　　・民主諸党派の活動停止──→政府内のポストの多くを喪失
　　・自由な議論・研究に対する無言の圧力──→知的活動の荒廃
　　・毛沢東の政策に対する批判が困難に──毛沢東の専断と個人崇拝が進行

史料19　章伯鈞の発言　1957年5月21日

　数年来、特に去年の政治協商会議以後、国家の指導者達は各方面の意見をきわめて重視し、民主生活は日増しに豊かなものになった。今後は、国家の政策、方針に関わる重大問題で各方面の意見に耳を貸してもよかろう。(中略) 現在、工業面には多くの設計院があるが、政治上の多くの施設には、設計院が一つもない。政治協商会議、人民代表大会、民主党派、人民団体は政治上の四つの設計院であるべきだ、と私は考える。これらの設計院の役割をもっと発揮させるべきである。いくつかの政治上の基本建設は、事前に彼らの討論に付すべきである。

(『新華半月刊』1957年第12号)

史料20　儲安平「毛主席と周総理への意見」　1957年6月1日

　解放以後、知識分子はいずれも熱烈に党を支持し、党の指導を受け入れた。しかるにここ数年来、党と大衆の関係はよくないのみならず、当面の我が国における政治生活の中で、早急に調整を必要とする問題となっている。この問題の鍵はどこにあるのだろうか。私の見るところでは、その鍵は「党の天下」という思想問題にあるようだ。党が国家を指導するということは、この国が党のものであるということと同じではなく、人々は党を支持していても、自分もやはり国家の主人であるということを忘れていないと私は思う。(中略) この「党の天下」という思想問題は、あらゆるセクト主義現象の最終的な根源であり、党と党でないものとの間の矛盾の基本的な所在であると考える。いまではセクト主義が際だち、党と大衆の間の関係が悪化しているのは、全国的な現象である。

(『新華半月刊』1957年第12号)

史料21　『人民日報』社説「これはどうしたことか」　1957年6月8日

　少数の右派分子が、共産党と労働者階級の指導権に対し挑戦しており、公然と共産党に「下野」せよとわめいてさえいる。彼らはこの機会に、共産党と労働者階級を覆し、社会主義の偉大な事業を覆し、歴史を後退させて、ブルジョアジーの独裁に戻し、実際には革命勝利の前の半植民地の地位に引き戻し、中国人民をもう一度帝国主義やその走狗の反動政治の下に置こうと企図している。

(『人民日報』1957年6月8日)

◀図20　天安門広場のプランを検討する中国指導者たち

　59年10月の建国10周年記念式典にあわせ、天安門広場は40ヘクタールの広さに拡張された。また、広場両側の人民大会堂、歴史博物館、革命博物館の他、北京駅や民族文化宮などを含む「北京十大建築」がわずか1年足らずで竣工し、北京の様相を一変させた。

⑦　大躍進運動
　(1)　大躍進の開始
　　・中共8全大会第2次会議（1958年5月）──→8全大会の否定
　　　──→社会主義建設の総路線の採択──鼓足干勁、力争上游、多快好省地建設社会主義
　　　──→過大な生産目標の設定──鉄鋼生産は5年でイギリス、15年でアメリカを超越
　　・北戴河政治局拡大会議（1958年8月）──大規模鉄鋼生産運動、人民公社化などを
　　　　　　　　　　　　　　　　　　　　　決定
　(2)　大躍進運動の展開──ソ連をモデルとしない独自の社会主義建設路線の模索
　　・「土法高炉」による鉄鋼生産──都市・農村を全面的に巻き込んだ大衆製鋼運動
　　・「人民公社」化運動──高級合作社をさらに統合、共同生活・共同労働による生産
　　　　　　　　　　　　　集約化
　　　──→毛沢東「人民公社は好い」発言により全国展開
　(3)　大躍進政策の諸問題とその結果
　　・現状を無視または過大視した高目標の設定
　　・上部からの批判を恐れた下級党幹部による虚偽報告──→目標の上方修正の要因
　　・専門技能の軽視と大衆動員への過剰な期待
　　　──→経済バランスの失調と現実的生産量の低下
　　　──→大規模な環境破壊や自然災害（59-61年）誘発──餓死者推定1500万～400万人
　(4)　後の共産党による公式評価
　　・「建国以来の党の若干の歴史的問題についての決議」（1981年6月）
　　　──→「主観的意思と主観的努力の役割を誇張し‥‥軽率に『大躍進』運動と農村の
　　　　　人民公社化をもりあげた。このため、高すぎる指標、デタラメな指揮、大ボラふ
　　　　　きの嵐、『共産化の風』を主な特徴とする左寄りの誤りが大いに氾濫した」（小
　　　　　島朋之訳）
　(5)　大躍進政策是正への模索と廬山（ろざん）会議
　　・中共中央第8期6中全会（1958年11-12月）
　　　──→人民公社化政策の部分的修正を決定
　　　──→毛沢東の国家主席退任を決定──→全人代（59年4月）で劉少奇が国家主席就任
　　・中共中央政治局拡大会議（廬山会議、59年7月）
　　　──→彭徳懐国防部長、毛沢東宛書簡で大躍進政策の誤りを批判
　　　──→毛沢東が反発、彭徳懐書簡を公開──→右派日和見主義分子として告発
　　　──→「党内民主」の喪失、中共中央の指導的党員も毛沢東批判が不可能に

第4章　人民共和国の成立

▲図21　土法高炉

　建国以来、中国では経済建設の上で「紅（革命性）」と「専（技術性）」のいずれを優先するかという問題があったが、反右派闘争以後、高度な技術よりも大衆動員による「土法（民間技術）」の活用がより強調されるようになった。鉄鋼増産目標を達成するため、各地農村では土法高炉が作られた。燃料用に森林が乱伐され、農具や鍋なども原料として供出されたが、生産される粗鋼は粗悪であった。この運動は結果として図24で掲げる水利建設運動と共に農民の疲弊と農村の荒廃を招いた。

▲図22　人民公社を視察する毛沢東

▲図23　大食堂
人民公社内では労働・生活全てが共同化され、この大食堂はその象徴とされた。

史料22　中共中央「農村の人民公社設立についての決議」　1958年8月29日
　当面の情勢の下では、農業、林業、牧畜、副業、漁業を全面的に発展させ、工業、商業、文化・教育、軍事を互いに結びつけた人民公社を作ることが、農民を指導して社会主義のテンポを速め、予定より早く社会主義を実現し、次第に共産主義に移行して行くためにぜひ利用しなければならない基本方針である。
　　　　　　　　　　　　　　　　　　　　　　　　　　　（『人民日報』1958年9月10日）

・中共第8期8中全会：廬山会議に続いて開催
　「彭徳懐・黄克誠・張聞天・周小舟らの反党集団に関する決議」採択
　⎯⎯彭徳懐の国防部長職を解任、林彪を部長に任命
　⎯⎯大躍進への批判は封殺、大躍進・総路線・人民公社の「三面紅旗」政策継続を決定

⑧　中国の対外関係
　(1)　ラサ反乱の勃発とその国際的反響
　　・背景⎯⎯1，西蔵自治区準備委員会設置⎯⎯→チベット地方政府への圧力増大
　　　　　　2，周辺チベット族地区での「民主改革」⎯⎯→抵抗弾圧による大量の難民流入
　　　　　　3，大躍進政策下の宗教抑圧政策⎯⎯→チベット仏教界の反発
　　・ラサ反乱の勃発（1959年3月10日）
　　　⎯⎯→「チベット独立」を旗印にした中国軍・チベット人体制派への攻撃に発展
　　　⎯⎯→ラサ反乱の鎮圧とダライラマのインド逃亡
　　・ダライラマ声明：チベットが独立国であるとの認識を示し、中国の侵略行為を非難
　　　⎯⎯→中国政府、ダライラマを分裂主義者として断罪
　　・『人民日報』論文「チベットの革命とネールの哲学」（1959年5月6日）
　　　⎯⎯→ダライラマの亡命に便宜を図ったネールに対する批判展開
　　・中国軍のラサ反乱鎮圧に対する国連非難決議（1959年）
　　　⎯⎯→中国政府、内政干渉としてアメリカ主導の国連決議を非難
　(2)　中印国境紛争の発生
　　・背景⎯⎯1，イギリス植民地時代の中印国境線（マクマホン線）に対する中国側の不満
　　　　　　　⎯⎯→双方が相手の主張する国境線設定と実効支配地域を不当として非難
　　　　　　2，中国軍のチベット制圧と国境線防備強化による中印両国軍事力の直接対峙
　　　　　　3，ダライラマの処遇を契機とする双方の主張対立の顕在化
　　　　　　　⎯⎯→「平和共存・内政相互不干渉」の「平和五原則」理論の破綻
　　・周恩来・ネール会談（1960年4月）⎯⎯→中国軍が国境パトロールを一時中止
　　・中国軍、パトロール再開（1962年4月）
　　　⎯⎯→ラダック地区及びマクマホン線地区で大規模戦闘（62年10月）
　　　⎯⎯→中国軍の圧倒的勝利

第4章　人民共和国の成立

▲図24　水利建設にかり出される農民

大躍進と雀退治

　大躍進では、1958年から60年の3年間を共産主義実現に向けて刻苦奮闘する時期と位置づけ、高い生産目標を達成すべく、様々なキャンペーンが実施されたが、それは多くの悲喜劇をもたらした。例えば、食糧増産のための愛国衛生運動として、「四害」（蠅・蚊・鼠・雀）の撲滅運動が全国的に展開された。雀の場合、都市部では屋根上や城壁にまで雀を追いかける風景が見られ、農村では、村人総出で畑に集まり、太鼓や鍋をたたいて雀を脅かして地上に降りられなくさせ、飛び疲れたところを捕まえるといった方法が採られたりした。こうして雀はすっかり姿を消してしまった。しかし雀は穀物を食べる害鳥であるだけでなく、イナゴの幼虫も餌にしていた。天敵がいなくなったイナゴはたちまち大繁殖し、各地で収穫間近の作物がイナゴの大群に襲われ、甚大な被害が発生した。科学的検証が不十分なまま実施されたこうした活動も、50年代末の大飢饉の一因となったのである。

史料23　彭徳懐「毛沢東主席あての意見書」 1959年7月14日

　これまでの一時期、我々の思想方法と工作方法の面には、また多くの注意すべき問題が露呈されました。その主なものは、1，物事をむやみに誇大化する風潮がかなり普遍的にはびこっており、去年の北戴河会議の時には食糧生産高を過大に見積もりすぎたために、一種の架空がでっち上げられ、皆は、これで食糧問題は解決したから、人手を割いて工業に手を着けることができると考えました（中略）2，プチブルの熱狂性が、我々にあっけなく「左翼」的偏向の過ちを犯させました。1958年の大躍進中に、私は他の多くの同志と同じく、大躍進の成果と大衆運動の熱っぽさに惑わされ、若干の「左翼」的偏向がかなりの程度まで発展して、とにかくひとまたぎで共産主義へ到達しようと考えていました。（中略）ある種の経済法則と科学的法則が安易に否定されました。これらは全て一種の「左翼」的偏向です。
（『彭徳懐自述』人民出版社　1981年）

(3) 悪化する中ソ関係
- ・背景──1，フルシチョフのスターリン批判に対する中国側の不満
          2，中国における独自の社会主義建設路線模索に対するソ連側の不満
- ・社会主義12カ国党会議（1957年11月、モスクワ）
    ──→毛沢東発言「東風は西風を圧倒する」
- ・フルシチョフ、北京訪問（1958年7月）
- ・タス通信、中印国境問題につき「中立的」声明発表（59年9月）
- ・フルシチョフ、訪米に続き中国訪問（59年9月）
    ──→台湾問題に関する発言で毛沢東激怒
- ・中ソイデオロギー論争開始（60年4月）、6月から本格化
- ・ソ連、中国に派遣していた専門家を引き上げ（60年7月）
    ──→ソ連支援プロジェクトの中断、ソ連側軍事技術提供の停止

(4) 台湾問題と中米関係
- ・第2次台湾海峡危機：人民解放軍による金門島・馬祖島への砲撃（1958年8月）
- ・米国、金門・馬祖を米華相互防衛条約の適用範囲内に入れる
    ──→台湾、防衛予算を経済建設予算に振り向けることが可能に
    ──→台湾経済発展の基礎
- ・60年代初め、ケネディ政権が中台双方に国連議席同時付与を画策
    ──→中台双方が反発

(5) 民間貿易問題と中日関係
- ・第四次中日民間貿易協定をめぐる確執
    ──→「覚え書き」の示す民間通商代表部の相互設置、外交特権付与を岸内閣が否認
- ・長崎国旗引き下ろし事件（1958年5月2日）
    ──→中国側が反発、日中間の経済・文化交流の断絶を表明
- ・『人民日報』社説「中国は日本の潜在的帝国主義に断固反対する」（7月7日）
    ──→岸内閣の中国敵視政策を非難
    ──→対日政治三原則の提示──中国を敵視しない、「二つの中国」を作らない、中日国交正常化を妨げない

第4章　人民共和国の成立

▶図25　インドへ亡命するダライラマ
　ダライラマは中国軍の鎮圧が本格化する前にラサを脱出し、若干の護衛と共にインドに脱出した。当初、中国政府はダライラマが拉致されたとの見解を取り、帰順を期待したが、彼が亡命政権を樹立した後は分裂主義者として断罪し、チベットで彼に対する批判運動を展開した。

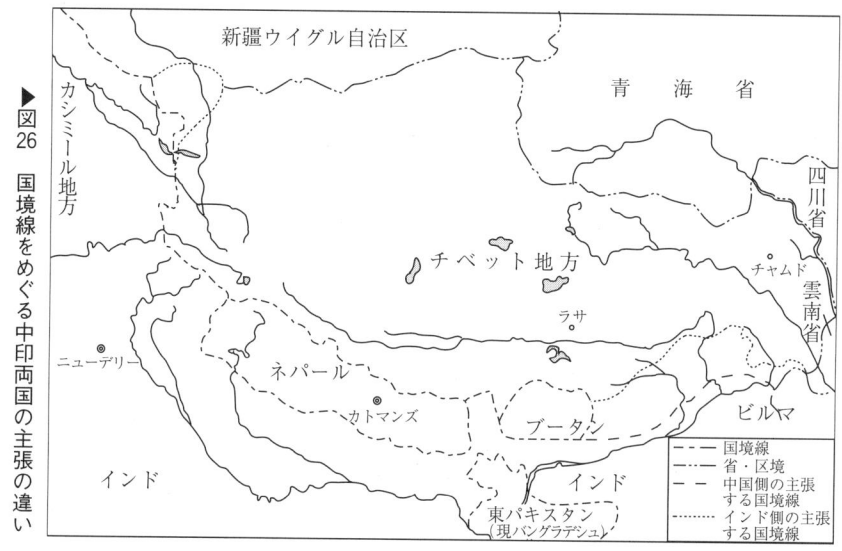

▶図26　国境線をめぐる中印両国の主張の違い

史料24　毛沢東「世界共産党、労働者党代表者会議における講話」1957年11月18日

　私は現在の国際情勢は、一つの新しい転換点に来ていると考える。世界には現在二つの風、すなわち東風と西風がある。中国には「東風が西風を圧倒しなければ、西風が東風を圧倒する」という成語がある。私は、当面の情勢の特徴は、東風が西風を圧倒していること、つまり社会主義の力が帝国主義の力に対して圧倒的な優勢を占めていることであると考えている。

（『人民日報』1958年10月27日）

▶図27　フルシチョフと毛沢東
　フルシチョフは1958年に続き59年も中国を訪問し、建国十周年の国慶節式典に出席した。彼はこれに先立ちアメリカを訪問してキャンプ・デービットでアイゼンハワー大統領と会談し、自らの平和共存政策を推し進めていたが、中国側はこれを「修正主義」として批判を強めていった。

クローズアップ11───────────近現代中国の軍隊

　中国の近代史は半植民地の歴史といわれる。自国に近代化された精強な軍隊がなかったため、アヘン戦争（1840-42年）、アロー戦争（1856-60年）及び日清戦争（1894-95年）で列強諸国に敗北したのが、中国が半植民地化された原因の一つだという認識がある。

　その反省に立った清朝政府は、直隷省（河北省）に保定軍官学校を設立した。これは清朝を擁護する近代軍を指揮できる将校を養成する機関となるはずだった。だが、ここから巣立った人々が、後に革命派将校として辛亥革命のきっかけとなる武昌起義（1911年10月10日）を起こしたことは、歴史の皮肉と言えよう。

　ところが、南京臨時政府は、華北の清朝政府を打倒できるだけの軍事力を保持していなかった。そこで、同地域で絶大な軍事力を保持していた北洋軍閥の袁世凱と取引の末、袁の力で宣統帝溥儀を退位（1912年2月12日）させ、孫はその見返りに臨時大総統の座を袁に譲らねばならなかった。袁の死後、中国は軍閥混戦の時代を迎えるが、革命勢力が自前の軍隊を保有することがいかに重要であるか、孫文はこれらの経験から学んだのである。既に革命を成功させていたソ連と接近した孫文は1921年、コミンテルン代表のマーリンと会談を持ち、国民党自前の軍隊を持つことを勧められる。そこで、孫文は蒋介石をソ連に派遣し、兵科学校や軍隊内党組織について視察させた。国民党が疑似レーニン主義的体制を採用している点は指摘されているが、軍も党軍としてソ連の軍事体系を手本に成立することになる。

　その結果、第1次国共合作中の1924年1月に党軍幹部を養成するための黄埔軍校が成立し、校長に蒋介石が任命された。同校教官の中には周恩来・葉剣英・聶栄臻といった共産党の幹部がいた。ここから国民党軍、共産党軍の軍事指揮官が数多く誕生していった。

　共産党も当然のごとくソ連の軍事制度を踏襲しつつ、現状に合わせた方法で軍を発展させていった。現在も、中国人民解放軍は四総部の1つとして総政治部を置き、政治委員制度を維持している。他方、中華民国国軍（台湾内での通称は国軍）は、党の軍隊から国家の軍隊へと転換中である。現役の将軍の中に国民党中央委員は存在しないが、軍の最高幹部はやはり国民党員で占められていること、名目的とはいえ依然として総政治作戦部が存在していることなどから見ると、国軍も程度の差こそあれ、党の軍隊としての性格を維持し続けていると言えよう。台湾海峡を挟んで対峙している解放軍と国軍は、ある意味で出自が同じ「双子の軍隊」なのである。

クローズアップ12───────近現代東アジア国際関係史における台湾

　1895年の下関条約により台湾島・澎湖島が日本へ割譲され、植民統治下におかれることとなった。これは、1898年の米西戦争の結果、米国がグアム・フィリピンを手に入れたのと同様、日米が欧州諸国に代わって勃興し始めたことを象徴的に示す事件であった。

　日本が富国強兵政策を実行していく上で、台湾経営は非常に重要な鎖の一環であった。日本政府は台湾人による産業資本の発展の可能性に対しては、法的手段などを駆使しこれを阻害する一方、アヘン・塩・樟脳等の専売事業制度を敷いて、台湾人の商業資本的発展をも妨害した。日本が台湾で産業基礎の整備や学校教育の充実を図ってきたことは事実だが、それはあくまでも日本の資本育

成という大目的達成のために必要な策として講じられたものであったことは指摘されるべきであり、激しい抗日運動として知られる霧社事件（1930年）などは、日本の植民地政策に対する台湾人の怒りを体現したものと言える。日本の台湾植民地化を端緒とするアジアへの覇権主義的発展志向は、朝鮮併合（1910年）・満洲事変（1931年）・盧溝橋事件（1937年）などを経て、中国大陸への侵略に繋がっていった。それは、当然中国人民の抵抗と米国との衝突を惹起した。第2次世界大戦における日本の敗北とともに台湾は「光復」し、中華民国の版図となった。

しかし、戦後の冷戦構造が明らかとなっていく過程で、中華人民共和国（中国）が成立（1949年10月）し、共産党との内戦に敗れた中華民国政府（国府）は台湾に逃れた。その後、冷戦構造の固定化は、国府が国際政治の場で全中国の唯一の合法政府と一貫して主張することに有利に働いてきた。しかし、1971年のキッシンジャー秘密訪中に始まり、同年の中国の国連復帰と中華民国の国連脱退、1972年の対日断交、1979年の対米断交等により、国府は世界の中で孤立化していった。1975年に蔣介石が死去すると、蔣経国は「開発独裁」を進め、台湾の経済力強化に努めたことが、台湾の経済的発展の基礎となった。また、中国の改革・開放路線の進展は、アメリカの国府に対する民主化への圧力を生んだ。これが1986年の台湾初の野党である民主進歩党の成立や1987年の戒厳令解除に結びつく。

李登輝総統（2000年5月退任）は、総統民選等数々の民主化政策を実行してきた。李総統は中国との統一問題については、1999年7月に「台湾と中国とは特殊な国と国との関係である」と語る等、中台の最終的統一という目標は掲げつつ、その実「台湾問題の国際化」を意図した発言を繰返してきた。中国側はこれに反発、2000年2月には「台湾白書」を発表し、台湾側の独立に向けた動きを強く牽制し、一貫して「台湾問題は内政」と主張している。しかし、3月に行われた台湾総統選挙は、台湾独立の党綱領をもつ民主進歩党の公認候補である陳水扁が当選を果たすに至り、共産党側が目指してきた「国共再合作」の構図は、ここに崩れたのである。

台湾の位置づけは、東アジアの安全保障的観点からも、朝鮮半島・南シナ海の領有権問題とともに不安定要因の一つに数えられており、台湾問題が短期的に解決する見込みは立っていないのが現状である。

クローズアップ13————中国近現代史における民族問題

中国における民族の問題を見ると、前近代と近代以降とでは問題のあり方が大きく変化していることに気づく。前近代において、モンゴルやチベットの諸民族は漢族とは異なる独自の社会を形成し、時には華夷秩序により緩やかに統合され、時にはこれに挑戦した。ところが近代以降、中国は列強の圧力の下、領域国家への転換を迫られることになった。そして非漢民族の多くが内陸辺疆地域に分布していたがために、民族問題は領域統合・国民統合・そして国防の問題として扱われるようになった。また民主主義の多数決原理において、圧倒的人口を持つ漢族に対して、非漢民族は政治的に極めて不利な立場に置かれることになった。第1次世界大戦後、アメリカ大統領ウィルソンの提唱した「民族自決」は、当局や漢族にとっては清末以降列強によって剥奪され続けてきた中国の国家としての自律性を取り戻すのための旗印となったが、非漢民族にとっては漢族主体の国家建

設によって剝奪され続けてきた既存の政治権利を回復・維持するためのスローガンとなった。この中国における「民族自決」概念の重層性が中国の民族問題を今日に至るまで特徴づけている。

　北伐を経て国民政府を形成した中国国民党にとって、辛亥革命以降分離傾向を強めるモンゴル・チベットをいかにして中央集権的国家体制に組み込むかが課題であった。そこで、これらの地域を蒙蔵委員会の管轄とし、伝統的政治体制を保留する一方、その周辺領域を清末の新疆省設立と同様の手法で、省県制度に組み込もうとした。新疆や内蒙古ではこうした国府の方針に抵抗する諸民族が、外国勢力の支援を頼りに、東トルキスタン共和国や蒙疆自治政権などの独立運動を展開した。戦後、国民党は辺疆制度の改革を一度は試みたが、国共内戦への全面突入でこれを断念した。

　中国共産党は、当初コミンテルン路線によりソ連の経験を踏襲し、漢民族と諸民族による「中華連邦」の構想を抱いていた。この構想は幾多の曲折を経ながらも、戦後まで引き続いて提唱され、国民党の辺疆民族政策に失望した各民族の共産党への支持を獲得する上で貢献した。しかし中華人民共和国建国直前に開かれた政治協商会議において、周恩来は、帝国主義列強や国民党勢力の悪用を防ぐことを理由に、少数民族に対する自決権の提唱を禁じた。そして建国後少数民族が「自治区」内で地方政治を運営する自治権のみが認められ、さらに54年憲法では少数民族の自治地方が省県同様の国家権力機関と規定され、建国後各地に林立した大小様々の民族自治区が、規模に応じて自治区・自治州・自治県に再編されたことで、中央集権的国家行政体系に組み込まれた。

　中共の民族政策の基調には、民族とは資本主義に到るまでの社会発展段階における政治的・経済的・社会的不平等により形成された人間集団であり、社会主義から共産主義に到る過程でこれらの

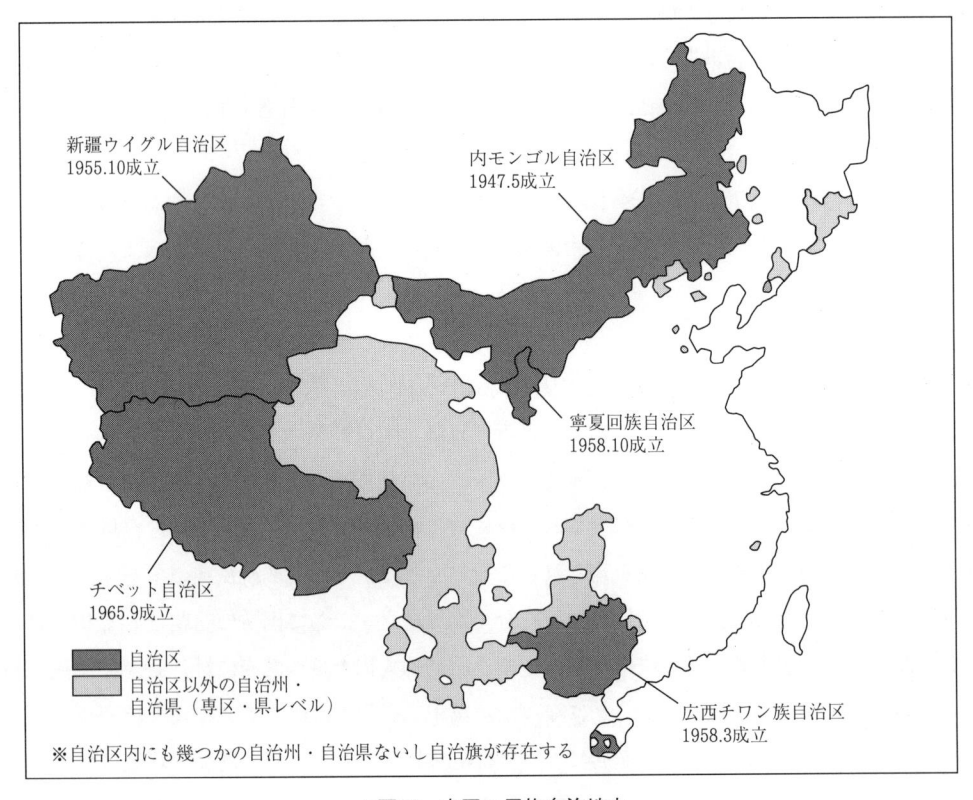

▲図28　中国の民族自治地方

不平等を解消すれば自然に消滅するという、マルクス・レーニン主義の発想がある。各施策は政治的存在としての民族の枠組みを解体し、民族集団構成員一人一人の平等を実現する方向へと収斂する。従って党・政府の統一戦線政策の一環として少数民族という形で政治参加枠が設けられることはあっても、各民族が政党を形成して政治的要求をするような仕組みが存在しない。そのため前近代史において活躍したチベットやモンゴルなどの民族は少数民族の一構成要素として埋没してしまう。また各民族を政治的社会的に統率してきた旧支配階層に代わる勢力として民族幹部が養成されたが、彼らが政権中枢へ参入するためには中共への入党が必須であった。しかしその際には民族アイデンティティに関わる宗教信仰の放棄や、党と民族の間の利益矛盾などの問題に直面した。

　少数民族社会に対する諸改革は、漢族中心に構成される執政党により、民主集中制という政治制度を通じ、上からの改革として実施された。そのため改革をめぐる様々な軋轢は漢族対各少数民族という構図へと容易に転化した。とりわけ56年に四川省西部のチベット・彝族地区で展開した「民主改革」では、抵抗する現地民族との間の武力紛争と化し、その結果中共統一戦線部長の李維漢が「和平改革」を唱え、チベットにおいて6年間は改革を実行しないことが確認された。また、新疆では油田などの有望な地下資源が国有化されて中央に吸い上げられ、生産建設兵団などの形で漢族入植者が急増する一方、イスラム教が政府の宗教政策により制限されたことで、経済格差への不満や民族社会解体への不安が醸成された。中共は当初問題が漢族幹部の少数民族に対する無理解や蔑視による「大漢族主義」に起因すると見なし、民族政策執行状況の検査を各地方政府に命じた。ところが百家争鳴期に各民族が自治区内における政治権利の強化を訴えると、党・政府はこれを「地方民族主義」として批判し、反政府・分裂主義者として旧統治階層や民族知識人を弾圧した。こうした流れの中で、59年にはラサでチベット族の大規模叛乱が勃発し、これを鎮圧した党・政府は留保していた改革を断行して、65年にチベット自治区を成立させた。文革期には民族問題の存在自体が否定され、紅衛兵らによる民族文化の破壊が進行した。

　文革の終結後民族政策も再開され、とりわけ胡耀邦総書記のチベット訪問とチベット工作会議の開催を契機として、民族問題は階級問題とは別であり、民族間の事実上の不平等は依然存在していることが確認された。84年には民族区域自治法が制定され、自治権利の強化と法的保証がなされた。しかし改革開放経済の下で、沿海漢族地区と内陸少数民族地区の経済格差は拡大し、また経済的利益に絡んだ民族間の軋轢も増大している。これらに対する不満が各民族のナショナリズムを刺激し、党・政府がこれを「一握りの分裂主義者」の陰謀として取り締まるという構図は、依然解消されていない。さらにダライラマ亡命政府や海外のウイグル人亡命組織の活動やソ連崩壊による海外の運動との結びつき、人権問題や民主化問題と絡んだ西側諸国からの批判など、問題は一層複雑化の様相を呈している。

課題と研究状況
1．共産党の内戦勝利の主要因に関する検討
① 研究の現況

　共産党が中国大陸で覇権を握った要因として、共産党側の積極的勝利を重視する議論と、国民党政権が政治的腐敗・経済再建の失敗・政敵に対するテロの横行などにより正統性を失ったことで、共産党は漁夫の利を得て政権を握っただけだとする議論に大別され、さらに前者については、共産党の政治的諸改革が成果を挙げたことで、同党の威信が強化されたので、中共軍に参加する者が増加したという、最初に政治的勝利ありきという考え方と、あくまでも軍事的勝利がまずあって、その後軍事力の裏付けを得た政権が政治的成果を得ることに成功したとする軍事的成功に重きを置く考えの2種類がある。

② 課題への接近

　当時の社会情勢の把握から始める。抗日戦争に勝利したばかりで疲弊した環境の中で、国共両党が内戦を進めるためには、それぞれの党に対する民衆の積極的・消極的支持があったはずである。支持の源が何であったのか、農村・都市といった地域的条件や、農民・地主・都市住民（労働者・知識人）といった身分階層による違いなどに着目しながら考察を進める必要があろう。また、共産党が最終的に勝利できた要因を、どこに見出すことができるのだろうか。

③ 理解の方向

・国共両党の力の源泉をどこに求めるのか。軍事的力量を重視するのか、政治的力量に重きを置くのか。そもそも政治と軍事の関係をどのように捉えるべきなのか。

・なぜ、国民党は政権の正統性を失墜させる方向に歯止めをかけられなかったのか。他方、共産党はなぜ民衆の支持を得ることに成功したのか。両党の指導者や政策、実績を民衆はどのように見ていたのか。

・当時の中国共産党に対するイメージを前衛的革命党として描き出すのか、それとも穏健な土地改革を目指す農民党的存在として描き出すのか。とくに国共両党の土地改革をいかに捉えるべきか。また中共の土地改革と農村根拠地の形成をどのように結びつけ評価できるのか。

・民衆の革命に対する積極性の差異を、地域の社会的・経済的状況とリンクさせて分析することは可能か。

④ 参考文献

天野元之助『中国の土地改革』（アジア経済研究所　1962年）

大久保泰『中国共産党史』下巻（原書房　1971年）

山本秀夫・野間清編『中国農村革命の展開』（アジア経済研究所　1972年）

小林弘二『中国革命と都市の解放』（有斐閣　1974年）

天児　慧『中国革命と基層幹部』（研文出版　1984年）
西村茂雄『中国近現代東北地域史研究』（法律文化社　1984年）
田中恭子『土地と革命』（名古屋大学出版会　1996年）

2．中国共産党と米ソ両政府との関係に関する検討

① 研究の現況

　中国共産党が自己の権力基盤を強化し、大陸で政権を握り、世界の中で地歩を固めようとした建国期に、ソ連を頼ることは同じ共産主義を信奉する政党として当然だったとする見方と、当時の国際環境の中で中共が結果的に米国ではなくソ連をパートナーとして選択したとする見方が存在する。現在は後者の見方に立つ研究者が増えてきている。

② 課題への接近

　第2次世界大戦終結時から、1949年10月の中華人民共和国建国、さらには50年2月の中ソ友好同盟条約締結、朝鮮戦争とその後の中ソ蜜月期（一般的には1958年8月の金門島砲撃開始まで）に至るまでの国際環境の流れを理解する必要がある。建国時の中国を取り巻く国際環境を、中共側がいかに判断していたのか、また、第2次大戦後に、米ソ双方がどのような世界戦略を構築し、中国をその中に組み込んでいこうとしたのかについて、欧州での冷戦体制の形成状況と合せて考えてみよう。

③ 理解の方向

　・ヤルタ協定の時、なぜソ連は中国共産党ではなく、国民党政府支持を明確化したのか。スターリンの中国情勢認識をどう理解するか。

④ 参考文献

菊地昌典・宍戸寛他『中ソ対立』（有斐閣　1976年）

Yonosuke Nagai & Akira Irie(eds.), *The Origins of the Cold War in Asia*. Tokyo : University of Tokyo Press, 1977.

О.Б.ボリーソフ・Т.Т.コロスコフ（滝沢一郎訳）『ソ連と中国』上巻（サイマル出版会　1979年）

Dorothy Borg & Waldo Heinriches(eds.), *Uncertain Years, Chinese-American Relations, 1947-1950*. New York : Columbia University Press, 1980.

香島明雄『中ソ外交史研究　1937－1946』（世界思想社　1990年）
石井　明『中ソ関係史の研究（1945－1950）』（東京大学出版会　1990年）
藤井昇三・横山宏章編『孫文と毛沢東の遺産』（研文出版　1992年）
高橋伸夫『中国革命と国際環境』（慶応義塾大学出版会　1996年）
山極　晃『米中関係の歴史的展開　一九四一年〜一九七九年』（研文出版　1997年）

3． 中国現代史における知識人
① 研究の現況

　人民共和国以降の歴史研究は、最近の大陸における50年代から文革期までに関する各種文献資料の公開により、飛躍的に進展しているといっても過言ではない。その中でも反右派闘争にいたる知識人問題はこうした新資料によってまた新たな光が当てられようとしている。彼ら知識人はかつて抗日戦争期に愛国的精神から抗日運動やアピール表明などを通じて政治に働きかけ、国共合作への大きな推進力になるなどの役割を果たした。戦後は国共両党の間に立って中国政治の民主化を訴えてきた。したがって新中国成立直後のいわゆる「新民主主義」の時期は、彼らにとって自らの理想実現の可能性が試されたのであるが、それは中共の一党独裁体制確立という現実の前に葛藤と挫折をみせた。この知識人問題を理解することは、今日再び政治の民主化が叫ばれている中国の持つ問題の一端を理解することにもなる。

② 課題への接近

　中国知識人問題は全体的な問題と個別的な問題とが複雑に関連している。従って、問題分析の視角としては、ある特定の知識人に的を絞り、彼のライフヒストリーや思想遍歴を検証することで、民国期から人民共和国期へとつながる状況変化と知識人側の対応を理解する方向と、知識人の政治活動としての民主諸党派の活動と国民党及び共産党との関係という視点から検証を加え、中国における知識人の役割や知識人政策を理解するという方法などが考えられる。

③ 理解の方向

・近現代中国の知識人は一種のエリートであるが、彼らはどのような経緯で、またどのような政治意識を持って政治へと参加していったのか。

・彼らは主に海外の新しい学問や知識を習得し、西洋的価値観を身につけてはいるが、同時に中国で生まれ育ったという生まれつきの条件と、戦乱や半植民地的支配という当時の中国の置かれていた条件のもとで、中国人としてのアイデンティティをも強く持ち合わせていた。こうした彼らのメンタリティはどのようなものであったか。

・知識人と中国共産党とは抗日や反国民党独裁といった共通の目的のために共同戦線を組むことはあっても、現実には微妙な対立をはらみ、ときには激しく衝突した。こうした事態に到った原因は何か。またそこに中国の知識人の持つ限界性があったのか。

④ 参考文献

小竹文夫『百家争鳴：中共知識人の声』（弘文堂　1958年）

平野　正『中国の知識人と民主主義思想』（研文出版　1987年）

戴晴（田畑佐和子訳）『毛沢東と中国知識人：延安整風から反右派闘争へ』（東方書店　1990年）

R. マックファークァー（中俣富三郎訳）『中国の知識人：百花斉放の資料と分析』（論争社　1963年）

周偉嘉『中国革命と第三党』（慶応義塾大学出版会　1998年）

R. David Arkush, *Fei Xiaotong and Sociology in Revolutionaly China*. Harvard Univirsity Press,1981

第5章　文革から改革開放へ

概　観

　本章が対象とする時期は、大きく「プロレタリア文化大革命」（以下「文革」）の時期と、改革開放の時期とに二分される。

　革命主義的な大躍進運動は、2千万人もの餓死者を出して悲劇的な失敗に終わった。毛沢東自らは国家主席を退任したが、大躍進政策の見直しを求める彭徳懐らの意見をしりぞけ、善後策を劉少奇に託した。

　生産請負や個人経営を認める経済調整政策によって状況は徐々に好転したが、毛沢東にはそれは資本主義復活の危険が迫っていると映っていた。まもなく毛は中国に社会主義と資本主義の「二つの道の闘争」が存在するので、引き続き階級闘争が必要であるという「継続革命論」を主張した。これが「文革」発動の理論的基盤であった。党員幹部の規律強化をねらった社会主義教育運動が行われ、階級闘争の徹底化をめぐり幹部間に対立が生れ、やがて運動の重点は「資本主義の道を歩む実権派」批判へと進展していった。毛の「五・一六通知」は、身辺に眠っているフルシチョフ式の人物の摘発を宣言した。その人物とは、劉少奇を指していた。

　「文革」は、66年8月の8期11中全会で正式に発動され、劉少奇の降格と林彪の昇格が決められた。毛沢東の支持を受けた紅衛兵が「封建的」文物の破壊や「反革命分子」の摘発を行うようになり、各地の住民に恐怖と緊張と屈辱をもたらした。劉少奇は8期12中全会（68年）で党から除名され監禁されて翌年獄死した。やがて紅衛兵同士の権力をめぐる武力衝突が労働者組織をも巻き込んで熾烈になり、軍の介入による事態の収拾がはかられ、67年1月以後「革命委員会」が各地に成立した。68年夏には紅衛兵運動は制圧され、「下放」が開始されて、千数百万の青年学生が山村・辺境に送られた。

　林彪事件（71年9月）が「文革」の転換点となった。林彪派の勢力を払拭し政務の正常化をはかる周恩来の主導で旧幹部が復活し、鄧小平も副総理として復職した（73年4月）。対外的には、中ソ関係の悪化を背景に対米関係の修復が行われ、日中国交正常化が実現した。第10回党大会（73年8月）以後「四人組」との角逐が表面化してきたが、周恩来・鄧小平は「四つの現代化」政策を提起し、生産部門の整頓、企業管理の強化、外国の先進技術の導入を推進し、階級闘争以上に経済建設を重視することを説き、「四人組」との対決姿勢を強化した。「四人組」は、批林批孔運動や水滸伝批判によって、周恩来とその「現代化」政策を批判した。階級闘争否定につながるこの経済重視政策に危機を覚えた毛沢東も、鄧小平批判の政治運動を指示するにいたった（75年10月）。周恩来の死（76年

第5章　文革から改革開放へ

　1月）を契機に「四人組」が著しく台頭し、政局は急速に平衡を失っていった。天安門事件（76年4月）が起ると鄧小平が「黒幕」とされて失脚し、華国鋒（かこくほう）が国務院総理に就任した。

　毛沢東の死（76年9月）によってようやく文革が終了し、「四人組」が逮捕された。新たに党主席に就任した華国鋒は、毛路線の継承を謳いながら「文革」の終結宣言を行い（第11回党大会、77年8月）、「洋躍進（ようやくしん）」を展開した。華国鋒の性急な発展計画は深刻な経済的混乱をもたらす結果となり、鄧小平の再復活（77年7月）が難局を打開した。

　11期3中全会（78年12月）が体制改革の里程標となった。「継続革命論」が否定され、「四つの基本原則」に基づく「社会主義的近代化建設」が開始された。劉少奇の名誉が回復され、毛沢東の誤りが指摘されるとともに、文革の否定が承認された。鄧小平が実権を掌握し、胡耀邦（こようほう）党総書記と趙紫陽（ちょうしよう）国務院総理による政策運営が始まった。

　改革・開放政策が開始され、農業面では、人民公社の解体、生産責任制の導入により農村の生産意欲を高め、自営農家を育成し、食糧生産量の増加がはかられた。工業面では、多角経営と郷鎮企業（ごうちんきぎょう）を奨励した。郷鎮企業は農村部の余剰労働力を吸収し、都市近郊に急速に発展し、自由市場の展開とともに「万元戸」と呼ばれる富裕階層が出現するにいたった。企業自主権の拡大、環境の整備、規制緩和が行われ、また外資導入を奨励し、経済特区が設けられた。計画経済から市場経済への移行が謳われ、中国の現状は「社会主義の初級段階」にあると宣言された（第13回党大会、88年10－11月）。

　急激な社会変動は、さまざまな社会不安を顕在化させるとともに、経済的過熱状態、官僚ブローカー（官倒爺（クゥアンタオイエ））の跋扈、「向銭看（シアンチェンカン）」（拝金主義）の風潮など、新たな問題の解決が迫られるようになった。経済成長の背後では、「ブルジョア自由化」反対論など政治思想の面では締め付けが強化され、これを不満とする学生の自由化運動が全国的な民主化要求運動となった。経済改革のテンポや政治体制改革の程度をめぐり急進派と保守派の対立が生じ、胡耀邦は総書記を解任され（87年1月）、趙紫陽が総書記に、李鵬（りほう）（副総理）が総理に就任した。89年の天安門事件によって趙紫陽が失脚し、江沢民（上海市長）が新たな総書記に就任した。

　経済発展の冷え込みに対し、鄧小平は改革開放の好機を逃すなと檄を飛ばした（92年春節）。第14回党大会（92年10月）では、経済体制改革の目標は社会主義市場経済体制の樹立にあるという新規定がなされ、共産党の一党独裁を堅持した上での社会主義市場経済化の進展がはかられた。97年2月に鄧小平は死去したが、党規約には、新たに「中国の特色をもつ社会主義建設」を目標とする「鄧小平理論」が明記され、鄧小平の路線は継承されて今日に至っている。

本　論
1．急進主義の抑制と経済調整
① 大躍進の弊害
　(1) 大躍進・自然災害──→国民経済の危機（一説に餓死者2000万人）
　　　・「廬山会議」（59年7月政治局拡大会議）で彭徳懐国防部長が急進主義を批判
　　　　　──→毛沢東の彭徳懐攻撃──→彭徳懐の失脚（右翼日和見主義反党集団）
　(2) 請負生産の採用
　　　・「農村人民公社工作条例」（「農業60条」）採択（61年3月）
　　　　　──→集団化を抑制（生産請負・家庭副業の承認、公共食堂の廃止、自留地の拡大）
　　　・「七千人会議」（62年1－2月拡大中央工作会議）
　　　　　──→劉少奇（国家主席）が大躍進・人民公社化の誤りを指摘
② 経済調整政策の実施
　(1) 経済調整政策の提起
　　　・陳雲（中央財経小組長）が経済調整政策を推進──→62年2月、方針採択
　　　　　──→財政赤字と経済困難の解決をはかる（劉少奇・周恩来・鄧小平らが支持）
　　　・「農業基礎論」── 経済調整の基本路線（62年9月、8期10中全会で決定）
　　　　　──→農業生産を国家計画の起点におく──→安定成長を目指す
　　　・「三自一包」── 自留地、自由市場、損益自己負担、戸別請負制──→意欲を喚起

2．文化大革命の胎動
① 毛沢東の反撃
　(1) 毛沢東の急進化
　　　・経済調整政策を批判
　　　　　──→資本主義の復活（「ソ連修正主義」「単幹風（個人経営の風潮）」）
　　　・「継続革命論」「過渡期階級闘争論」を展開
　　　　　──→プロレタリア階級とブルジョワ階級の階級闘争、社会主義と資本主義の二つの
　　　　　　道の闘争が存在する（62年9月、8期10中全会）
　　　・政治思想工作を強化：「雷鋒同志に学ぼう」（63年）・「解放軍に学ぼう」（64年）
　　　・農村における社会主義教育運動
　　　　　──「四清」（労働点数・帳簿・倉庫・財産の再点検）の実施（62年末－63年）
　　　　　──→都市では「五反」（汚職と窃盗・投機・浪費・分散主義・官僚主義に反対）

第5章　文革から改革開放へ

史料1　彭徳懐の大躍進批判

　私見によれば、1958年の大躍進中に出現したいくつかの欠点と過ちのうちのあるものは避け難いものでした。たとえばわが党が30余年来指導してきた数々の革命運動と同様に、偉大な成果の中には必ず欠点があるものであり、それは一つの問題の二つの側面なのです。〔中略〕これまでの一時期の工作中に現れた若干の欠点と過ちの原因は多岐にわたりますが、その主観的要因は、われわれが社会主義建設の工作に不慣れで十二分な経験をもっていなかったこと、計画的に均衡を保って発展するという社会主義の法則に対する理解が足りなかったこと、二本足で歩くという方針が各方面の実際の工作に貫徹されなかったことです。経済建設の過程で起きた問題を処理するとき、われわれは金門島を砲撃したり、チベットの反乱を鎮圧するといった政治問題のように思い通りにはできません。

（「廬山会議における彭徳懐の手紙」　1959年7月14日）

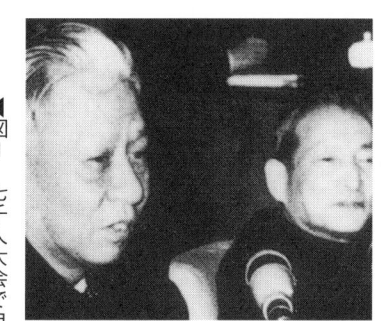

◀図1　七千人大会で自己批判する毛沢東

▲図2　七千人大会で演説する劉少奇（左）と陳雲（右）

▶図3　文革期に批判される彭徳懐

史料2　毛沢東の自己批判

　他の一部の同志にも責任がある。しかし、第一に責任を負うべきものは私である。

（「七千人大会における毛沢東の講話」　1962年1月30日）

史料3　継続革命論

　プロレタリア革命およびプロレタリア階級独裁の歴史的期間において、資本主義から共産主義に移行する歴史的期間においては、この期間は数十年あるいはそれ以上の年数すら必要とするのだが、プロレタリア階級とブルジョア階級との間の階級闘争が存在し、社会主義と資本主義の二つの道の闘争が存在する。転覆された反動支配階級はその滅亡に甘んじることなく、かれらは必ずその復活を企図する。それと同時に、社会にはなおブルジョア階級の影響および旧社会の慣習の力が存在し、一部小生産者の自然発生的な資本主義傾向が存在しているので、人民のなかにはなお社会主義改造をうけていないものがおり、かれらは全人口の数％にすぎぬ少数者ではあるが、一度機会があると、すぐに社会主義の道から離れて、資本主義の道を歩もうとする。

（「中共8期10中全会の公報」1962年9月27日）

(2) 実権派を批判
　　　・社会主義教育運動を総括（党中央工作会議、64年末－65年）
　　　　　── 運動の重点は「党内の資本主義の道を歩む実権派を一掃すること」にある
　　　　　→「四清」が政治・経済・組織・思想の浄化へと変容──→矛先を指導者に向ける
② 文芸界における前兆
　(1) 『海瑞の免官』批判
　　　・姚文元「新編歴史劇『海瑞の免官』を評す」（上海『文匯報』65年11月10日）
　　　　　──呉晗（歴史学者、北京市副市長）の歴史劇『海瑞の免官』（61年1月発表）
　　　　　　を批判（毛沢東に反対し、調整政策を実行する党幹部を擁護していると非難）
　　　　　──→プロレタリア文化大革命の前兆
　(2) 毛沢東、文芸界の「修正主義」化を非難
　　　・文化革命五人小組を党中央書記処に設置（64年7月）
　　　　　── 彭真（中央書記処書記・北京市長）が小組長
　(3) 文革小組「二月要綱」を発表──「当面の学術討論についての報告要綱」（66年2月）
　　　・学術と政治を区別、文芸批判を政治運動に転化させない
　　　　　──→呉晗批判を学術面に限定
　(4) 毛沢東、ブルジョワ学術権威批判を提唱（66年3月、政治局常務委員会）
　　　　　──→毛は北京市党委員会の解散を指示──→彭真批判
　　　　　──→『北京日報』が「三家村」グループ（鄧拓・呉晗・廖沫沙）を攻撃

3．文化大革命の開始
① 文化大革命の開始
　(1)「五・七指示」（毛沢東の林彪宛書簡）──文革の理念──→「革命化した学校」
　(2)「五・一六通知」（政治局拡大会議）
　　　　　──「フルシチョフのような人物がかたわらで眠っている」と主張
　　　　　──→「党内の実権派」との闘いを呼びかける
　　　　　──→文革五人小組は廃止、「二月要綱」は廃棄──→中央文化革命小組を新設
　　　　　　　　　　（組長は陳伯達、第一副組長は江青、張春橋・姚文元が参加）
　(3) 聶元梓の「大字報」
　　　・聶元梓（北京大学哲学系の党総支部書記）らが陸平（北京大学学長兼党委員会書記）
　　　　を批判する壁新聞を張る（66年5月）──→毛沢東が絶賛
　　　　　──→彭真と陸平が解任（66年6月）

図4 社会主義教育運動における「説理闘争大会」

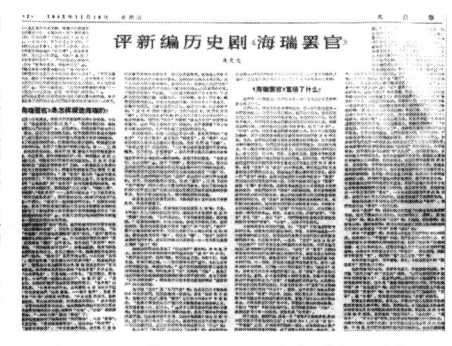

▲図5　1965年11月10日、上海『文滙報』に発表された姚文元の論文

史料4　文革の理念——五・七指示

　人民解放軍は大きな学校でなければならない。この大きな学校では、政治を学び、軍事を学び、教育程度を高めなければならず、同時に農業や副業生産に従事し、いくつかの中小工場を経営して、自分の必要とする若干の生産物や、国家と等価交換する生産物をつくることもできるようにする。この大きな学校では、また大衆工作にたずさわり、工場、農村の社会主義教育運動に参加できるようにする。社会主義教育運動が終わっても、つねに大衆工作はあって、軍隊と人民を永遠に一体化させることができる。〔中略〕

　労働者は、工業を主とし、あわせて軍事、政治を学び、教育程度を高めなければならない。また、社会主義教育運動も行わなければならず、ブルジョア階級に対する批判も行わなければならない。条件のあるところでは、大慶油田のように農業生産と副業生産にもたずさわらなければならない。

　公社の農民は農業を主とし（林業、畜産業、副業、漁業を含む）、あわせて軍事、政治を学び、教育程度を高めなければならない。条件のある場合には、集団で小型の工場を経営しなければならず、ブルジョア階級に対する批判も行わなければならない。

　学生も同じことで、学業を主とし、あわせてほかのものを学ぶ。つまり学業に励むだけでなく、工業、農業、軍事をも学ばなければならず、ブルジョア階級に対する批判をも行わなければならない。修業年限は短縮し、教育は革命を行わなければならず、ブルジョア知識分子がわれわれの学校を支配するという現象をこれ以上継続させてはならない。

　　　　　　　　　　　　　　　　　　　　（毛沢東「林彪同志に宛てた手紙」1966年5月7日）

史料5　劉少奇批判

　党内、政府内、軍隊内および文化界の各方面にまぎれこんだブルジョア階級の代表者は、反革命修正主義分子であって、いったん機が熟せば、権力を奪取して、プロレタリア階級独裁をブルジョア階級独裁に変えようとする。これらの人物のうち、一部のものはすでにわれわれによって見破られているが、一部のものはまだ見破られておらず、しかも一部のものは現にわれわれから信頼され、われわれの後継者として養成されている。たとえば、いまわれわれの身辺に眠っているフルシチョフ式の人物がそれである。

　　　　　　　　　　　　　　　　　　（中共中央「五・一六通知」1966年5月16日）

② 毛沢東の指導部攻撃
(1) 文化大革命の開始宣言──8期11中全会開催（66年8月）
・劉少奇降格（第2位から第8位へ）、林彪昇格（第2位へ）
・「プロレタリア文化大革命についての決定」（一六条）を採択
　　──文革の目的・方法を述べ、正式発動を宣言する
　　──→目的──「資本主義の道を歩む党内の実権派」を打倒、「ブルジョア階級の反
　　　　動的学術"権威"」を批判
　　──→行動指針──「毛沢東思想」
・毛沢東、「司令部を砲撃しよう──私の大字報」を発表（8月5日）
　　──→劉少奇批判を呼びかける
(2) 紅衛兵の登場
・最初の紅衛兵組織──清華大学付属中学に登場（66年5月）
・「造反有理」──毛が清華大付中の「紅衛兵」を支持、「反動派に対する造反には道
　理がある」と述べる
・百万人集会── 毛沢東、紅衛兵を接見（66年8－11月の8回で延べ1300万人）
・紅衛兵運動──「四旧打破」を叫び「反革命分子」を摘発（66年8月末）
　　　　　　　（「四旧」＝旧文化・旧思想・旧風俗・旧習慣）
　　──→北京から全国に波及──→紅衛兵同士の衝突も発生
・遇羅克「出身血統論」発表（66年11月）──→逮捕──→処刑（67年12月）

4．文化大革命の展開
① 内部対立と武装闘争の激化
(1) 「上海コミューン」（上海人民公社）成立（67年2月）
　　・文革派（張春橋・姚文元・王洪文ら）が上海市党委員会を奪権
　　　──→中央が危惧、毛の指示で「上海市革命委員会」と改称（2月24日）──→軍の介入
(2) 「二月逆流」（67年2月）
　　・古参幹部・軍長老（葉剣英・譚震林ら）が文革の暴虐さを批判
　　　──→文革派（江青・張春橋ら）が対抗し批判キャンペーン──→党中央の機能が停止
(3) 「武漢事件」（67年7月）
　　・武漢の大衆組織（「百万雄師」）が中央派遣の文革派幹部（王力・謝富治）を監禁
　　　──→武漢滞在中の毛沢東が上海に避難
　　　──→武闘が拡大──→被害者が増大（18万4千人が死傷）

第5章　文革から改革開放へ

史料6　文革の開始宣言

1．社会主義革命の新たな段階：いまくりひろげられているプロレタリア文化大革命は人びとの魂にふれる大革命であり、わが国社会主義革命のより深く、より広い、新たな発展段階である。〔中略〕5．党の階級路線を断固として実行すること：われわれの敵はだれか。われわれの友はだれか。この問題は革命のいちばん重要な問題であり、文化大革命のいちばん重要な問題でもある。〔中略〕今回の運動の主要な対象は、資本主義の道を歩む党内の実権派である。

（8期11中全会「プロレタリア文化大革命についての決定（16条）」1966年8月8日）

▼図6　紅衛兵の腕章をつけてもらう毛沢東

▼図7　中央政治局常務委員の変化

第8回大会 1956年9月	8期5中全会 1958年3年	8期11中全会 1958年8月	第9回大会 1969年4月
1　毛沢東	1　毛沢東	1　毛沢東	1　毛沢東
2　劉少奇	2　劉少奇	2　林彪↑	2　林彪
3　周恩来	3　周恩来	3　周恩来	3　周恩来
4　朱徳	4　朱徳	4　陶鋳	4　陳伯達
5　陳雲	5　陳雲	5　陳伯達	5　康生
6　鄧小平	6　林彪	6　鄧小平	
	7　鄧小平	7　康生	
		8　劉少奇↓	
		9　朱徳	
		10　李富春	
		11　陳雲	

▶図8　天安門広場の紅衛兵

史料7　毛沢東の紅衛兵礼賛

諸君が7月28日に私あてに送ってくれた2枚の大字報と、私の返事をもとめて転送された手紙、すべて受けとりました。6月24日付と7月4日付の諸君の書いた2枚の大字報は、労働者・農民・革命的知識人および革命党派を搾取・圧迫する地主階級・ブルジョア階級・帝国主義・修正主義およびその手先どもに対する、いきどおりと断固反対の決意を表明しています。反動派にたいする造反は正当なものだといっています。私は、諸君を熱烈に支持します。

（毛沢東「清華大学附属中学紅衛兵への手紙」1966年8月1日）

史料8　出身血統論

ただ赤一色の教育を受けただけで、苦しみの多い思想改造をしたことのない一部の青年たちを私たちはしばしば温室の花と形容する。〔中略〕文化大革命の初期、「親が英雄なら子供はよい人物」と叫んでいたあの、人もうらやむ出身のよい人物たちは、その後、修正主義路線をおこなってブルジョア階級のスポークスマンになりはしなかったか？

（北京家庭問題研究小組「出身主義を論ず」1966年11月）

② 混乱の抑制
　(1) 武闘の鎮圧
　　・紅衛兵派閥間の武装闘争の激化
　　・党中央・政府・文革小組が武闘の即時停止を命令(68年7月)──→「文革」を抑制
　　・労働者の毛沢東思想宣伝隊が北京の59校に進駐(68年7月)──→紅衛兵運動終わる
　　・「上山下郷」運動── 青年の「下放」が始まる
　　　　←──（68年12月毛沢東の「『知識青年の上山下郷』に関する指示」）
　(2) 革命委員会の成立
　　・各地の混乱収集──→軍の台頭──→革命委員会（三結合：造反派・軍・幹部）が成立
　　　　──→68年9月までに完了（29の革命委員会主任のうち23人が軍区指導者）

③ 実権派の糾弾
　・8期12中全会拡大会議（68年10月）
　　──「裏切者・敵の回し者・労働者の敵 劉少奇の罪行についての審査報告」採択
　・劉少奇（67年4月「中国のフルシチョフ」と非難された）──「党内最大の実権派」
　　として処分（党籍剥奪）──→監禁先の河南省開封市で死亡（69年11月）
　・鄧小平（66年8月「ブルジョア実権派ナンバー2」と批難された）──「厳重監督、
　　留党監察」処分──→73年まで江西省新建に幽閉
　・李富春・陳毅・李先念・葉剣英・聶栄臻・徐向前など── 党・軍の古参幹部たち
　　も「二月逆流」の「反党」行為によって糾弾される
　・朱徳・陳雲・鄧子恢──「一貫した右派」と批判される

5．文化大革命の転換と終焉
① 文化大革命の転換
　(1) 林彪の台頭 ──第9回党大会（69年4月）
　　・林彪の政治報告──→継続革命を強調
　　　　──→新党規約で林彪が毛の後継者
　　　　──「毛沢東同志の親密な戦友であり、後継者である」
　　・9期1中全会（69年4月末－）林彪が唯一の党副主席となる
　(2) 陳伯達の「天才論」（70年8月、9期2中全会）
　　・陳伯達が毛沢東を「天才」と賞賛──→国家主席就任を要請
　　　　──→毛沢東は「私の若干の意見」で陳伯達を批判──→林彪の政治的野望を警戒
　　　　──→「批陳整風運動」で林彪派を圧迫

史料9　破壊される寺院　1966年

「お父さんは何が起こっているのかしらないんだわ。絵だけのことではなくて、すべての古いものの問題なのよ。私が一日中どこにいると思って？湖南大学の学生と一緒に岳麓山の上で、あそこの古い碑や建物を取り除こうとしているのよ。半分は石造りだから、らくな仕事じゃないわ。ナイフや斧で碑文を削るの。封建社会の悪臭ふんぷんたる詩なんかをね！でももうみんななくなるか、板囲いで封鎖したわ」と放〔筆者の姉〕。〔中略〕

父が自分の言葉を探しあてた。「何だってお寺の古い詩を目茶目茶にするんだ？どういう行動だ、それは？」

「どういう行動、ですって？革命的行動だわ。衡陽地区の紅衛兵は、衡山の南岳のお寺を全部破壊したわ。"聖山"もこれでおしまいよ！」

（梁恒、ジュディス・シャピロ著、田畑光永訳『中国の冬　私が生きた文革の日々』サイマル出版会　1984年）

▼図9　下放青年数と都市へ出戻った数

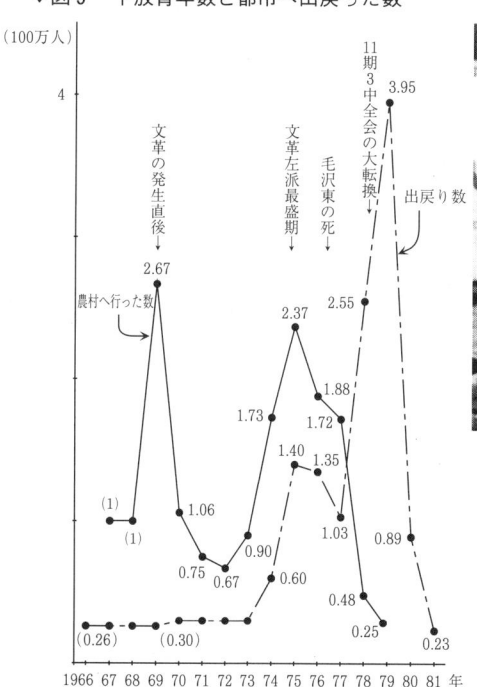

（100万人）
文革の発生直後：2.67
文革左派最盛期：2.37
毛沢東の死
11期3中全会の大転換：3.95
出戻り数
農村へ行った数
1.73　1.40　1.35　1.88　1.72　2.55
1.06　0.90　0.60　1.03　0.89
0.75　0.67　0.48　0.25　0.23
(1)　(1)　(0.26)　(0.30)

1966 67 68 69 70 71 72 73 74 75 76 77 78 79 80 81 年

国家統計局社会統計司編『中国労働工資統計資料1949-1985』、中国統計出版社、1987、110-111ページより作成。
〔注〕点線部分は年平均。

▼図10　焼却される仏像（安徽省合肥市）

▼図11　紅衛兵の街頭宣伝（北京）

史料10　下放の指示

知識青年が農村に行って貧農・下層中農の再教育を受けることは、非常に必要なことである。中学、高校、大学を卒業した自分の子弟を農村に送るよう、都市の幹部とその他の人を説得すべきであり、こうした働きかけをしよう。各地の農村の同志は、彼らが行くのを歓迎すべきである。

（毛沢東「『知識青年の上山下郷』に関する指示」1968年12月22日）

(3) 林彪事件
- 林彪（りんぴょう）事件——林彪派がクーデターを計画
  「五七一紀要（ごしちいちきよう）」——林彪派の武装蜂起計画（毛の暗殺を含む）（五七一＝武起義（ウーチーイー））
  ——中国を「社会主義の看板を掲げた封建王朝」と呼び、毛沢東を「現代の秦の始皇帝（しこうてい）」と非難
- クーデター失敗——国外逃亡——モンゴル人民共和国領内で墜死（71年9月）
- 林彪派の摘発——9期1中全会の21名の中央政治局のうち7名が失脚
- 軍幹部が後退——72年8月、地方革命委員会から軍幹部を撤収させる決定
- 旧幹部の復活——周恩来が主導——鄧小平が副総理として復活（73年3月）

② 文化大革命の終焉
(1) 「四人組（よにんぐみ）」の形成
- 第10回党大会（73年8月下旬）——王洪文（おうこうぶん）が党規約改正を報告
- 10期1中全会で王洪文が党副主席の一人に選出
  ——「四人組」（江青（こうせい）・張春橋（ちょうしゅんきょう）・姚文元（ようぶんげん）・王洪文）の形成

(2) 批林批孔運動（ひりんひこう）
- 毛沢東が林彪批判を孔子批判と関連づけるよう指示（73年3月）
- 楊栄国（ようえいこく）「頑迷な奴隷制擁護の思想家——孔子」（『人民日報』73年8月7日）
  ——孔子（奴隷主貴族階級の利益に奉仕する）批判——林彪の孔子崇拝を批判
  ——周恩来を批判（←——梁効（りょうこう）・羅思鼎（らしてい）・唐暁文（とうぎょうぶん）など「四人組」の執筆集団の登場）

(3) 鄧小平の台頭
- 第一副総理に就任（74年10月）——国務院を主宰
- 党中央軍事委員会副主席兼人民解放軍総参謀長（75年1月）
- 党副主席・政治局常務委員（75年1月、10期2中全会）
- 鄧小平が党中央の日常工作を主宰

(4) 「四つの現代化」政策の提示
- 第4期全国人民代表大会第1回会議（75年1月）——周恩来が政府活動報告
  ——「四つの現代化」（農業・工業・国防・科学技術）実現の目標を提示
  ——工業部門・農業部門の整頓。企業管理の強化・外国の先進技術の導入
- 周恩来・鄧小平ら「四人組」との対決姿勢を強化
  ——「全党全国の各項の工作の総綱について」（75年10月）←——鄧小平の講話
  ——経済建設・生産力の発展を重視——文革の否定

史料11　毛沢東暗殺計画

　B52の良い状態は長くはない。急ぎ数年内にその後のことを手配しておかなければならない。彼はわれわれに対して心を許してはいない。手をこまねいて捕虜になるよりも、決死の覚悟で攻撃したほうがよい。政治上では、後から立ったものが人を制するが、軍事行動においては先に立ったものが人を制する。〔中略〕彼らの社会主義は実質的に社会ファシズムであり、彼らは中国の国家機構を相互に殺し合い、相互に押しつぶし合うひき肉器に変えてしまい、党と国家の政治生活を封建的専制式の家父長制のものに変えてしまっている。

（「五七一工程紀要」1971年3月）

▲図12　林彪（1906-71）

史料12　孔子批判

　われわれは断じて孔子の口車に乗せられてはならない。孔子は、「治親」（親族をうまく治める）だの、「報功」（功臣に正しく報いる）だの、「挙賢」（賢人を挙げる）だの、「使能」（能者を上手に使う）だの、「存愛」（愛するものをよく監督する）だのと、聞こえのよいことをたくさんならべたててはいるが、これらの「仁政」が施されるのは奴隷主階級内部だけで「民は与らない」（礼記・大伝）――奴隷たちはそのなかには含まれず、かれらはただこき使われ、鞭うたれ、虐殺されるだけなのである。〔中略〕孔子は口をひらけば、「仁義道徳」だのと、よいことづくめのきれいごとをならべたててはいるが、つきつめてみれば、かれの思想は、すべて崩壊しつつある奴隷主階級の利益に奉仕するものなのである。

（楊栄国「頑迷な奴隷制擁護の思想家――孔子」）

▼図13　中央政治局構成員の変化

		9期1中全会 （1969年4月）	10期1中全会 （1973年8月）
政治局常務委員		毛沢東 林彪× 周恩来 陳伯達× 康生	毛沢東 周恩来 王洪文↑ 康生 張春橋↑ 朱徳↑ 薫必武↑ 葉剣英↑ 李徳生
政治局委員		江青△ 張春橋△ 姚文元△ 謝富治 黄永勝△× 李作鵬△× 呉法憲△× 邱会作△× 葉群△× 陳錫聯 朱徳 董必武 劉伯承 李先念 葉剣英 許世友	江青 姚文元 紀登奎↑ 呉徳△ 汪東興↑ 陳錫聯 華国鋒△ 陳永貴△ 韋国清△ 許世念 李先念 劉伯承
同候補委員		紀登奎△ 汪東興△ 李雪峰× 李徳生△	呉桂賢△ 蘇振華△ 倪志福△ サイフジン△

（△：新任者　×：林彪集団の失脚者）

▼図14　周恩来（1898-76）

史料13　「四つの現代化」政策

　毛主席の指示にしたがって第3期全国人民代表大会の政府活動報告〔1964年12月〕は、第3次5ヶ年計画〔1966-70年〕から、わが国の国民経済を次の二段階に分けて発展させる構想を提起した。第1段階では、15年の時間をかけて、すなわち1980年までに、独立した、比較的整った工業体系と国民経済体系をうち立てる。第2段階では、今世紀内に農業、工業、国防、科学・技術の近代化を全面的に実現し、わが国の国民経済を世界の前列に立たせるというものである。

（「周恩来総理の第4期全人代第1回会議における政府活動報告」1975年1月13日）

(5) 文革派の反撃
- 水滸伝批判（75年8月）──江青・姚文元らの周恩来批判（「現代の投降派」）
- 整頓工作（＝農村における資本主義復活・文革の全面否定の危険性）を批判
  ──→毛沢東、「右からの巻き返しに反撃する闘争」を指示（75年10月）
  ──→周・鄧批判が拡大

(6) 文革の終焉
- 周恩来の死（76年1月）──→華国鋒が総理代行
- 天安門事件（76年4月5日、清明節）（「四五運動」）
  ── 人民英雄記念碑に周恩来を悼む群衆が集まる（連日30～50万人）
  ──→警官・民兵が排除・衝突
- 鄧小平の失脚── 党中央は「黒幕」鄧小平を一切の職務から解任（党籍は保留）
  ──→華国鋒が党第一副主席・国務院総理に就任
- 毛沢東の死
  　　　76年3月　吉林省に巨大隕石が落下
  　　　76年7月　朱徳が死去
  　　　76年7月　河北省唐山地区に大地震（M7.8）。24万人以上の死者
  　　　76年9月9日　毛沢東が死去

▼図15　毛沢東の追悼大会（1976年9月18日、天安門広場）

第5章　文革から改革開放へ

江青（1915-91）　張春橋（1917-）　姚文元（1932-）　王洪文（1935-92）

▲図16　四人組

▼図17　天安門広場で演説する市民

史料14　天安門詩抄　1976年4月

清明を「四旧」と言うは誰ぞ

清明を馬鹿げた習慣と言うは誰ぞ？（注1）

我らが烈士を祭るは毎年のこと

何の理由にて今禁令を発す？!

『文匯』の羽振りのよさは一時の幻（注2）

歴史を記すは　我ら人民なり

魑魅どもよ　狂態をひかえよ

林彪を学て墓穴を掘るなかれ

注1　4月2日、周恩来追悼を禁止する緊急通知が出され、死者をまつる「清明」節での墓参は「四旧」であるとし花輪の献呈が禁止されたことを指す。

注2　上海の『文匯報』は「四人組」直属の報道機関で、その黒幕は張春橋であった。

（藤本幸三編訳『中国が四人組を捨てた日——ドキュメント『天安門詩抄』』徳間書店、1979年）

▼図18　周恩来を悼み人民英雄記念碑に献花する市民

6．文革期中国の対外関係

① 中ソ対立

  (1) ソ連の軍事協力と破綻
　・国防新技術協定（57年10月）
　　──ソ連が新技術提供を約束（原爆・ミサイル・航空機のサンプルと技術資料）
　・中国が中ソ共同潜水艦隊建設のソ連提案を拒否（58年7月）
　・ソ連が国防新技術協定の中止を通告（59年6月）──→ソ連人専門家の引き揚げ
　　──→中国、核の自力開発へ（64年10月核実験成功）

  (2) 中ソ論争
　・中ソ論争公然化──『紅旗（こうき）』「レーニン主義万歳」が平和共存を批判（60年4月）
　・ソ連批判開始──「ソ連共産党指導部と我々との意見の相違の由来と発展」公表
　　（63年9月）──→以後64年7月まで9本の対ソ批判論文を公表
　・世界共産党協議会に中共代表欠席（65年3月）──→中ソ両党関係の断絶

  (3) 中ソ武力衝突
　・珍宝島（ちんほうとう）（ダマンスキー島）事件（69年3月）──中ソ国境守備軍の武力衝突
　・コスイギン（ホー・チミン弔問の帰路）、周恩来と会談（69年9月）
　　──→一応の合意（国境の現状維持、武力衝突の防止）

② 米中関係
　・米中接近── 米国卓球チームを招請（71年4月）──→「ピンポン外交」展開
　・キッシンジャー大統領特別補佐官の秘密訪中（71年7月）
　・ニクソン訪中（72年2月）──→「米中上海コミュニケ」──→79年1月米中国交回復

③ 日中関係
　・竹入義勝（たけいりよしかつ）公明党委員長の訪中──→周恩来が共同声明案を提示
　　──→日米安全保障条約を承認する、戦争賠償を求めない
　・田中角栄首相訪中──→日中共同声明（72年9月）──→国交正常化──→台湾と断交
　・天皇・皇后史上初の中国訪問（1992年10月）

④ 中越戦争
　・在越華僑の大量帰国（78年5月）、ベトナム軍のカンボジア侵攻（78年12月）
　・米中接近とソ連の対ベトナム援助の拡大（←──中ソ対立）
　　──→対越援助停止──→対越懲罰攻撃（79年2－3月）──→ 撤退（6万余人が死傷）

史料15　中ソ武力衝突

　３月２日、ソ修裏切り者集団は武装部隊を出動させて、横暴にも、わが国黒竜江省ウスリー江の珍宝島に侵入し、わが中国人民解放軍国境守備部隊に銃砲撃を加えて、人員多数を殺傷した。〔中略〕ソ修裏切り者集団がたえずわが国の領土を武力侵犯し、国境事件を引き起こしてきたという事実は、このひとにぎりの裏切り者が徹底した社会帝国主義者であり、正真正銘の新しいツアーであることを、またもや全世界人民にはっきりと見てとらせた。

(『人民日報』『解放軍報』社説「新しいツアーを打倒しよう」1969年3月4日)

▼図19　中ソ間国境紛争地点略図

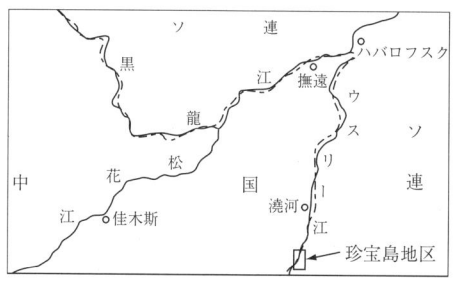

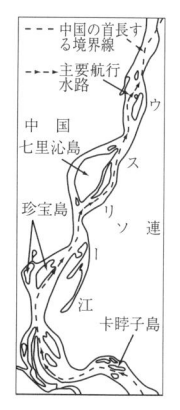

▶図20　珍宝島地区の中ソ境界線

▼図21　珍宝島地区での武力衝突

史料16　米中交渉——キッシンジャーの回想　1971年10月

　予期した通り、台湾がいちばん厄介な問題だった。われわれは、一つの中国を認める表現を必要とした。この点では、台北も北京も同意していた。しかし、両者の要求を支持してはならなかった。私は、最後に台湾に関するアメリカの立場を次のように明らかにした。「台湾海峡の両側のすべての中国人が、中国はただ一つであると主張していることを、アメリカは認める。アメリカ政府は、この見解に異議をとなえない」

　私がいったこと、あるいはやったことで、この曖昧な表現ほど周〔恩来〕に感銘を与えたことはほかになかったと思う。米中双方は、その後10年近く、この表現で共存できた（公正を期するためにいっておかねばならないが、この表現は、かつて失敗に終わった1950年代の交渉の準備のために、国務省が作成した文書からとったものだった）。(『キッシンジャー秘録』第3巻、小学館　1980年)

▼図22　ニクソン訪中
　（1972年2月21日、毛沢東と会談）

▼図23　日中国交正常化
　（1972年9月29日、日中共同声明に署名する田中角栄と周恩来）

7．革命から建設へ

① 「四人組」逮捕（76年10月6日葉剣英、汪東興ら）──→ 華国鋒総理が党主席に就任

② 華国鋒体制の成立

(1) 毛沢東路線の継承を宣言
- 「二つのすべて」── 毛主席の決定・毛主席の指示はすべて順守する（すべて派）
- 「毛主席記念堂」建設（77年8月末完成）、『毛沢東選集』第5巻出版

(2) 文革の終結宣言 ──第11回党大会（77年8月）における華国鋒の政治報告

(3) 「経済発展10ヶ年計画」（78年2－3月、第5期全人代第1回会議）
──→外国プラント導入による重工業の大規模プロジェクト推進（「洋躍進」）
──→経済的混乱

③ 鄧小平体制の確立へ

(1) 鄧小平の再復活
- 鄧小平が党中央副主席・国務院副総理・人民解放軍総参謀長に就任（77年7月）
- 鄧小平「実事求是」を主張（78年4月）──→華国鋒の「二つのすべて」に対抗
──→対抗理論 ──「実践は真理を検証する唯一の基準である」（78年5月）発表

(2) 民主化運動の隆盛
- 「北京の春」── 魏京生（『探索』編集長）ら北京の知識人の民主化要求運動起る
──→「民主の壁」成立（78年11月）──→魏京生逮捕（懲役15年の判決、79年10月）

(3) 体制の転換点──11期3中全会（78年12月）──→階級闘争から経済建設へ転換
- 階級闘争の基本的終了を宣言──→継続革命論を否定

(4) 鄧小平の実権掌握
- 「四つの基本原則」（1．社会主義の道、2．プロレタリア独裁、3．中国共産党の指導、4．マルクス・レーニン主義、毛沢東思想）を強調（79年3月）
- 「四大民主」（文革中の大鳴・大放・大弁論・大字報）を否定（80年1月）
- 文革の否定──最初の否定的評価（建国30周年祝賀大会の葉剣英講話、79年9月）
- 劉少奇の名誉回復──11期5中全会で名誉回復（80年2月）──→追悼大会（5月）
- 毛沢東の誤りを指摘──「文化大革命において重大な誤りをおかしたが、功績のほうが誤りよりも大きい」（鄧小平の発言、81年5月）
──→「建国以来の党の若干の歴史的問題についての決議」（81年6月、11期6中全会）
- 「四人組」裁判（81年1月）
──→江青・張春橋＝死刑（執行猶予2年）、王洪文＝無期懲役、姚文元＝懲役20年
- 華国鋒の失脚── 総理辞任（80年8月）、党主席・中央軍委主席を辞任（81年6月）
──→鄧小平の実権掌握、胡耀邦党総書記と趙紫陽総理による政治運営へ

史料17　民主化の要求

　人民は鄧小平が独裁者に変質しないよう警戒しなければならない。鄧小平は75年復活後、毛沢東の独裁的専制を守らず、人民の利益を重視するかのような振る舞いをした。だから、人民大衆は、彼がこうした政策を実行しうるものと心から期待するとともに、鮮血を流して彼を支持することを望んだ。人民が支持したのは彼本人なのだろうか。決してそうではない。彼が人民の利益をはかることを願っているという点を除けば、彼本人には、なんら人民から擁護されるに足る点はない。今、彼は民主の擁護という仮面を投げすて、人民の民主化運動に対して、弾圧の態度をとろうとしており、徹底的に民主化に反対する側にたち、独裁政治を断固として維持しようと構えているのであり、彼もやはり、もう二度と人民から信任され、擁護されるに価いしないのだ。
（魏京生「民主主義かそれとも新たな独裁か」1979年3月25日）

▲図24　天安門上の華国鋒と葉剣英
（四人組逮捕直後）

◀図25　魏京生（一九五〇—）

1979年3月逮捕、93年9月仮釈放、94年4月軟禁、95年正式逮捕、97年11月仮釈放、現在米国滞在中。

史料18　毛沢東の誤り

　この10年間〔1956-1965年〕のすべての成果は、毛沢東同志をはじめとする党中央の集団指導の下でかちとられたものである。この期間の活動における誤りも、その責任はやはり党中央の指導集団にある。毛沢東同志には主要な責任があるが、誤りのすべての責任を毛沢東同志ひとりに押しつけるわけにはいかない。この間、社会主義社会の階級闘争にかんする理論と実践の面で、毛沢東同志の誤りはますますひどくなった。毛沢東同志の独断専行の作風は党の民主集中制を次第に損なうようになり、個人崇拝の現象が一歩一歩と発展していった。だが、党中央はこうした誤りをいちはやく是正することができなかった。林彪、江青、康生らの野心家は、悪らつにもこうした誤りを利用し、助長した。こうして、「文化大革命」が起されることになったのである。
〔中略〕
　「文化大革命」というこの全局的な、長期にわたる左よりの重大な誤りについては、毛沢東同志に主な責任がある。しかし、毛沢東同志の誤りは、究極的には偉大なプロレタリア革命家の犯した誤りであった。毛沢東同志は、わが党内と国家活動に存在する欠点の克服に日頃から意を注いでいたが、晩年には多くの問題を正しく分析することができなくなったばかりか、「文化大革命」では是非を混同し、敵味方を混同するようになった。毛沢東同志は重大な誤りを犯しながらも、全党がマルクス、レーニンの著作を真剣に学ぶことをしばしば要求し、自分の理論と実践はマルクス主義にもとづくもので、プロレタリアート独裁をうち固めるうえには欠かせないと一貫して考えていた。ここにかれの悲劇がある。　（「建国以来の党の若干の歴史的問題についての決議」1981年6月27日採択）

8．改革・開放政策の開始

① 経済建設の進展

　(1) 農業面の改革
　　・生産責任制を導入──農村の自主権を尊重し生産意欲を高め、自営農家を育成
　　・人民公社の解体──生産大隊は村政府、人民公社は郷・鎮政府へ
　　　　──食糧生産量の増加（84年には4億トンを突破、計画を超過達成）
　　・自由市場の隆盛──食肉・青果など農畜産物の商品化が進展

　(2) 工業面の改革
　　・多角経営の承認、郷鎮企業（ごうちんきぎょう）の奨励（81年3月）
　　　　──都市近郊に急速に発展、農村の余剰労働力を吸収、「万元戸（まんげんこ）」が出現
　　・「経済体制改革についての決定」（84年10月）
　　　　──都市の工業企業の改革──政企分離（企業自主権の承認、需給に基づく価格）
　　　　──計画経済から市場経済へ──「計画経済にもとづく商品経済」論、「先富論」

　(3) 環境の整備と規制緩和
　　・外資の導入の奨励──中外合資経営企業法（79年7月）、輸出特区構想（79年8月）
　　・貿易体制の改革──地方政府や企業の自主性を拡大、各官庁が貿易企業を設置
　　・経済特区の設置──深圳（しんせん）・珠海（しゅかい）・汕頭（スワトウ）・廈門（アモイ）（80年5月、後に海南省（かいなんしょう）が追加）
　　・沿海14都市（大連（だいれん）・秦皇島（しんこうとう）・天津（てんしん）・煙台（えんだい）・青島（チンタオ）・連雲港（れんうんこう）・南通（なんつう）・上海（シャンハイ）・寧波（ニンポー）・温州（おんしゅう）・福州（ふくしゅう）・広州（こうしゅう）・湛江（たんこう）・北海（ほっかい））の開放が決定（84年4月）──経済技術開発区
　　・内陸部へ拡大（32ヶ所へ）──海外華人企業が進出

　(4) 改革をめぐる対立
　　・第12回党大会（82年9月）──鄧小平「中国の特色をもつ社会主義」論を主張
　　　　──2000年までに工農業生産の4倍増を目標とする
　　・陳雲「鳥籠経済論（ちんうんとりかご）」── 計画経済の主導性を重視（82年）
　　・「精神汚染」批判運動（83年10月）── 外国文化の流入を批判（保守派の反撃）

　(5)「社会主義初級段階」論
　　・第13回党大会（87年10－11月）── 趙紫陽（ちょうしよう）、「社会主義の初級段階」論を提起
　　　　──貧困からの離脱、農業国から工業国へ、自給自足経済から商品経済へ
　　・政治体制改革──党政分離、権限の下方譲渡──党の行政への介入を抑制
　　・経済体制改革──国有企業の改革、私営経済の発展──市場経済化の促進
　　・幹部の若返り──鄧小平・陳雲・李先念ら、党中央委員と政治局常務委員を引退
　　　　鄧は中央軍委主席留任
　　　　（ただし13期1中全会では最重要問題は鄧小平の指示を仰ぐという秘密決議）

第5章　文革から改革開放へ

史料19　精神汚染キャンペーン

　また、反対すべき対象がこれほど広範なキャンペーンはこれまでなかった。きわめて抽象的な疎外とヒューマニズムの理論から、日常の思想と生活スタイルのうち毛沢東が長年にわたってとなえてきた道徳に反するもの——あらゆる享楽を排除する苦行主義、個人的な利益と欲望をすべて排斥する集団主義、はては西側の影響を排除する民族主義などに符合しないもの——にいたるまで、すべて一律に「精神汚染」とされた。

　壮大な首都の市委員会の指導機関の門前に、肩にかかる長髪、ミニスカート、細いズボン、化粧の濃い者は入門を禁ずるという告示が貼り出された。地方や末端でどのような混乱が生じたか容易に察しがつく。

　「精神汚染一掃」キャンペーンが全国の各地方に大震動を引き起こすことは避けられなかった。

（劉　賓雁、鈴木博訳『劉賓雁自伝』みすず書房　1991年）

史料20　社会主義初級段階論

　要するに、わが国における社会主義の初級段階とは、貧困と立ち遅れからしだいに抜け出す段階であり、農業人口が多数を占める、手作業を基礎とした農業国から、非農業人口が多数を占める現代化した工業国へ逐次移り変わる段階であり、自然経済と半自然経済が大きな比重を占める状態から、商品経済が高度に発展した状態へ移り変わる段階である。それはまた、改革と模索を通じて、活力に満ちた社会主義の経済・政治・文化体制を確立、発展させる段階であり、全国人民が奮起して、刻苦創業につとめ、中華民族の偉大な復興を実現する段階である。

（「趙紫陽総書記代行の中共第13回党大会における報告」　1987年10月25日）

▼図26　主要農作物の生産動向（食糧作物）

（生産量ベース、指数は1978年＝100）

年次	食糧 万トン	食糧 指数	米 指数	小麦 指数	トウモロコシ 指数
1978	30,477	100.0	100.0	100.0	100.0
1980	32,056	105.2	102.2	120.5	111.9
1982	35,450	116.3	118.0	127.2	108.2
1984	40,731	133.6	130.2	163.1	131.2
1985	37,911	124.5	123.1	159.4	114.1
1986	39,151	128.5	125.8	167.2	126.6
1987	40,204	131.9	127.0	159.4	141.6
1988	39,408	129.3	123.5	160.4	138.2
1989	40,755	133.7	131.5	168.7	141.1
1990	44,624	146.4	138.3	182.4	173.0
1991	43,529	142.8	134.2	178.2	176.5
1992	44,266	145.2	136.0	188.7	170.4
1993	45,644	149.8	129.8	197.6	183.6
1994	44,510	146.0	128.5	184.4	177.4
1995	46,662	153.1	135.3	189.8	200.2
1996	50,454	165.5	142.5	205.4	227.8

▲図27　劉賓雁（1925-）
1957年右派として党籍剥奪、78年復党、人民日報記者、87年再度党籍剥奪、89年米国へ亡命。

▼図28　郷鎮企業税金総額の推移

（億元）
- 1990: 344
- 92: 419
- 93: 605
- 94: 1058
- 95: 1593
- 96: 2059
- 97: 2366

▲図29　趙紫陽（1919-）

▼図30　工業生産に占める公企業と民間企業のシェア

	全産業 公正業	全産業 民間企業	製造業 公正業	製造業 民間企業
1952	56.6	43.4	56.2	43.8
1960	47.9	52.1	43.8	56.2
1970	27.7	72.3	20.6	79.4
1980	18.7	81.3	14.5	85.5
1990	16.8	83.2	10.6	89.4
1996	15.6	84.4	8.4	91.6

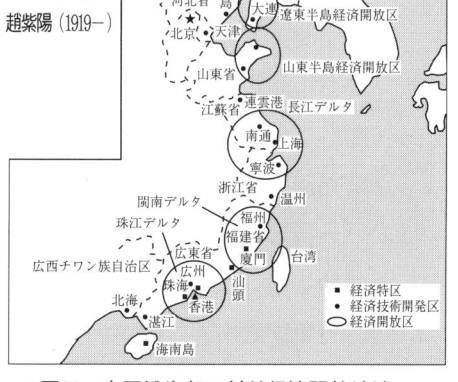

［注］比率は工業生産の付加価値に占めるシェア推移。

▲図31　中国沿海部の対外経済開放地域

② 民主化運動と天安門事件
　(1) 民主化運動の背景
　　・社会不安の顕在化
　　　経済過熱、官僚ブローカー（官倒爺(クァンタオイエ)）の跋扈、「向錢看(シアンチェンカン)」（民衆の拝金主義）
　　・改革開放の速度や程度をめぐる急進派と保守派の対立
　　・「精神文化建設に関する決議」（86年）——「ブルジョア自由化」反対論の登場
　　・学生の自由化運動
　　　科学技術大学（安徽(あんき)省合肥(ごうひ)市）の学生運動（86年末）（←方励之(ほうれいし)の自由化論）
　　　──→全国的民主化要求運動が起る
　　・党内論争——保守派が自由化容認の胡耀邦(こようほう)を攻撃──→胡耀邦解任（87年1月）
　　　──→趙紫陽(ちょうしよう)（総理）が総書記に、李鵬(りほう)（副総理）が総理に就任
　(2) 天安門事件（第2次）
　　・改革推進派の胡耀邦憤死(89年4月)──→北京市民が天安門広場に集まり追悼活動
　　　──→「五四(ごし)運動」70周年を期に学生・市民が連日大規模なデモ行進──→民主化を要求
　　・指導部内の対立——趙紫陽は学生運動に同情的、愛国民主運動と評価
　　　　　　　　　　　保守派は「反革命暴乱」の鎮圧を主張
　　　──→北京市内に戒厳令布告（5月20日）──→軍隊が集結
　　　──→大規模デモ（政府機関職員を含む）——李鵬の辞職を要求、鄧小平を批判
　　・6月4日未明、戒厳部隊が広場に進駐、多数の死傷者がでる（公表319名）
　　　──→趙紫陽失脚──→江沢民(こうたくみん)（上海市長）が総書記に就任
　　・事件の影響——国際的孤立、政治改革機運の消滅、経済的停滞
③ 高度経済成長時代へ
　(1) 「社会主義市場経済」論
　　・鄧小平の南巡(なんじゅん)講話(こうわ)——改革開放の好機を逃すなと檄を飛ばす（92年春節(しゅんせつ)）
　　・第14回党大会（92年10月）——「中国の特色をもった社会主義建設」
　　　──→「社会主義市場経済体制」確立を経済改革の目標とする(江沢民の政治報告)
　　・憲法改正（93年）——前文の国家建設目標に「富強、民主、文明」を掲げる
　(2) 鄧小平時代の終焉
　　・鄧小平死去（97年2月）
　　・第15回党大会（97年9月）——党規約に「鄧小平理論」を明記
　　　──→指導部の若返り、株式制導入による国有企業改革──→江沢民時代へ
　　・気功集団「法輪功」1万人が中南海で座りこみ抗議デモ（99年4月）
　　　──→中国政府、「法輪功」を非合法化（99年7月）

史料21　天安門落書　1989年5月ごろ

　　毛沢東的幹部両袖清風　（毛沢東の幹部は一文無しだった）
　　華国鋒的幹部無影無踪　（華国鋒の幹部は影も形もない）
　　鄧小平的幹部百万富翁　（鄧小平の幹部は大金持だ）
　　毛沢東的児子上前線　　（毛沢東の息子は前線で戦った）
　　周恩来的児子拼命幹　　（周恩来の息子は命がけでやった）
　　趙紫陽的児子倒彩電　　（趙紫陽の息子はカラーテレビを転売し）
　　鄧小平的児子搞募捐　　（鄧小平の息子は義捐金で金儲け）

（串田久治『天安門落書』講談社現代新書　1990年）

▲図32　胡耀邦（1915－89）
▲図33　李鵬（1928－）

史料22　ブルジョア自由化反対論

　ブルジョア自由化反対は少なくともあと20年やる必要がある。民主主義は逐次発展できるのであり、西側のあのやり方を持ち込んではならない。あれを持ち込んだら、混乱しないわけにはいかない。われわれの社会主義建設は安定団結の条件のもとで、指導と秩序をもって進めるべきである。私がとりわけ理想と規律を強調するのは、このためである。もしブルジョア自由化をやるならば、もう一度難儀するであろう。ブルジョア自由化をやり、党の指導を離れるならば、10億の人民に凝集力がなくなり、戦闘力を喪失することになる。そうした党は大衆団体にも及ばない。どうして人民を領導して建設をやれるだろうか。

（鄧小平「旗幟鮮明にブルジョア自由化に反対せよ」1986年12月30日）

◀図34　炎上する装甲車
◀図35　投石で抵抗する学生たち

史料23　動乱の鎮圧

　ごく少数の者は、胡耀邦同志追悼活動を進めるのではなく、中国で社会主義民主政治を推進するためではなく、また、なんらかの不満をぶちまけたわけでもない。彼らは民主の旗を掲げて民主と法制度を破壊したのであり、その狙いは人心をバラバラにし、全国を混乱させ、安定団結の政治的局面を破壊するにある。これは計画的な陰謀であり、動乱である。その実質は、中国共産党の指導と社会主義制度を根本から否定することにある。これは全党と全国各民族人民の前で行なわれた重大な政治闘争である。〔中略〕

　全党と全国人民は皆この闘争の重大性を十分に認識し、団結して旗幟鮮明に動乱に反対し、ようやく苦労してかち取った安定団結の政治的局面を断固として守り、憲法を擁護し、社会主義民主と法制度を維持しなければならない。

（『人民日報』社説「旗幟鮮明に動乱に反対しなければならない」1989年4月26日）

9．対外関係の新展開
① 多角的外交政策
- 独立自主の対外政策——胡耀邦「独立自主の対外政策を堅持しよう」(82年9月、第12回党大会の政治報告)——「連米反ソ」から米ソ「等距離外交」へ

② 中ソ関係の正常化
- ゴルバチョフ書記長、対中国親善外交を推進(86年)
- ゴルバチョフ書記長訪中(89年5月)——鄧小平と会談——中ソ関係正常化
- 周辺諸国との関係改善——ベトナム(90年9月)、韓国(92年8月)

③ 台湾関係
- 全人代常務委員会、「台湾同胞に告げる書」を発表(79年1月)
  ——台湾の武力解放から祖国統一・平和統一へ——「一国二制度」
  ——金門島への砲撃停止、「三通四流」(三通——通郵・通航・通商、四流——学術・文化・体育・工芸の交流)を提唱
- 葉剣英(全人代常務委員長)の「台湾特別行政区」提案(81年9月)
  ——共産党と国民党の対等な協議、台湾に高度の自治権を承認
- 台湾の対大陸政策の変容
  ——蔣経国、戒厳令解除(87年7月)——大陸訪問を解禁(87年11月)
  ——李登輝、「反乱鎮定時期臨時条項」を廃止、内戦の終結を宣言(91年5月)
- 対話機関の設置——(台湾)海峡交流基金会(91年2月)、(大陸)海峡両岸関係協会(91年12月)——対話交流の進展
- 95年1月　江沢民、台湾に対し平和的統一促進のための八項目の提案
- 95年6月　李登輝総統が訪米。中国が反発。李登輝の「台湾独立」論を批判
- 台湾海峡危機(95年7・8月、96年3月)——人民解放軍の大規模な軍事演習
  ——中台交渉断絶——李登輝の国家間関係発言(99年7月)——大陸側の反発
- 2000年5月　民進党の陳水扁総統となる

④ 香港復帰
- 中英交渉開始——サッチャー首相訪中(82年9月)
- 中英共同声明(84年12月)——香港・九竜・新界の主権と統治権の一括返還に同意
  ——「一国二制度」、50年間の現状維持、香港人による統治、解放軍の香港進駐
- 「香港特別行政区基本法」採択(90年4月、第7期全人代第3回会議)
  ——特別行政区旗(紫荊花)、独自通貨(香港ドル)、独自関税制度、「中国香港」名義でWTO(世界貿易機関)・APEC(アジア太平洋経済協力会議)に残留
- 97年6月30日、英国の香港統治が終了、7月1日主権が中国に復帰
- 99年12月マカオ(ポルトガル領)が中国に返還

史料24　汚職と腐敗について

李怡：絶対権力は腐敗する？

方励之：そうだ。現在中共内部は汚れている。専制であるばかりか、腐敗している。腐敗の影響は社会生活すべてに及んでいる。

李怡：中国最大の問題は、特権階層か？

方励之：腐敗について聞くところでは、軍隊もヤミ取引をやる。麻薬のヤミ取引もやる。腐敗は頂点に達している。目的はすべて「権と銭」だ。〔中略〕

李怡：社会状況は悪化の一方で暴動や騒乱も起こっている。若い人の様子はどうか？

方励之：若い人は悲観的だ。まず出国を考え、次に金儲けを考えている。

（「中国は解散しなければならないか？――方励之を訪ねて」『九十年代』1988年10月）

▲図36　方励之（1936－）1987年、党を除名、90年6月米国へ。

▲図37　李怡（1936－）香港『九十年代』編集長。

史料25　「社会主義市場経済」論

わけても鄧小平同志は、今年のはじめの重要談話で、さらにこう指摘している――計画経済イコール社会主義ではなく、資本主義にも計画はある。市場経済イコール資本主義ではなく、社会主義にも市場はある。計画と市場はどちらも経済手段である。計画を多くするか、市場を多くするかは、社会主義と資本主義との本質的な区別ではない、と。このあざやかな論断によって、計画経済と市場経済を社会の基本制度のカテゴリーに属するものと見る思想上の桎梏から完全に解放されたため、計画と市場との関係についてのわれわれの認識には、新しい重要な突破口が開かれることになった。　（「江沢民総書記の中共第14回党大会における政治報告」1992年10月12日）

▲図38　江沢民（1926－）

▼図39　大量消費時代の推移

アメリカ　1955（14,000-16,500万人）
日本　1953（9,100-10,000万人）
台湾　1972　1982（1,530-1,850万人）
韓国　1953　1990（3,700-4,240万人）
大陸経済特区，広州，上海　1978　1992.93（1500-1,850万人）
大陸その他都市　1980.81　1995.96（28,000-35,000万人）
大陸富裕農村　1983　2000（1990年次25,000万人）
大陸平均的農村　1986.87　2006-07（1990年次25,000万人）
大陸貧困農村　1953　2010（1990年次25,000万人）

〔注〕細線：3品目（テレビ・洗濯機・冷蔵庫）の普及段階．
太線：その他の高価な耐久消費財（マイカーがその代表）普及．

ふたりの鄧が中国を支配している

中国語圏で絶大な人気をもつ台湾出身の歌手テレサ・テンこと鄧麗君の歌曲は、改革開放政策の中で流入しつづける西側の「腐敗」した文化に対する批判運動である1983年の反精神汚染キャンペーンで禁止されていたが、中国の経済成長にともない1986年には解禁となり、その人気は大陸中に拡大していった。テレサ・テンの歌曲が、「最高実力者」鄧小平の権威にならぶ影響力をもつことを指し「ふたりの鄧が中国を支配している」と称された。

▲図40　鄧麗君（1953－95）

▲図41　鄧小平（1904－97）

クローズアップ14 ―― 鄧小平時代の毛沢東評価

　毛沢東はその死後、共産党から批判され、個人崇拝は否定され、妻やその仲間の裁判が行われた。だが、遺体をレーニン廟から取り除かれたスターリンの場合とは異なり、指導者としての形象はいまだ守られている。

　華国鋒時代においては、毛沢東の遺嘱こそが華国鋒の権威の源泉であり正当性の根拠であったことから、毛沢東の政策は極力守られたばかりか、華国鋒の場合、毛のように全国を巡行し、髪型や筆跡を似せ、『毛沢東選集』第5巻を刊行し、毛主席記念堂を建設し主席の遺体をおさめるなど、毛沢東というカリスマのオーラを自ら身にまとおうとしていた。

　鄧小平時代においては、共産党と国家にとっての毛沢東の重要性を否定せずに、その言葉や政策をいかに退けるか、そして毛沢東時代のイデオロギー的遺産に拘束されずに、いかに毛を利用して党と国家の正当性を主張するか、というジレンマを抱えることになった。

　鄧小平時代の共産党が、毛沢東をどう位置付けるかという問題は、1981年の「歴史決議」で解決された。毛沢東の評価は、経済成長と安定団結を実現するという文脈で行われた。党としては、資本主義的と言われかねない政策を推進する上で、完璧な正当性根拠が必要だった。そこで毛沢東思想を、内容としてではなく方法として、かなり選択的な解釈を加えた。毛沢東思想、つまり大衆路線・ゲリラ戦・新民主主義論など毛の革命経験の哲学的要素を引き出し、これを中国共産党全体の財産とし、毛沢東個人の政治的役割や指導のスタイルについては限定的な、あるいは否定的な評価を行った。すなわち毛沢東の偉大さや、革命戦争における毛の重要性を、党の組織の歴史、人民共和国創建の物語の中に吸収してしまうことであった。

　鄧小平時代には、毛沢東の誤りは大きく次の2つの観点から指摘された。ひとつは党内での役割に関するもの、もうひとつは毛沢東の現状認識に関するものであった。前者としては、①個人崇拝を許したこと、②民主集中と集団指導を守らなかったことが指摘され、後者としては、③毛が実践と大衆から遊離したこと、④階級闘争の範囲を恣意的に拡大したことが指摘された。これらの批判は、共産党が個人支配をやめて、党の組織原理を強化すべきこと、現実的な問題解決を第一に考え、既成のものの破壊ではなく新しい建設を重視することを意味していた。裏返せば、毛沢東のように党自体を攻撃対象とし、党の指導を実行不能にしたりしないことの意思表示でもあった。

　しかしながら「中国の特色ある社会主義」という鄧小平のヴィジョンは、毛沢東のユートピア的共産主義国家の建設という情熱的な力に欠けていた。反精神汚染キャンペーンに続く「精神文明建設」の導入や、逆説的だが、民主化を要求する学生デモの登場などは、鄧小平のヴィジョンが強力でも制度化されてもいないことを示唆している。

　天安門事件以後、改革開放の行き過ぎに対する警戒感が増大していたが、折しも、毛沢東の肖像写真の「ご利益」に関する逸話が普及し、毛沢東生誕百周年の記念行事をひかえていたこともあり、毛沢東を神様として「崇拝」するブームが起こった。毛のブロマイドが交通安全のお守りとされ、毛沢東讃歌を新しい伴奏で歌ったカセットテープ『赤い太陽』が爆発的な人気をよんだ。

　「六四事件」以後の空虚な現状に対する不満を共有していた大学生たちは、毛沢東関係の図書に熱中し、毛沢東を通して中国革命史を追体験し、毛沢東時代に郷愁をおぼえ、「拝金主義」の跋扈

する鄧小平時代を対象化する視点を求めようとしていた。

　中国が社会主義国家でなくなってしまうという危機意識をもつ「保守派」は、このブームに便乗して「歴史決議」以来の毛沢東批判を抑制し、毛の側近者の回想録や伝記映画などを通じて、その日常生活を知らしめることにより、偉大な指導者の血の通った思いやりのある人間的側面を強調し、それによって共産主義イデオロギーへの信頼を回復し、経済最優先の政策推進に異議を唱えようとしていた。

　鄧小平が「保守派」を抑え込み、「南巡講話」によって経済成長政策を強力に促進することを宣言して以来、毛沢東ブームは沈静化していった。しかし鄧小平にしても、党の指導の正当性を維持するためには、毛沢東の歴史的「偉業」は擁護しなければならなかった。鄧小平路線とは経済成長を政策目標としながら、経済成長の結果として腐蝕し弱体化してゆく政治的イデオロギーを維持しなければならないというジレンマにさらされつづける路線である。こういう状況にあって、毛沢東の偉大さは、中国共産党の「歴史」の中に散りばめられ、毛沢東の生涯・思想・著作に関する評価は、現体制の正当性根拠として、党の厳重な管理下に置かれている。

参考文献

ハリソン・ソールズベリ、天児慧監訳『ニュー・エンペラー――　毛沢東と鄧小平の中国』（福武書店　1993年4月

小島晋治編集責任『岩波講座現代中国　第4巻　歴史と近代化』（岩波書店　1989年12月）

天児　慧『歴史としての鄧小平時代』（東方書店　1992年）

「建国いらいの党の若干の歴史的問題についての決議」『中国共産党の歴史についての決議』外文出版社　1981年

伍森「鄧力群為毛沢東搖幡招魂」（『争鳴』1992年1月号）

葛蕾「対大陸『毛沢東熱』之剖析」（『中共研究』第26巻第5期、1992年5月）

張偉国「『毛熱』紛争面面観」（『明報月刊』1992年5月号）

張暁娟「"尋找毛沢東"現象引発的思考」『復印報刊毛沢東思想研究』1992年第5期（原載『青年論叢』1991年第4期）

甘陽「『毛沢東熱』与中国的後現代」（『明報月刊』1992年11月号）

周群・姚欣栄「新旧毛沢東崇拝」劉青峰編『文化大革命：史実與研究』（香港中文大学、1996年、所収）

クローズアップ15　　　　　　同時代中国研究の回顧
(1) 同時代中国研究の陥穽

　毛沢東時代までの同時代史としての中国研究は、対象を大きく見誤ることがしばしばあった。中国側から直接に得られる確度の高い資料が厳しく制限されていたこと、中国における政治社会の変動がしばしば予想を越えて急速すぎたことなど、研究対象側の要因がまず指摘できるが、それに加えて、研究主体側にも固有の事情が存在していたことが知られている。

　「中国革命史論が最も活発であった時代は、やはり1960年代の後半から70年代のごく初期にかけての時代であった。〔中略〕日本および全世界の、管理社会に造反し変革主体そのものを革命しようとする民衆運動と思想の新しい波の中で、革命論として中国近・現代史が研究され、活発に論じられることになった」（石田米子「歴史」『転換する中国』勁草書房、1983年）

　「研究者の視点が往々、農民や革命的知識人の内部にすえられ、いわば農民や革命的知識人の立場をそのまま研究者自身の視座として、そこから清朝体制が照射されてきた。〔中略〕戦後日本の中国近代史研究者が、毛沢東革命の国際的承認とそれの歴史的正当性を明らかにすることを一つの課題としてみずからに課したことによる上述の研究上の観点は、〔中略〕ある種の―時には歴史的事実の歪曲につながりかねない―ひずみを避けがたくもたらした、とわたくしには思われる」（溝口雄三「近代中国像は歪んでいないか」『歴史と社会』第2号、リブロポート社、1983年）

　このように「管理社会」に対抗する「革命論」として研究がおこなわれ、社会主義革命の先進国として中国の政策を無限定に賞賛し、「文革」が中国革命の新段階であると無批判に陶酔し、「毛沢東革命」の正当性の解明に腐心する、その結果、「ひずみ」をもたらしたことが指摘され、反省されている。

(2) 心情主義的中国理解

　中国研究者は、現代中国に対する無条件の共感、革命的ロマンチシズムへの憧景、という情緒的で非合理な心情主義（センチメンタリズム）を抱いてしまうことがあり、心情主義的中国理解は次のような弊害を発生させた。①対象への期待や理想化のために事実認識を誤る。②対象自体の問題点を理解し内在的批判へと向かうのではなく、問題を「反共主義」や反動勢力の策謀に求めた。③心情主義が評価において絶対的な硬直性を生み出した（中嶋嶺雄「日本の知識人と毛沢東」『文明の再鋳造を目ざす中国』筑摩書房、1984年6月、所収）。こういった心情主義が発生する諸要因はいかに解明できるだろうか。

(3) 心情主義発生の諸要因

　同時代中国を観察する際に心情主義が発生する要因を解明するのは容易ではないが、この問題について考察した先学たちの証言を拾い集めてみよう。

・戦後の中国研究はその出発点においてどのような課題を担っていたか。
　〔証言1〕「端的にいえば、どうやらこの人たちの心のうちには、過去の中国に対する、尊敬と現

在の中国に対する侮蔑とが、密かに同居しているらしい」(松本善海「中国の苦悶と中国研究者の苦悶」『世界』昭和24年8月)。
　　──→「支那学」「東洋史学」の欠点を指摘

　〔証言2〕「明治以後、日本の官学には、東洋史という学問分野が成立したが、それは現代中国の研究については、ほとんどといってよいほど無関心であった。〔中略〕東洋史の主たる関心は、古代や中世の王朝交代の歴史にあって、『生ける中国』の姿の歴史的追求という所にはなかった。近代中国史はここでは学問の対象ですらなかったのである。〔中略〕過去の中国は現在とは切りはなされた形で研究され、そして現代の中国は『遅れた国』『没落しつつある国』としてしかとらえられていなかったといってよい」(新島淳良・野村浩一編『現代中国入門』勁草書房、1965年)。
　　──→西洋への傾斜、「遅れた」中国という認識、現代中国への無関心を反省

・戦後の中国研究が模索した新たな方向性とはどのようなものか。
　〔証言3〕「東洋史、ないしはシナ学というのは日本では清朝以前の中国研究をさしたのであって、現代中国研究にはほとんど手も足もでなかったのである。漢学と半封建的な歴史観と近代的歴史学『技術』が混合したわが国の歴史学アカデミズムは現代中国にたいして無関心の態度にでたが、こういったことが『シナ浪人』的な中国論以上のものでないことはいうまでもないだろう。〔中略〕戦後の中国研究は、人民的であり、民主的であるためには、新しい基盤の上にたち、新しい伝統をつくりあげてゆかなければならない。とくに中国現代史においては、戦後の新しい課題をはっきりともっていなければならないだろう。現代中国史は現在にまでつながる中国革命の歴史であり、その本質を究明して、われわれ日本人の戦後の民主主義諸運動にたいして指針を与えなければならない」(細井昌治「中国革命史」『歴史学の成果と課題』岩波書店、1950年)
　　──→同時代中国研究の方法の欠如、中国革命を戦後日本の指針と認識

　〔証言4〕「この近代主義の立場からみると、中国は度しがたい後進・未開の国である。〔中略〕したがって日本は中国から学ぶべきものは何もない、ということになる。同時に、日本が中国を指導すべきである、ということになる。〔中略〕今日において、この考え方の限界は明白である。この考えでは、アジア諸民族の解放という大きな事実をつかみようがない。中国革命の前提であった労働運動・農民運動・学生運動などは、この考え方からは単なる暴力的運動とみられた。したがって、歴史研究の重要な対象にはならなかった。近代主義の立場からは、批判・否定さるべき古くおくれた面はとらえられたが、古いものと同時に近代をも乗りこえて進もうとする新しいエネルギーは把握されなかった。そこに大きな限界があった。〔中略〕しかし今は事態が一変している。アジアの変革・解放は動かせない巨大な事実である。この新しい事態を肯定的に理解するところに、新しい東洋史の出発点がある」(旗田巍「日本における東洋史学の伝統」『歴史学研究』1962年11月、幼方直吉他編『歴史学再構成の課題』御茶の水書房、1966年)。
　　──→「近代主義」への批判、新しい方向＝中国革命史、アジアの変革・解放

・日本社会の現状批判はどのような中国研究の動機を生み出していたか。

〔証言5〕「中共がどんなに高いモラルに支えられているか、そしてそのモラルが、一貫して流れる民族の固有の伝統にどんなに深く根ざしているか、この根本の観点に立たないかぎり、今日の中国問題の理解は出てこないと思う。〔中略〕中国では、伝統の否定そのものが伝統に根ざしていた。つまり、歴史をつくり出す内在的な力をそなえていた。

そこで、中国の近代化は、日本にくらべると、異質なものとしてあらわれてきている。おなじ後進国でも、日本と中国では、近代化の型がちがう」（竹内好「日本人の中国観」1949年9月、『現代中国論』勁草書房、1964年）。

　　──→「近代化」に関する価値観を逆転、「近代化」の型の相違を「発見」

・日本国内のどのような要因が対中国心情主義を増幅していたか。

〔証言6〕「20世紀中国を取扱うということは、ある意味では苦しいことである。そこには、われわれ自身の過去と現在が、わかちがたくまつわりついている。『抗日戦争』という言葉一つをとってみても、とらえようによっては、そこにはほとんど無限の想念を触発する契機がひそんでいる」（野村浩一『中国革命の思想』岩波書店、1971年）。

　　──→贖罪意識、「侵略者」としての反省

〔証言7〕「現実の日本の情勢に敗戦後の希望をうち砕かれた思いのする人たちのうちには、さきとは逆に、その希望を中国の変革にかける。やがてわれわれの救いは、解放せられた中国より来るに違いないと。かくして『中共』なることばは、インテリのユートピアにまで高められる」（松本善海「中国の苦悶と中国研究者の苦悶」『世界』1949年8月）。

　　──→自己の理想像を中国革命へ投影して陶酔した

〔証言8〕「たしかに、中国の文化大革命が世界に与えた衝撃と影響力のなかで、最も大きなものの一つは、『造反有理』のスローガンに示された造反原理であり、わが国の大学紛争においても紛争校の正門や校舎にこのスローガンが書きつけられたのは、この造反原理の現象的な波及効果を物語るものであった」（中嶋嶺雄「現代急進主義と大学紛争」『中国像の検証』中央公論社、1972年）。

　　──→大学紛争を紅衛兵運動と同一視

〔証言9〕「お隣の文化大革命を客観的にみているもの、批判的なもの、懐疑的なもの、無関心なものに『反中国』のレッテルがはられてくる。戦争中の日本の罪禍にも反省なき輩との烙印が押され、さらにはアメリカ帝国主義なるものと結託して中国崩壊の陰謀を企むものときめつけられ、当時佐藤内閣が名指して罵倒されたように、『ファシスト』の汚名さえ投げかけられてきたのである」（西義之「日本の四人組は何処へ行った？」『諸君！』1981年3月）。

　　──→「反中国」分子を排除する文化的圧力の増大

〔証言10〕「まず支持しなければならないということがあって、それから支持する理由が探し出されてくるのである。戦争中に天皇を崇拝したのと同じように、それは先験的な原理としてうけとられ、同じでないものにたいしては、戦争中、『非国民』にむけたのと同じセンスの排除の心理がはたらくのである。仲間うちでは、崇拝の度合いのつよいものほど上位にたつのである」（竹内実『中国への視角』中公叢書、1975年）。

——崇拝対象の変遷にすぎない（天皇崇拝から中国革命崇拝へ）、構造は不変

　以上のとおり、いくつかの証言を検討してみれば、われわれが同時代の中国を研究対象として眺める場合、われわれ自身が置かれている時代環境・生活世界・価値嗜好などによって大きく拘束されており、しばしば対象について自己の期待や思い込みを投影した先験的で心情主義的な判断をしてしまうものであることがわかる。侵略戦争に奉仕してしまった戦前の中国研究に対する反省、侵略者としての贖罪意識、同時代中国に対する無関心、「近代主義」による中国蔑視に対する非難、社会主義革命の実践国に対する期待、日本の現状の対象への投影などが、対象への接近法と理解の枠組を誤らせたようである。

　「ある地域、ある国を対象とする地域研究は、私たちが生きている時代と環境に縛られるし、その地域、国との関係に基本的には規定され、拘束される。その点をつねに自覚すること、その上でそこからできるだけ自由になろうとする努力を払い続けることが必要なのである」（毛里和子「現代中国研究のこころがまえ」『現代中国政治』名古屋大学出版会、1993年）。蓋し至言である。

（4）　参考文献（引用出典に示したものは除く）
中嶋嶺雄「日本知識人の中国像」『北京烈々』下（筑摩書房　1981年）
江副敏生「戦後の日中交流とわが国の中国現代史研究の背景」（山根幸夫編『中国史研究入門』
　　　　下、山川出版社　1983年）
伊藤一彦「日本の中国研究」『岩波講座現代中国　別巻2　現代中国研究案内』（岩波書店　1990年）

課題と研究状況
1.「文化大革命」に関する検討
① 研究の現況

「文革」に関しては今なお歴史的事実の発掘が進められている。中国においては「文革」徹底否定の観点から中国共産党史の一部として研究がなされているが、歴史的評価の枠組はすでに1981年の「歴史決議」によって与えられており、これに背反する評価は回避されている。

中共党史としての「文革」の動因については、今のところ次のように説明されている。(1)ソ連・東欧における「修正主義」が中国の社会主義建設にも発生する危険を警戒しそれを防止する必要があると考えられたこと、(2)「階級闘争」の必要性を強調する「左」傾急進主義イデオロギーのらせん状的増幅が起こったこと、(3)領袖個人に対する個人崇拝が領袖の神格化をもたらし反対意見の存在する余地がなくなったこと、これらが複合的に作用した結果、毛沢東の意図した「文革」が全国に拡大し、何者もこれを制止できなかった。これに加えて、毛沢東の後継者をめぐる闘争、毛沢東が追求した理想社会の目標としての曖昧さが状況を一層混乱させた、と評価する。

このような研究視角からは、反右派運動など「文革」に先立つ政治運動との異同点は何か、「文革」の発生と中国の政治体制の問題点にはどのような関係があるか、「文革」発生は社会主義制度の必然的産物かどうか、毛沢東個人の文化的性格と権力の影響力をどう評価するか、「文革」は官僚主義に反対する大衆運動であったかどうか、などさまざまな観点からの問題解決が試みられている。

これに対して、「文革」を指導者間の権力闘争とみるアプローチ、農民革命を経験した革命国家であるという比較政治学的観点からのアプローチ、指導者の専制主義的な権力行使など中国の政治文化と伝統の遺産に注目する観点からのアプローチ、産業資本主義が生み出す制度装置に挑戦し現代的理想社会を模索した1960年代半ばの「時代精神」を共有する政治現象という観点からのアプローチなど、中国内外では、「文革」のもっている大小の多様な諸側面を明らかにしようとしている。

② 課題への接近

現体制においては、「文革」の10年とは、中国共産党が指導する「社会主義建設」の歴史の深刻だが一時的な逸脱の時期として記述され、「建設」面の本流である、劉少奇・周恩来・鄧小平の経済的近代化重視の路線の、水面下における持続的発展を強調しており、その意味においては、「文革」評価には、なお政治的な含意がともなっているといえる。

したがって政治的な磁場を離れた観点から、中国という多様で巨大な政治社会の出来事である「文革」について、いくつかの切断面からの分析を重合させながら、統一され体系だった観点から客観的な評価を行う（そのような試みが可能かどうかを自問自答しつつ）

ことが求められる。
③　理解の方向
- ・「文革」は毛沢東が主導した運動であり、毛沢東の死によって終結させることができた点をどう評価するか。
- ・「文革」推進派の幹部たちは毛沢東の意図をどこまで「正しく」理解していたのか。
- ・「文革」によって多くの党幹部が打倒され失脚したが、党幹部批判を行った各社会層の動機や利害、その方法をどのように評価するか。
- ・「文革」は統制不能なまでの混乱を生み出してしまったが、その原因をどこに求めるのか。
- ・「文革」では、伝統的な文化遺産・西洋的な輸入文化、その担い手であるさまざまなタイプの知識人が批判され迫害されたが、これをどう考えるのか。
- ・「文革」中、中国は国際的孤立のなかで「自力更生(じりきこうせい)」による経済建設を行わざるをえなかったが、「文革」(あるいは社会主義国家の建設)と中国のナショナリズムとはどのような関係にあるのか。
- ・「文革」中、中国は一時的な経済的後退を除き、持続的な経済成長を行ったことをどのように考えるか。
- ・「文革」が冷戦体制の最中の世界各国に対し、政治的・社会的・文化的にどのような影響を与えていたのか。また各国はそれぞれの状況に応じ「文革」に何を見ようとしたのか。

④　参考文献

加々美光行編『現代中国の挫折——文化大革命の省察』(アジア経済研究所　1985年)

加々美光行編『現代中国の挫折——文化大革命の省察Ⅱ』(アジア経済研究所　1986年)

安藤正士・太田勝洪・辻康吾『文化大革命と現代中国』(岩波新書　1986年)

王年一　『大動乱的年代』(河南人民出版社　1988年)

矢吹　晋『文化大革命』(講談社現代新書　1989年)

厳家祺・高皋著、辻康吾監訳『中国文化大革命十年史』(岩波書店　1996年)

陳東林他主編、加々美光行監修『中国文化大革命事典』(中国書店　1997年)

金春明　「"両個文革説"与"文化大革命"的定性研究」(『中共党史研究』1998年第2期)

毛里和子編『毛沢東時代の中国』(現代中国論1、日本国際問題研究所　1991年)

席宣・金春明著、岸田五郎他訳『「文化大革命」簡史』(中央公論社　1998年)

2.民主化運動に関する検討
① 研究の現況

中国において、党の指導による「社会主義的民主」を除き、民主化を要求する運動は、

中国共産党の一党独裁的な政権支配に対する挑戦として理解されてきた。確かに改革開放政策の推進には、それと表裏して毛沢東時代の革命主義的政治イデオロギー優先の政策展開の否定が行われた。しかし「4つの原則」の堅持の主張にみるように、中国共産党の一党支配体制は固く維持されることがうたわれており、いかなる形でもこれに挑戦する言動は政治的排除の対象となっており、経済成長にともなう社会的利害関係の多元化と政治参加の拡大要求との間での緊張が増大しており、多方面からの関心を呼んでいる。具体的な事例としては、百花斉放期における儲安平(ちょあんへい)や章伯鈞(しょうはくきん)の一党制への批判、遇羅克の「出身血統論」、李一哲(りいってつ)の大字報、「北京の春」の主張、「民主の壁」活動家、廖蓋隆(りょうがいりゅう)の庚申改革案、89年の天安門事件などが注目されてきた。

② 課題への接近

　自由・平等といった概念と同様に「民主」あるいは「民主化」にも普遍的な側面と個別的な側面とがある。民主化運動が政治的抑圧の対象となることについても、近代化の後発国の政治世界における支配と参加の問題として、台湾・韓国・フィリピン・インドネシアなどの事例と比較検討しながら、功罪両面からの接近が求められる。また反侵略戦争と国内の統合戦争を行なって成立した「革命国家」における民主化運動という側面、ソ連・東欧の経験が参照可能な社会主義国家における民主化運動としての側面からの接近を行う。

③ 理解の方向

・中国を含めたアジア諸国における民主化運動はどのような政治的・経済的・社会的背景をもって発生し、いかに展開されたか。
・民主化運動と近代化変容とにいかなる相関があるか。
・中国の伝統的な政治的秩序感と民主化運動との関係をどう考えるか。
・南京政府時期における中国の民主化運動はいかに展開され、抑圧されたか。
・中国の民主化運動は社会主義国家における民主化運動としてどこまで説明可能か。
・民主主義とナショナリズム・経済成長とはどのような相関関係を有するのか。

④ 参考文献

西野久雄『民主主義をめざす中国　中国の経済発展と民主化』（リーベル出版　1998年）

姫田光義『中国：民主化運動の歴史』（青木書店　1990年4月）

国分良成『中国政治と民主化――改革・開放政策の実証分析』（サイマル出版会　1992年）

岡部達味『中国近代化の政治経済学』（PHP研究所　1989年）

毛里和子『現代中国政治』（名古屋大学出版会　1993年）

藤原帰一「『民主化』の政治経済学――東アジアにおける体制運動」（東京大学社会科学研究所編『講座現代日本社会3　国際比較(2)』東京大学出版会　1992年）

中村政則『経済発展と民主主義』（岩波書店　1993年）

萩原宜之編『講座現代アジア3　民主化と経済発展』（東京大学出版会　1994年）

関琦、丸山昇監訳『中国の政治文化——なぜ民主主義が育たないのか』(田畑書店 1991年)

尾崎庄太郎編訳『中国民主活動家の証言——魏京生裁判の記録』(日中出版 1980年)

チイ・ハオ、ルネ・ビエネ編、山田侑平・小林幹夫訳『李一哲の大字報』(日中出版 1977年)

平野正『中国の知識人と民主主義思想』(研文出版 1987年)

六四中国近現代史研究者声明有志連絡会編集『中国——民主と自由の軌跡』(青木書店 1989年)

野村浩一他編『岩波講座現代中国 別巻Ⅰ 民主化運動と社会主義』(岩波書店 1990年)

厳家其、末吉作訳『中国への公開状』(学生社 1990年)

R.ランドル・エドワーズ、ルイス・ヘンキン、アンドリュー・J.ネイサン、斎藤恵彦・興梠一郎訳『中国の人権 その歴史と思想と現実と』(有信堂高文社 1990年)

戴晴、田畑佐和子訳『毛沢東と中国知識人——延安整風から反右派闘争』(東方書店 1990年)

熊月之、依田憙家訳『中国近代民主思想史』(信毎書籍出版センター 1992年3月)

3．現代中国の外交政策に関する検討

① 研究の現況

　中華人民共和国建国後、中国は国際社会においてたえず大きな外交的影響力を揮ってきた。しかしながら、対ソ一辺倒から反米反ソを経て対米接近と、その外交政策は幾度かの極端な変動を経験しており、決して安定した持続的な政策を維持してきたわけではない。大きな変動を繰り返してきた中国外交に関しては国際政治との関連から、中ソ関係、米中関係、中台関係、日中関係を中心に研究が蓄積されてきている。

② 課題への接近

　中国の外交政策を決定する要因、あるいは外交政策を転換させる要因は、どこに求めることができるのだろうか。革命外交から全方位外交へという極端な転換は、国内の政治的環境の変化が大きな要因であるが、70年代の米中関係の改善にみるように相手国の対中国政策の変化など国際的な要因も重要である。外交関係、外交政策に関しては、複数の諸要因の有機的な影響関係を総体的に把握する必要がある。

③ 理解の方向

・中国の「平和五原則」と米国の中国封じ込め政策は、その後の外交政策の在り方に対しどのような影響を与えているか。

・中国のソ連観と実際の協力関係はどのような変遷をたどったか。

・「中間地帯論」「3つの世界論」など指導者の世界戦略論・国際関係論は外交政策の形

成にどう影響したか。
- 外交政策の路線をめぐり国内ではどのような対立・紛争がおこっているか。
- 中国・台湾間の関係改善（関係悪化）には、双方のどのような要素が重要な役割を果たしているか。
- 米ソ関係の変化が、各国の対中国政策にどのような転換を迫ったか。
- 中国の伝統的な「大国主義」は現代の歴史においてはどのように評価できるか。
- 日中両国間における最も重要な問題は何か。歴史問題か、政治的問題か、経済的問題か。

④ 参考文献

岡部達味『現代中国の対外政策』（東京大学出版会　1971年）
岡部達味編『中国外交——政策決定の構造』（日本国際問題研究所　1983年）
A. ドーク・バーネット、伊豆見元・田中明彦訳『現代中国の外交——政策決定の構造とプロセス』（教育社　1986年）
岡部達味編『岩波講座現代中国　第6巻　中国をめぐる国際環境』（岩波書店　1960年）
太田勝洪・朱建栄編『原典中国現代史　第6巻　外交』（岩波書店　1995年）
喜田昭治郎『毛沢東の外交——中国と第三世界』（法律文化社　1992年）
中嶋嶺雄『中ソ対立と現代——戦後アジアの再考察』（中央公論社　1978年）
毛里和子『中国とソ連』（岩波新書　1989年）
岡部達味, 高木誠一郎, 国分良成編『日米中安全保障協力を目指して』（勁草書房　1999年）
大橋英夫『米中経済摩擦——中国経済の国際展開』（勁草書房　1998年）
田中明彦『日中関係　1945-1990』（東大出版会　1992年）
山根幸夫・藤井昇三・中村義・太田勝洪編『近代日中関係史研究入門』（研文出版　1992年）
山本　勲『中台関係史』（藤原書店　1999年）
中川昌郎『中国と台湾』（中公新書　1998年）

4．現代中国の経済改革に関する検討

① 研究の現況

　鄧小平時代の中国が、高度な経済成長に成功したことは疑いがない。沿海工業都市における経済発展は、かつての日本や韓国の経験に類比しうるものである。中国が将来にわたり市場経済化のもとで成長を続けるであろうと予想されているが、しかしながら、人口増加と食糧生産の問題、国有企業の株式化と破産、労働市場の構造変化と失業率の増大、財政赤字の膨張、大規模な公害と環境破壊など、経済成長を阻害する要因を重大視し、その健全な発展を危ぶむ意見がある。

② 課題への接近

　取り扱うべき問題が「中国史」研究の範囲を越えているという危惧はあるが、経済問題を分析する方法に熟練する必要がある。また表面的な数値とその陰にある情況を正確に読みとるために、現地での実際の経済環境や商習慣を熟知すべきであろう。そして重要なことは、社会主義圏の経済についてはいうまでもなく、わが国における経済史的経験についても、参照可能な事例として、よく知っておかねばならないであろう。

③ 理解の方向

・戦後東アジア諸国における経済発展との中国のそれとはどのような共通点があるか。
・ソ連・東欧の経済建設・経済改革と中国のそれとはどのような共通点があるか。
・中国における農業生産と工業生産、農村経済と都市経済の相関関係はどのように評価することができるか。
・近代化後発国における権威主義的開発独裁と中国共産党の指導下での「社会主義市場経済」とは、どのような特徴を共有しているだろうか。
・市場経済化と経済発展の恩恵をこうむるのはどのような社会層か。

④ 参考文献

小島麗逸『現代中国の経済』（岩波新書　1997年）

小島麗逸編『中国の経済改革』（勁草書房　19887年）

山内一男編『岩波講座現代中国　第2巻　中国経済の転換』（岩波書店　1989年）

小島麗逸・石原亨一編『原典中国現代史　第3巻　経済』（岩波書店　1994年）

田島俊雄『中国農業の構造と変動』（御茶の水書房　1996年）

上原一慶『中国の経済改革と開放政策——開放体制下の社会主義』（青木書店　1987年）

渡辺利夫編『中国の経済改革と新発展メカニズム』（東洋経済新報社　1991年）

石原亨一他編『途上国の経済発展と社会変動　小島麗逸教授還暦記念』（緑蔭書房　1997年）

資料中国史 －近現代編－
付　　録

1 －中国近現代史　略年表　206
2 －史料一覧　215
3 －図版一覧　219
4 －索引　223

1──中国近現代史　略年表

＊〔1934.03/15は、1934年3月15日を指す〕

1793.	マカートニー来使		
1813.	東インド会社の茶以外の貿易独占権の廃止		
1816.	アマースト来使		
1833.	東インド会社の中国貿易独占権の廃止		
1840.	アヘン戦争〜42		
1842.	南京条約	1843.	洪秀全（1814〜64），拝上帝会を創始
1843.	虎門寨追加条約	1851.	洪秀全の金田村蜂起
1844.	望廈条約／黄埔条約	1853.	太平天国の南京占領，天京と改称
1851.	太平天国〜64	1859.	洪仁玕の来帰『資政新篇』
1856.	アロー戦争〜60	1864.	太平天国の天京の陥落
1858.	天津条約／愛琿条約		
1860.	北京条約／曾国藩の両江総督就任		
1861.	総理各国事務衙門の設立──→1901外務部となる		
	垂簾政治の開始──→同治中興の出現	1865.	江南機器製造総局
1871.	日清修好条規の締結	1865.	金陵機器局の設立
1875.	マーガリー事件	1866.	福州船政局の設立
1876.	芝罘条約	1872.	米へ官費留学生を派遣
1884.	新疆省設置／清仏戦争〜85天津条約		輪船招商局の設立
1885.	台湾省設置	1878.	開平鉱務局の設立
1887.	光緒帝の親政開始	1880.	天津水師学堂の設立
1888.	北洋海軍の成立		
1889.	帝党の形成		
1894.	東学の蜂起──→日清戦争〜95下関条約──→三国干渉		
.11/24	興中会の結成		
1895.	孫文，広州で最初の武装蜂起計画	1891.	康有為『新学偽経考』
1897.	列強の中国分割さかん〜98	1895.	康有為「公車上書」
1898.02/	米西戦争	1897.	康有為「第五上書」
.06/11	戊戌変法の開始	1898.	康有為『孔子改制考』
1899.	ジョン＝ヘイ宣言	1898.	保国会の設立
1900.	義和団戦争〜01		
.06/21	清朝，列国に宣戦布告	1905.	5大臣の憲政視察外遊／科挙の廃止
1901.09/07	北京議定書（辛丑条約）の締結	1906.	六部の廃止／憲政編査館の設立
	変法の詔──→光緒新政の開始	1908.	予備立憲の詔書
1903.	拒俄義勇隊の結成		欽定憲法大綱の発布
	華興会の結成	1909.	諮議局の設立
1904.	光復会の結成	1910.	資政院の設立
	日露戦争〜05		

1905.08/20	中国同盟会の結成	
	このころ以後,日本への留学ブーム	
	対米ボイコット運動起こる	
1906.11/26	三民主義論を『民報』に発表	
1907.	旱魃・洪水の頻発──→反封建闘争の高揚	
1908.	漢冶萍公司の設立	
.11/14	光緒帝の死	
1909.	対日ボイコット運動起こる	
.11/15	西太后の死	
1910.	四国借款団の組織	
.08/22	日本,朝鮮を併合	
.10/22	国会開設の第3次請願運動	
1911.05/08	親貴内閣の成立	
.06/	四川・湖広などで保路運動激化	
.10/10	武昌の蜂起──→辛亥革命の勃発	
1912.01/01	中華民国の成立,孫文,臨時大総統に就任	
.02/07	華商連合会の結成	
.02/12	清朝の滅亡	
.03/10	臨時大総統が孫文から袁世凱へ	
.03/11	中華民国臨時約法の制定	
.08/25	宋教仁の国民党の結成	
.12/	国会選挙始まる	
1913.02/	袁世凱の国会の停止	
.03/20	宋教仁を襲撃・暗殺	
.04/26	善後大借款	
.07/12	第二革命	
.10/10	袁世凱,大総統に就任──→国会を非合法化	
1914.07/08	中華革命党の結成	
. /28	第1次世界大戦~18.11/	
1915.01/18	日本の対華二十一カ条の要求──→15.15/ 大部分を承諾	
	このころから,中国民族産業が発展~20ころ	
	新文化運動始まる	
.12/25	護国軍の蜂起──→16.01/ ~07/ ──→第三革命	
1916.01/01	袁世凱の帝制開始──→16.03/ 取り消し	
1917.01/20	西原借款の供与開始~18	
.07/01	張勲による清朝の復辟宣言	
.09/10	第1次中華民国軍政府(広東軍政府)の成立	
.11/02	石井-ランシング協定	
1918.	日華共同防敵軍事協定/安福国会	
.09/21	日本寺内内閣の崩壊	

1858.	日米修好通商条約
1876.	露のコーカンド併合
1879.	日本の琉球処分
	日朝修好条規の締結
1882.	朝鮮で壬午軍乱
1884.	朝鮮で甲申政変
1885.	仏のベトナム併合
1886.	英のビルマ併合

1898.	厳復『天演論』
1902.	『新民叢報』の創刊
1903.	炳麟『蘇報』事件
1905.	『民報』の創刊
1915.	『新青年』の創刊
1917.	胡適「文学改良芻議」
1918.	魯迅『狂人日記』発表
1921.	魯迅『阿Q正伝』連載開始

1917.11/07		ロシア十月革命
1918.08/		日本のシベリア出兵
1919.03/01		朝鮮で三・一独立運動

1919.05/04	五・四運動の開始──→六・三運動に連動		1921.11/	ワシントン会議
.06/28	パリ講和条約への調印拒否		.12/	四カ国条約
.07/25	カラハン宣言		1922.02/	九カ国条約
.10/10	中国国民党の結成			
1920.07/	安直戦争			
.12/29	第2次広東軍政府の組織			
1921.07/23	中国共産党の創立			

曾国藩	1811〜1872
李鴻章	1823〜1901
康有為	1858〜1927
梁啓超	1873〜1929
孫文	1866〜1925
黄興	1872〜1916
章炳麟	1868〜1936
袁世凱	1859〜1916

1922.01/12　香港海員スト
　　.04/29　第1次奉直戦争起こる
1923.　　　旅大回収運動の高揚
　　.01/26　孫文-ヨッフェ共同宣言
　　.02/07　二・七事件
　　.02/　　第3次広東軍政府の組織／京漢鉄道スト
1924.01/20　国民党の改組──→第1次国共合作の成立〜27.07/13
　　.06/16　黄埔軍官学校の開設、蔣介石が校長となる
　　.09/15　第2次奉直戦争
　　.11/10　孫文の北伐始まる

李大釗	1888〜1919
陳独秀	1880〜1942

1925.03/12　孫文の死
　　.05/　　広東農民組合連合会の結成／中華全国総工会の成立
　　.05/30　五・三〇運動の開始
　　.06/01　上海工商学連合会の結成
　　.08/20　廖仲愷の暗殺

廖仲愷	1876〜1925
汪兆銘	1885〜1944

1926.03/18　三・一八事件
　　.03/20　中山艦事件
　　.07/01　蔣介石の北伐開始──→第1次国内革命戦争
1927.01/05　漢口の英租界を回復──→武漢国民政府の成立
　　.03/23　蔣介石の南京占領
　　.04/12　四・一二クーデター
　　.04/18　南京国民政府の成立
　　.05/28　日本，第1次山東出兵
　　.07/13　国共分離
　　.08/01　南昌蜂起
　　.08/07　八・七会議
　　.09/10　秋収蜂起
　　.10/　　紅軍の創設
　　.12/　　広州蜂起
1928.04/　　蔣介石の北伐再開／日本，第2次山東出兵／井崗山ソビエトの成立
　　.05/03　済南事変
　　.06/　　蔣介石の北伐達成

付録1

1928.06/04	奉天事件（日本の張作霖爆殺）
.07/	英・米から関税自主権を回復／ＣＣ団の結成
.10/	南京国民政府を正式に樹立
1929.	世界大恐慌始まる
1930.04/	ロンドン軍縮会議
.05/	日本から関税自主権を回復
.10/27	台湾に霧社事件起こる
.11/	ソビエト区への囲攻始まる
1931.	藍衣社の結成、日貨ボイコット運動起こる／危害民国緊急治罪法の成立
.07/	万宝山事件
.09/18	満洲事変の勃発⟶中国の国際連盟への提訴⟶32.02/ リットン調査団の派遣
.11/	瑞金に中華ソビエト共和国の成立
1932.01/	第１次上海事変
.03/01	満洲国の建国
.05/15	淞滬停戦協定、日本に五・一五事件
.10/	リットン報告書
.11/	国防設計委員会の設置⟶35.04/ 改組
.12/	中国民権保障同盟の設立～33.06/
1933.03/	日本，国際連盟を脱退／国民禦侮自救会の設立
.05/	塘沽停戦協定
.10/	第５次囲攻～34秋
.11/	福建人民革命政府の成立～34.01/
1934.07/	中共の北上抗日宣言
.10/	長征～35.10
1935.01/	遵義会議
.04/	資源委員会の設置
.06/10	梅津-何応欽協定
.06/27	土肥原-秦徳純協定
.08/01	八・一宣言
.11/	幣制改革⟶四大家族の金融支配
.12/09	一二・九運動起こる
.12/	冀東防共自治政府の成立
1936.02/26	日本に二・二六事件
.06/	全国各界救国連合会の成立
.06/	両広事変～36.09//／敦睦友邦令の成立
.09/	全欧華僑抗日救国連合会の発足
.11/	綏遠事変／抗日七君子逮捕事件／日独防共協定の成立
.12/12	西安事件⟶12/25 蒋介石の釈放
1937.07/07	盧溝橋事件⟶日中戦争～45.08/15
./17	廬山会議

胡適	1891～1962
魯迅	1881～1936
宋子文	1893～1971
靄齢	1889～1973
慶齢	1890～1981
美齢	1901～
孔祥熙	1881～1967
蔣介石	1887～1975
陳立夫	1900～

1937.08/13	第2次上海事変～37.11/		
.08/	抗日救国十大綱領の発布		
.09/	ドイツ大使トラウトマンの和平工作──→失敗／第2次国共合作～45.11/		
.11/	四聯総処の成立／長沙臨時大学の設立		
.12/03	日本，南京を占領──→南京大虐殺		
.12/14	日本，北平に王克敏の中華民国臨時政府を設立		
1938.01/	日本，近衛文麿声明		
.03/28	日本，南京に梁鴻志の中華民国維新政府を設立		
	国府軍，山東省台児荘で日本に初勝利		
1938.04/	抗戦建国綱領を採択／西南連合大学の設立		
.05/	日本，徐州を占領		
.07/	三民主義青年団の設立		
.08/	香港に保衛中国同盟の結成		
.10/	日本，広州・武漢を占領──→重慶大爆撃～43.		
1939.01/	国民党第5期5中全会──→限制異党弁法の採択──→防共委員会の結成		
.05/	ノモンハン事件～09/		
.07/	米，日米通商航海条約の破棄を通告		
.09/01	張家口に徳王の蒙古連合自治政府の成立		
.09/	日本，仏領インドシナに進駐		
.11/	確山事件		
.12/	国民党地区に日本人反戦同盟が成立		
1940.01/	毛沢東『新民主主義論』発表		
.03/	汪兆銘の中華民国政府を設立		
.08/	百団大戦～12/		
.09/	韓国光復軍創設／日独伊三国同盟の成立		
1941.01/	皖南事変／中華民国公庫法の成立／日本，三光作戦を採用		
.02/	台湾革命同盟会の成立←──台湾義勇隊		
.03/	重慶に民主政団同盟の成立		
.04/	日ソ中立条約の締結	1941.12/	香港占領
.07/	日本，仏インドシナ南部に進駐	1942.01/	英領マレイ・マニラ占領
.11/05	日本，英・米・蘭との開戦を決定	1942.02/	シンガポール占領
.12/08	太平洋戦争の勃発～45.08/15	.03/	蘭領東インドを占領
1942.05/02	減租減息運動始まる	.06/	ミッドウエーの海戦
.06/	辺区に日本人の共産主義者同盟が成立	1943.03/	ビルマの独立宣言
	整風運動の開始～43夏	.10/	フィリピンの独立許可
1943.03/	蔣介石『中国の命運』出版		自由インド政府樹立
.06/	国府軍，陝甘寧辺区を攻撃		
.11/	カイロ会談		
.12/	英・中のビルマ奪回作戦		

1944.04/	日本，大陸打通作戦～12//日本人の解放同盟の成立	
.09/	中国民主同盟の成立	
1945.02/11	ヤルタ会談──→ヤルタ秘密協定	
.04/01	米軍，沖縄上陸	
.04/24	毛沢東「連合政府論」発表	
.05/07	ドイツ，無条件降服	
.07/17	ポツダム会談──→ポツダム宣言	
.08/08	ソ連，対日宣戦布告	
.08/14	日本，ポツダム宣言受諾／中ソ友好同盟条約の締結	
.08/15	日本の敗戦	
.10/10	双十協定	
.12/16	米英ソ外相のモスクワ会談	
1946.01/10	政治協商会議～01/31──→国・共の停戦協定の成立	
.02/22	整軍協定の成立	
.03/	国民党第6期2中全会／チャーチル「鉄のカーテン」演説	
.05/04	五・四指示	
.05/03	ソ連の満洲撤退完了	
.06/	国・共の全面内戦開始	
.11	上海大暴動	
.12/	北平に学生の反米デモ	

毛沢東	1893～1976
周恩来	1896～1976
朱徳	1886～1976
劉少奇	1905～1969
鄧小平	1904～1997

1947.01/01	中華民国憲法の公布／米の国共調停の失敗	
.02/28	台北に二・二八事件	
.03/12	トルーマン-ドクトリンの発表	
.05/05	内蒙古自治政府の成立	
.05/20	五・二〇学生運動	
.07/	中共，渡河作戦──→中共の攻勢強まる	
.09/13	中国土地法大綱の採択	
.10/10	人民解放軍宣言──→中国人民解放軍の成立	
.12/25	毛沢東「当面の情勢とわれわれの任務」演説	
1948.08/15	大韓民国の成立	
.09/09	朝鮮民主主義人民共和国の成立	
.09/12	遼瀋戦役～48.11/	
.11/	淮海戦役～49.01/／平津戦役～49.01/	
1949.01/21	蒋介石，総統を辞任	
.01/31	中共軍，北平に無血入城	
.02/	国府，首都を南京から広州へ	
.04/13	中共・国府の北平会談	
.04/21	中共，渡江作戦──→04/23南京を占領	
.08/01	米の『中国白書』	

1949.09/21	人民政治協商会議09/23			
.10/01	中華人民共和国の成立			
.10/12	国府，広州から重慶へ遷都			
.12/08	国府，台北へ遷都			
.12/16	毛沢東，モスクワ訪問			
1950.02/14	中ソ友好同盟相互援助条約の締結			
.02/28	蔣介石，総統に復帰			
.04/30	海南島占領		1950.06/30	米，地上軍を朝鮮に派遣
.06/25	北朝鮮軍の進攻		1950.09/15	マッカーサー，仁川に上陸
	─→朝鮮戦争の勃発〜1953.07/27 ──		.10/08	中国人民志願軍の朝鮮出動
.06/27	トルーマン，台湾海峡中立宣言		1951.04/11	マッカーサーの解任
.06/29	労働組合法の制定		1953.07/27	朝鮮戦争停戦協定の成立
.06/30	土地改革法の制定			
.10/	チャムド戦役──→10/26 解放軍のラサ進駐			
	日中友好協会の設立			
1951.02/21	反革命処罰条例の制定			
.05/23	十七条協定の締結			
.12/	三反五反運動起こる			
1952.04/28	日華平和条約			
1953.	第1次五ヵ年計画の実施〜1957			
.03/05	スターリン死去			
1954.03/	新人民銀行券の発行			
.06/28	周恩来・ネール「平和五原則」声明			
.08/22	台湾解放共同宣言──→09/ 第1次台湾海峡危機			
.09/15	第1回全国人民代表大会の開催			
.09/20	中華人民共和国憲法の採択			
.09/28	国務院組織法の制定			
.12/02	米華相互防衛条約の調印			
1955.04/	第1回アジア・アフリカ会議──→バンドン十原則の採択			
.07/31	毛沢東「農業合作化問題について」発表──→56年までに高級合作社化が完了			
1956.02/14	フルシチョフのスターリン批判演説			
.06/	百花斉放・百家争鳴運動の展開			
.09/15	第8回中国共産党大会			
1957.06/	反右派闘争の開始			
1958.01/	第2次五ヵ年計画〜62. ──→大躍進運動の展開により中断			
.08/23	中国の金門島砲撃──→第2次台湾海峡危機			
.08/29	人民公社化運動の推進			
1959.03/10	ラサ反乱の勃発──→ダライ゠ラマのインド亡命			
.07/02	廬山会議〜08/16──彭徳懐の大躍進批判／自然災害の頻発〜61.			

付録1

1960.04/20	周恩来・ネール会談
	中・ソのイデオロギー論争起こる
1961.03/	農村人民公社工作条例の採択
1962.10/	中印国境で大規模な軍事衝突が起こる
	「四清」運動の実施～63.
1963.03/05	「雷鋒同志に学ぼう」運動の始動
.09/06	ソ連批判の始まり──→中ソ論争
1964.02/01	「解放軍に学ぼう」運動の始動
.10/	最初の核実験成功
1965.03/	中・ソ両国の党関係の断絶
.09/09	チベット自治区の成立
1966.08/08	文化大革命の開始宣言
1969.03/	珍宝島事件──→周恩来・コスイギン会談
1971.07/	キッシンジャーの秘密訪中
1972.02/	ニクソン訪中
.09	田中角栄の訪中──→日中共同声明
1973.03/	鄧小平の副総理復職
1975.01/	四つの現代化政策の提示
1976.01/08	周恩来の死
.04/05	第1次天安門事件
.07/06	朱徳の死
.09/09	毛沢東の死
1977.07/	鄧小平の再復活
.08/	文革の終結宣言
1978.02/	経済発展10ヵ年計画の発動
.12/	ベトナムのカンボジア侵攻
1979.01/	中国, 台湾同胞に告げる書──→一国二制度・三通四流の提唱
.02/	中越戦争～79.03/
.09/	文革の否定──→劉少奇の名誉回復／毛沢東の誤りを指摘
.10/	魏京生の処分
1980.05/	経済特区の設置
1981.01/	四人組への判決
.03/	郷鎮企業の奨励始まる
.06/	歴史決議
1982.09/	サッチャーの訪中
1983.10/	精神汚染批判運動の開始
1986.09/28	台湾に民主進歩党設立
1987.07/15	蒋経国, 台湾の戒厳令解除
.10/	趙紫陽, 社会主義初級段階論を提起

1965.11/	姚文元の呉晗『海瑞の免官』批判
1966.02/	文革小組の二月要綱発表
.05/07	五・七指示
.05/16	五・一六通知 ── 劉少奇批判
.05/	紅衛兵の登場
1967.02/	上海コミューンの成立──→二月逆流
.07/20	武漢事件
1968.07/	武闘の即時停止の命令
.10/	劉少奇の党籍を剥奪
	鄧小平を処分──→73.まで幽閉
.12/	下放の始まり
1969.04/	林彪の台頭
1969.11/12	劉少奇の死
1970.08/	批陳整風運動で林彪派を圧迫
1971.09/	林彪事件──→批林批孔運動
1974.	四人組の形成
1976.10/06	四人組の逮捕

1988.01/		李登輝総統～2000.05/
1989.04/15		胡耀邦の死
	.05/	ゴルバチョフの訪中──→中ソ関係の回復
	.06/04	第2次天安門事件
	.06/	江沢民の総書記就任
1991.05/		李登輝，内戦の終結を宣言
1992.02/		鄧小平の南巡講話
	.10/	日本の天皇・皇后の訪中
1995.06/		李登輝の訪米
1996.03/		中国，台湾海峡でミサイル演習
1997.02/19		鄧小平の死
	.06/30	英の香港統治終了──→07/01香港復帰
1999.07/		法輪功を非合法化
	.12/	マカオの中国復帰
2000.05/		陳水扁総統となる

2——史料一覧

*ゴチック体の数字はページを示す。

第1章　清朝の崩壊

17　マカートニーの日記　1794年1月7日　マカートニー著、坂野正高訳注『中国訪問使節日記』平凡社　1975年

21　高杉晋作「外情探索録」1860年　いいだもも編『方法の革命　感性の解放』社会評論社　1990年

23　曾国藩「粵匪討伐の檄文」1854年2月　西順蔵編『原典中国近代思想史』第1冊　岩波書店　1976年

25　咸豊・同治年間における湖南省の風習　湖南調査局編『湖南民情風俗報告書』第9章　習染、第1節　撃技　1912年
　　　郷紳の苦悩　葉徳輝『郋園六十自叙』1923年

27　張之洞「勧学篇序」1898年　『張文襄公全集』「勧学篇序」

31　梁啓超「論湖南応弁之事」1897年12月　『湘報』第26、27、28号、1898年4月5、6、7日

35　惲毓鼎「崇陵伝信記」1900年6月16日　小島晋治・並木頼寿編『近代中国研究案内』岩波書店　1993年

37　山口昇「清国情勢及秘密結社」1910年10月20日　日本外務省外交史料館所蔵外交文書、門1・類6・項1・号4-2-1-1『各国内政関係雑纂　支那ノ部　革命党関係別冊　革命党ノ動静探査員派遣』

39　蔵書家の書斎　宇野哲人『改訂　支那文明記』大同館書店　1918年
　　　郭沫若「郭沫若自伝」小野忍・丸山昇訳『郭沫若自伝1　私の幼少年時代他』平凡社　1967年

41　斉白石自述　斉白石自述・張次渓筆録、足立豊訳『斉白石・人と芸術』二玄社　1975年

第2章　中華民国の誕生

53　ハワイ興中会章程　広東省社会科学院等編『孫中山全集』第1巻、中華書局　1981年

57　中華民国臨時約法　中国史学会主編『辛亥革命』第8冊、上海人民出版社　1957年

59　中華革命党成立宣言　中国国民党党史委員会編『国父全集』第1冊、1973年

71　陳独秀「つつしんで青年に告ぐ」『青年雑誌』1巻1号　1915年9月
　　　北京学生界宣言　近代史資料編輯組編『五四愛国運動資料』〔『近代史資料』1959年第1号〕』科学出版社　1959年

73　山東懸案解決ニ関スル条約『法令全書』11-3　大正11年6月
　　　中国共産党第2回全国大会宣言　3中国共産党の任務と当面のたたかい　『馬克思思想著作選編』選編組編『中共党史文献選編――新民主主義革命時期』中共中央党校出版社　1992年

75　中国国民党第1回全国代表大会宣言　『国父全集』第1冊

77　孫文「大アジア主義」『国父全集』第2冊

第3章　南京国民政府の成立と抗日戦争

91　張学良の回憶　張学良「西安事変懺悔録」、中国の会『中国』103、1972年
　　　李立三・都市中心の革命主義　李立三「一省、または数省での政権奪取の勝利の条件をいかに準備するか」1930年4月、国際問題研究所編『中国共産党史資料集』4　1972年

95　「長征」について　毛沢東「日本帝国主義に反対する戦術について」1935年12月27日
　　　持久戦によって弱国中国は強国日本に必ず勝利する　毛沢東「持久戦について」1938年5月

97　軍紀の乱れ、処罰、および慰安施設の設置目的　砲銃隊本部「支那事変ノ経験ヨリ観タル軍紀振作対策」1940年、『従軍慰安婦極秘資料集』緑蔭書房　1992年

99　近衛文麿首相の「東亜新秩序」に関する講演　衆議院調査部『武漢陥落と長期建設に関する論調』1938年11月

107　蒋介石『中国の運命』1943年3月　蒋介石著、波多野乾一訳『中国の運命』日本評論社　1946年

109　長谷川テルの反戦詩・反戦文・反戦放送　高杉一郎『中国の緑の星』朝日新聞社　1980年

113　陳立夫（国民政府元教育部長・中統局長）「日本人への提言」　菊池一隆「陳立夫氏へのインタビュー」1995年3月、『中国研究月報』592　1997年

第4章　人民共和国の成立

131　ヤルタ秘密協定（ソ連の対日参戦に関する協定）1945年2月11日　（財）鹿島平和研究所編『現代国際政治の基本文書』原書房　1987年
毛沢東『連合政府論』1945年4月23日　『解放日報』1945年5月2日

133　政府と中共代表の会談紀要　1945年10月10日　『解放日報』1945年10月12日
毛沢東「時局に関する声明」1949年1月14日　『人民日報』1949年1月15日

135　『中国白書』前文　1949年8月　『人民日報』1949年8月28日

139　『中国人民政治協商会議共同綱領』1949年9月29日　『人民日報』1949年9月30日
中ソ友好同盟相互援助条約　1950年2月14日　『人民日報』1950年2月15日

141　毛沢東「中国人民志願軍編成に関する命令」1950年10月8日　『建国以来重要文献選編』第1冊、中央文献出版社

143　朝鮮問題に関するトルーマン大統領の声明　1950年6月27日　Documents on American Foreign Relations.Vol.XII,1950）
呉耀宗「中国キリスト教の新中国建設における努力の方途」1950年9月23日　『人民日報』1950年9月23日

145　劉少奇「土地改革問題に関する報告」1950年6月14日　『建国以来重要文献選編』第1冊『劉少奇選集』下巻
中華人民共和国反革命処罰条約　1951年2月21日　『人民日報』1951年2月22日

147　中華人民共和国憲法　1954年9月20日　『人民日報』1954年9月21日
中共全国代表会議「高崗・饒漱石の反党同盟に関する決議」1955年3月31日　『新華月報』1955年5月号

149　毛沢東「過渡期における党の総路線」1953年6月　『毛沢東選集』第5巻
毛沢東「農業合作化問題について」1955年7月31日　『建国以来重要文献選編』第7冊

151　米華相互防衛条約　1954年12月2日　『中外條約輯編（民国十六年至四十六年）』
中印両首相の平和五原則声明　1954年6月28日　『人民日報』1954年6月29日

153　章伯鈞の発言　1957年5月21日　『新華半月刊』1957年第12号
儲安平「毛主席と周総理への意見」1957年6月1日　『新華半月刊』1957年第12号
『人民日報』社説「これはどうしたことか」1957年6月8日　『人民日報』1957年6月8日

155　中共中央「農村の人民公社建設についての決議」1958年8月29日　『人民日報』1958年9月10日

157　彭徳懐「毛沢東主席あての意見書」1959年7月14日　『彭徳懐自述』人民出版社　1981年

159　毛沢東「世界共産党、労働者党代表者会議における講話」1957年11月18日　『人民日報』1958年10月27日

第5章　文革から改革開放へ

171　彭徳懐の大躍進批判　「廬山会議における彭徳懐の手紙」1959年7月14日　『中国大躍進政策の展開』下　日本国際問題研究所　1974年

毛沢東の自己批判　「七千人大会における毛沢東の講話」1962年1月30日　『毛沢東思想万歳』下　三一書房　1975年

継続革命論　「中共8期10中全会の公報」1962年9月27日　『現代中国革命重要資料集』第2巻　大東文化大学東洋研究所　1981年

173　文革の理念――五・七指示　毛沢東「林彪同志に宛てた手紙」1966年5月7日　『中国プロレタリア文化大革命資料集成』第3巻　東方書店　1971年

劉少奇批判　中共中央「五・一六通知」1966年5月16日　『中国プロレタリア文化大革命資料集成』第1巻　東方書店　1970年

175　文革の開始宣言　8期11中全会「プロレタリア文化大革命についての決定（16条）」1966年8月8日　『中国プロレタリア文化大革命資料集成』第3巻　東方書店　1971年

毛沢東の紅衛兵礼賛　毛沢東「清華大学附属中学紅衛兵への手紙」1966年8月1日　新島淳良編『毛沢東最高指示』三一書房　1970年

出身血統論　北京家庭問題研究小組「出身主義を論ず」1966年11月　加々美光行訳編『資料　中国文化大革命――出身血統主義をめぐる論争』りくえつ　1980年

177　破壊される寺院　1966年　梁恒、ジュディス・シャピロ著、田畑光永訳『中国の冬　私が生きた文革の日々』サイマル出版会、1984年

下放の指示　毛沢東「『知識青年の上山下郷』に関する指示」1968年12月22日　『中国プロレタリア文化大革命資料集成』別巻（年表）　東方書店　1971年

179　毛沢東暗殺計画　「五七一工程紀要」1971年3月　『現代中国革命重要資料集』第3巻　大東文化大学東洋研究所　1984年

孔子批判　楊栄国「頑迷な奴隷制擁護の思想家－孔子」『批林批孔論文集』外文出版社　1975年

「四つの現代化」政策　「周恩来総理の第4期全人代第1回会議における政府活動報告」1975年1月13日　『現代中国革命重要資料集』第1巻　大東文化大学東洋研究所　1980年

181　天安門詩抄　1976年4月　藤本幸三編訳『中国が四人組を捨てた日――ドキュメント『天安門詩抄』』徳間書店　1979年

183　中ソ武力衝突　『人民日報』『解放軍報』社説「新しいツアーを打倒しよう」1969年3月4日　『北京週報』1969年第10号（3月11日）

米中交渉――キッシンジャーの回想　1971年10月　桃井真監修、斎藤弥三郎他訳『キッシンジャー秘録』第3巻　小学館　1980年

185　民主化の要求　魏京生「民主主義かそれとも新たな独裁か」『探索』号外、1979年3月25日　尾崎庄太郎訳『中国民主活動家の証言』日中出版　1980年

毛沢東の誤り　「建国以来の党の若干の歴史的問題についての決議」　1981年6月27日採択　『中国共産党の歴史についての決議』外文出版社　1981年

187　精神汚染キャンペーン　劉賓雁、鈴木博訳『劉賓雁自伝』みすず書房　1991年

社会主義初級段階論　「趙紫陽総書記代行の中共第13回党大会における報告」　1987年10月25日　中国研究所編『中国年鑑』1988年版　大修館書店

189 天安門落書　1989年5月ごろ　串田久治『天安門落書』講談社現代新書　1990年
ブルジョア自由化反対論　鄧小平「旗幟鮮明にブルジョア自由化に反対せよ」1986年12月30日　矢吹晋編訳『チャイナ・クライシス重要文献』第1巻　蒼蒼社　1989年
動乱の鎮圧　『人民日報』社説「旗幟鮮明に動乱に反対しなければならない」1989年4月26日　『北京週報』1989年第18号（5月2日）

191 汚職と腐敗について　「中国は解散しなければならないか?——方励之を訪ねて」『九十年代』1988年10月
「社会主義市場経済」論　「江沢民総書記の中共第14回党大会における政治報告」1992年10月12日　『人民日報』1992年10月21日

3——図版一覧

第1章　清朝の崩壊

1　清朝の最大版図（熊本崇編『中国史概説』白帝社　1998年）
2　清朝の統治構造（毛里和子『周縁からの中国』東京大学出版会　1998年）
3　承徳にある普陀宗乗の廟の全景（傅清遠編『熱河行宮』中国建設出版社　1989年）
4　イギリスの茶輸入量とアヘン輸出量
5　清朝中国の銀の輸出入量
6　イギリスの高速帆船カテイ・サーク号
7　イギリス軍の進路図（並木頼寿・井上裕正『中華帝国の危機』中央公論社　1997年）
8　中国兵船を攻撃するメネシス号（東洋文庫所蔵）
9　広州市内に今も残るアヘン戦争時の砲台
10　アロー戦争によって破壊された、円明園の廃墟
11　1850年代の上海のバンドの風景（横浜開港資料館『横浜と上海』横浜開港資料普及協会　1995年）
12　日本の幕末の志士に影響を与えた魏源編『海国図志』（同11）
13　太平天国の進軍図（堀川哲男編『中国史－近・現代』同朋舎出版　1995年）
14　湖南省長沙市の城壁の遺構
15　嶽麓書院
16　李鴻章（劉北汜・徐啓憲編『故宮珍蔵人物照片薈萃』紫禁城出版社　1994年）
17　清末の帝系図
18　晩年の西太后慈禧（同16）
19　主要都市開港年表（狭間直樹他『データで見る中国近代史』有斐閣　1996年）
20　日本と中国の近代化事業の比較図（森正夫・加藤祐三『中国』下　朝日新聞社　1992年）
21　イギリスの雑誌に描かれた極東の国際情勢（東田雅博『図像の中の中国と日本』山川出版社　1998年）
22　左宗棠の墓
23　ロンドン大学
24　ロンドンにある清国公使館跡
25　湘江沿岸の碼頭
26　20世紀初頭、列強の利権獲得状況（同7）
27　康有為の故居
28　改革の風潮を伝える日本の新聞（『日本』1898年2月20日）
29　湖南時務学堂の総理と教習たち（同13）
30　譚嗣同の祠
31　譚嗣同の訣別書（『東京朝日新聞』1898年10月16日）
32　イギリスの雑誌に描かれた、中国の排外宣伝の図（同21）
33　紅灯照（同13）
34　紫禁城・午門外におけるアメリカ兵（同16）
35　菜市口の刑場に連行される義和団員（同16）
36　清末における学堂の設立状況（阿部洋『中国の近代教育と明治日本』福村出版　1990年）
37　日本における主要な中国人留学生教育機関（同36）
38　水害による被災民（同16）
39　ロンドンの孫文の寓居
40　『新民叢報』創刊号（同11）
41　康有為の須磨の寓居
42　揚州・痩西湖畔の居室（『中国清朝の書』芸術新聞社　1992年）
43　呉昌碩の桃花図
44　楊守敬の書「鷗雨荘」（同42）
45　秘密結社の歴史的推移（渡辺惇「清代秘密結社と民衆」　九州大学文学部東洋史学研究室編『元明清期における国家"支配"と民衆像の再検討』1984年、一部改訂）

第2章　中華民国の誕生

1. 梁啓超（『梁啓超伝』北京出版社　1980年）
2. 黄興（『紀念辛亥革命七十周年』中国出版社　1981年）
3. 章炳麟（同2）
4. 孫文（同2）
5. 武昌蜂起以後の各省独立の経過（姫田光義他『中国近現代史』上巻　東京大学出版会　1982年）
6. 武昌の革命軍砲兵隊（『共和国的追求与挫折』文物出版社　1991年）
7. 孫文の臨時大総統就任宣誓書（同2）
8. 臨時参議院議事堂（同6）
9. 袁世凱（『袁世凱与北洋軍閥』上海人民出版社　1984年）
10. 宋教仁（同2）
11. 張謇（同6）
12. 蔡鍔（同2）
13. 討袁敢死先鋒隊（同2）
14. 二十一ヶ条要求に対する袁世凱の批准書（同2）
15. 北洋軍閥統治下の飢餓難民（同9）
16. 西原借款（狭間直樹『五四運動研究序説』同朋舎出版　1982年）
17. 張作霖（同9）
18. 段祺瑞（同9）
19. 北洋軍閥の抗争
20. 上海における民族産業の発展（同5）
21. 仙台市米ケ袋の魯迅旧居
22. 曹錕（同9）
23. 北洋軍閥の混戦
24. 黄埔軍官学校開校式での孫文と蒋介石（同2）
25. 北伐と各地の軍閥（野澤豊他『中国現代史』山川出版社　1984年）

第3章　南京国民政府の成立と抗日戦争

1. 張作霖爆殺事件（『日本侵華図片史料集』新華出版社　1984年）
2. 張学良（『西安事変与第二次国共合作』長城出版社　1986年）
3. 毛沢東（ロイス・ホイラー・スノー編、高橋正訳『抗日解放の中国』サイマル出版会　1986年）
4. 宣統帝溥儀（同3）
5. 蒋介石（同2）
6. 日本軍に捕獲、殺害された抗日救国軍の人員（同1）
7. 「長征」の経路（同3参照）
8. 日本兵による試し斬り（『汪精衛与汪偽政府』上、商務印書館　1994年）
9. 日本軍による中国人の生き埋め（同8）
10. 日本軍による重慶無差別爆撃統計（西南師範大学歴史系、重慶檔案館編『重慶大轟炸1938-1943』1992年）
11. 各銀行分支行処の設立統計（飯田藤次『重慶インフレーションの研究』1943年）
12. 工場内地移転の省別統計（陳真、姚落等編『中国近代工業史資料』Ⅰ　1957年）
13. 中国工業合作運動の経済防衛線の構想（菊池一隆「湖南・広西両省の中国工業合作運動」大阪教育大学『歴史研究』34、1997年）
14. 工業合作社のマーク
15. 工業合作指導者レウィ＝アレーの青少年技術訓練（アレー氏からの提供）
16. 中国の大学などの疎開（北山康夫「中国の大学と日中戦争」大阪教育大学『歴史研究』24、1986年）
17. 西南連合大学の旧教室
18. 東条英機と汪兆銘（『汪精衛与汪偽政府』下、商務印書館　1994年）
19. 重慶
20. 国民政府財政中の軍事費の割合（呉岡編『旧中国通貨膨張史料』1958年）
21. 抗戦支援の華僑所在地（『中国抗日戦争史地図集』中国地図出版社　1995年）
22. 平頂山殉難同胞遺骨館
23. 同上内部
24. 南京大屠殺遇難同胞記念館の入り口
25. 日本占領期死難人民記念碑
26. 撫順戦犯管理所

27　同上内部
28　大陸打通作戦の日本軍進撃図（石島紀之『中国抗日戦争史』青木書店　1984年）
29　太平洋戦争におけるアジアの死者数（歴史学研究会編『歴史家はなぜ"侵略"にこだわるのか』青木書店　1982年、朝鮮に関しては金一勉「荒船暴言は未見の『震災大屠殺』を呼んでいる」『現代の眼』1972年4月号から作成）

第4章　人民共和国の成立

1　蔣介石とマーシャル特使、スチュアート大使
2　重慶会談での蔣介石と毛沢東
3　中共軍と国府軍の勢力比較（中国人民革命軍事博物館編集『中国人民革命戦争地図選』1927-1949　地図出版社　1981年）
4　人民解放軍と国府軍の兵員数の変化（同3資料にもとづき作成）
5　瀋陽解放を祝うパレード（矢吹晋『毛沢東と周恩来』講談社現代新書　1991年）
6　人民解放軍の進軍経路（同3）
7　天安門楼上で建国を宣言する毛沢東（『近代化への道程』講談社　1989年）
8　ラサに進駐する人民解放軍（同7）
9　アチソン国務長官の示した米国国防ライン（油井大二郎・古田元夫『第二次世界大戦から米ソ対立へ』世界歴史28　中央公論社　1988年）
10　朝鮮戦争経路図（同9）
11　鴨緑江を渡る中国人民志願軍（同7）
12　抗米援朝のための漫画（方威・鍾霊合作「照様的陰謀」『人民日報』1950年11月4日）
13　土地改革運動で地主を批判する農民（同7）
14　中華人民共和国の最高機関（宇野重昭・小林弘二・矢吹晋『現代中国の歴史　一九四九～一九八五』有斐閣　1986年）
15　中華人民共和国行政区域系統（小島麗逸編『中国経済統計・経済法解説』アジア経済研究所　1989年）
16　資本主義工業の社会主義的改造（国家統計局編『偉大的十年　中華人民共和国経済文化和建設成就的統計』北京出版社　1959年）
17　農業集団化の進展（同16）
18　台湾海峡
19　バンドン会議で演説する周恩来（『中国近百年歴史図集』香港七十年代雑誌社　1976年）
20　天安門広場のプランを検討する中国指導者たち（村松伸・淺川敏『図説北京』河出書房新社　1999年）
21　土法高炉（『中国の世紀』大月書店　1998年）
22　人民公社を視察する毛沢東（『文化大革命博物館』上　東方出版社　1995年）
23　大食堂（同7）
24　水利建設にかり出される農民（同21）
25　インドへ亡命するダライラマ（ジョン・F・アベドン、三浦順子他訳『雪の国からの亡命』地湧社　1991年）
26　国境線をめぐる中印両国の主張の違い（同19より作成）
27　フルシチョフと毛沢東（同19）
28　中国の民族自治地方（中華人民共和国民政部編『中華人民共和国行政区画簡冊　1999年版』中国地図出版社より作成）

第5章　文革から改革開放へ

1　七千人大会で自己批判をする毛沢東（『文化大革命博物館』上　東方出版社　1995年）
2　七千人大会で演説する劉少奇と陳雲（同1）
3　文革期に批判される彭徳懐（『文化大革命博物館』下　東方出版社　1995年）
4　社会主義教育運動における「説理闘争大会」（同1）
5　1965年11月10日、上海『文匯報』に発表された姚元文の論文（同1）
6　紅衛兵の腕章をつけてもらう毛沢東（同1）
7　中央政治局常務委員の変化
8　天安門広場の紅衛兵（同1）
9　下放青年数と都市へ出戻った数（小島麗逸『現代中国の経済』岩波新書　1977年）
10　焼却される仏像（同1）

11	紅衛兵の街頭宣伝（同1）		中国農業出版社　1997年）
12	林彪（同1）	27	劉賓雁（同25）
13	中央政治局構成員の変化	28	郷鎮企業税金総額の推移（『中国郷鎮企業年鑑』）
14	周恩来（同3）	29	趙紫陽（同25）
15	毛沢東の追悼大会（同3）	30	工業生産に占める公企業と民間企業のシェア（Taiwan Statistical Data Book）
16	四人組（同1・3）		
17	天安門広場で演説する市民（同3）	31	中国沿海部の対外経済開放地域（藤本昭編『中国の企業改革』日中経済協会　1989年）
18	周恩来を悼み人民英雄記念碑に献花する市民（同3）		
		32	胡燿邦（同25）
19	中ソ間国境紛争地点略図（毛里和子『中国とソ連』岩波新書　1985年）	33	李鵬（同25）
		34	炎上する装甲車（『激動の中国・人民解放軍』新人物往来社　1989年）
20	珍宝島地区の中ソ境界線（同19）		
21	珍宝島地区での武力衝突（同19）	35	投石で抵抗する学生たち（同34）
22	ニクソン訪中（同3）	36	方励之（同25）
23	日中国交正常化（同3）	37	李怡（同25）
24	天安門上の華国鋒と葉剣英（同3）	38	江沢民（同25）
25	魏京生（三菱総合研究所編『チャイナ・クライシス』蒼蒼社　1989年）	39	大量消費時代の推移（同9）
		40	鄧麗君
26	主要農作物の生産動向（『中国農業発展報告1997』	41	鄧小平（同3）

4──索 引

あ行

愛琿条約　14, 28
アイゼンハワー　142
『阿Q正伝』　68
アジア・アフリカ会議　129, 150
アチソン　140
アヘン　56
アヘン戦争　14, 15, 18, 22, 44, 50, 160
アマースト　16
アロー号　20
アロー戦争　14, 15, 20, 160
安徽派　51, 64, 66, 70, 74
安直戦争　51, 70, 74
案内攘外政策　86, 94
安福国会　66
安奉鉄道　54
郁達夫　68
石井-ランシング協定　66
韋昌輝　22
李承晩　140
一二・九運動　86, 98
一国二制度　190
イリ事件　28
イリ条約　15
ウイグル族　16
ウィルソン　161
ウォード　24
梅津-何応欽協定　86, 96
F=グッドナウ　60
袁世凱　34, 36, 50, 51, 56, 58, 60, 62, 64, 160
援段政策　64, 66
王洪文　174, 178, 184
汪兆銘　78, 87, 108, 121
汪東興　184
翁同龢　40, 47
王夫之　38, 47
王力　174
王倫の反乱　16
大隈内閣　62

か行

改革開放　168
戒厳令　161
『海国図志』　20
華夷思想　18, 28, 45
外省人　130
『海瑞の免官』　172
華夷秩序　161
会党　52
開平鉱務局　26
解放軍　170
開灤炭鉱　76
カイロ会談　128
科挙　22, 36, 52
華僑　52, 54, 62, 80
華僑連合会　62
郭沫若　68, 142
華興会　52
華国鋒　169, 180, 184, 192
合作事業　94
過渡期の総路線　148
カラハン宣言　70
賀龍　136
哥老会（哥弟会）　16, 24, 48
勧世良言　22
関東軍　86, 88, 92
広東軍政府　64
広東国民政府　78
広東省農民協会　76
カントン体制　14, 18
皖南事変　87, 106
咸豊帝　26
漢冶萍煤鉄公司　62
魏京生　184
魏源　20, 38
琦善　18
キッシンジャー　161, 182
金日成　140
九カ国条約　51, 72
救国団　66
教案　34
共産党→中国共産党
龔自珍　38
郷紳　24, 54, 82
恭親王奕訢　20, 26
『狂人日記』　68
共同綱領　128, 136
郷勇　22, 34
許崇智　64
義和拳　34
義和団　34
義和団運動　34
義和団戦争　36
欽定憲法大綱　52
金門島　150, 158, 165, 190
金陵機器局　26
遇羅克　174, 200
軍閥　58
京漢鉄道　76
経済調整政策　170
経済特区　186
京師同文館　26
経世致用　38
継続革命論　168, 169, 170, 184
ケネディ　158
乾嘉の学　38
阮元　40
厳復　38, 40, 60
五・一六通知　168, 172
紅衛兵　163, 168, 174, 176
工業合作運動　87, 104, 118
洪憲　60
洪憲六君子　60
黄興　50, 52, 58
高崗　136
高崗・饒漱石事件　129, 146
江湖会　48
膠済鉄道　72
『孔子改制考』　32
公車上書　32
広州国民政府　76
洪秀全　14, 22
膠州湾　72
黄遵憲　30
行商　14, 18, 20
考証学　38, 47
光緒新政　15, 36
光緒帝　30, 32
洪仁玕　22
甲申の政変　30
江青　172, 174, 178, 180, 184
江浙戦争　74
抗戦建国綱領　87, 102
抗租　54
向ソ一辺倒　129
黄宗羲　24, 38, 47
抗租抗糧　16
江沢民　169, 188
興中会　50, 52
郷鎮企業　169, 186
江南機器製造総局　26
抗日運動　166
抗日戦争　128, 129, 166
抗日七君子　86
抗日七君子事件　98
抗日民族統一戦線　87, 100
光復会　52
抗米援朝運動　129, 142
黄埔軍官学校　74, 160
黄埔条約　20
洪門籌餉局　54
康有為　32, 38, 40, 42, 47, 52
抗糧　54
『紅楼夢』　40
顧炎武　24, 38, 47
ゴードン　24
五ヵ年計画　129, 146
呉晗　172
胡漢民　78
黒旗軍　28
国内革命戦争　78
国防新技術協定　182
国民革命→中国国民革命
国民革命軍　51, 78
国民参政会　102
国民政府　128, 130, 134, 161
国民党→中国国民党
国民党一党独裁　87, 112
国民党左派　78, 85
国務院　56, 146
国連代表権問題　129
護国軍　60
五・三〇運動　76
五・四運動　51, 68, 70, 74, 76, 83, 84, 188
五・四指示　132, 134
五・七指示　172

互助組　148
コスイギン　182
五星紅旗　136
国共合作　51, 74, 78, 87, 100, 160, 166
国共内戦　132
胡適　68
呉佩孚　66, 70, 76
五反　170
胡風　129, 148
護法運動　64
護法国会　51
コミンテルン　70, 74, 160, 162
米騒動　66, 84
虎門寨追加条約　20
胡耀邦　163, 169, 184, 188, 190
ゴルバチョフ　190

さ行

蔡鍔　50, 60
蔡元培　68
冊封体制　18
左宗棠　26
三・一独立運動　66
三・一八事件　78
三角貿易　14, 18
三合会　16, 22, 48
三光作戦　112
三国干渉　30
三自一包　170
38度線　142
参政院　58, 60
三大政策　74
三反五反　142, 144
三反五反運動　128
三民主義　50, 51, 52, 58, 74
三面紅旗　156
諮議局　36, 52
四旧　174
四清　170, 172
資政院　36, 52
『資政新篇』　22
四大民主　184
実権派　172, 176
シベリア干渉戦争　66, 72
シベリア出兵　66
下関条約　15, 30, 160
社会主義教育運動　152, 170, 172
社会主義市場経済　169
社会主義市場経済論　188
社会主義初級段階論　186
謝富治　174
上海機器織布局　26
上海工商学連合会　76
上海コミューン　174
上海事変　86, 87, 92, 100
上海総工会　78
朱一貴の乱　16
周恩来　129, 130, 136, 138, 140, 142, 144, 146, 150, 156, 160, 168, 170, 178, 180, 182
周学熙　60
宗教結社　16, 24, 43

秋瑾　52
十七条協定　138
主権回収運動　72
朱徳　136, 176, 180
ジュネーブ会議　129
春秋公羊学　32, 38, 47
醇親王奕譞　30
常安軍　24
聶栄臻　136, 160, 176
蔣介石　51, 74, 78, 86, 87, 98, 108, 128, 130, 134, 136, 160, 161
帖学　40, 47
蔣経国　161, 190
湘軍　24
聶元梓　172
省港スト　76
常勝軍　24
常捷軍　24
饒漱石　146
小刀会　48
章伯鈞　152, 200
章炳麟　52
初級合作社　148
徐向前　176
徐世昌　51, 66
ジョン＝ヘイ宣言　30
四聯総処　87, 104
辛亥革命　50, 54, 81, 82, 83, 160, 161
『新学偽経考』　32
進化論　46
新疆省　15, 28, 30, 161
新軍　50, 54
壬午の軍乱　30
新生活運動　86, 94
『新青年』　68
辛丑条約（北京議定書）　36
清仏戦争　15, 28
新文化運動　38, 51, 68, 83
人民共和国　166
人民公社　129, 154, 169, 186
新民主主義　128, 134, 136, 166
人民政治協商会議　128, 136
『新民叢報』　40, 52
綏遠事変　86, 98
水滸伝批判　180
垂簾聴政　26, 30
スターリン　129, 130, 138, 142, 150, 152, 165
スターリン批判　129, 150, 158
西安事件　87, 98
生産建設兵団　163
生産大隊　186
政治協商会議　128, 132, 162
清水教　16
盛世滋生人丁　48
西太后　26, 30, 32, 34
西南軍閥　51, 64
西南連合大学　87, 106
『青年雑誌』　68
整風運動　152
政務院　146
石達開　22
全国各界救国連合会　86, 98

全国人民代表大会　144
全国鉄路総工会　76
宣統帝→溥儀
宋教仁　50, 52, 58
宋慶齢　136
曾国藩　14, 15, 24, 26, 38
曹錕　72
双十協定　128, 130
曹汝霖　51, 70
曹雪芹　40
宗族　15, 48
造反有理　174
槍米　54
総理各国事務衙門　15, 20, 36, 28
租界　42
租借地　72
楚勇　24
孫文　50, 51, 52, 54, 56, 58, 64, 74, 76, 78, 160
孫文-ヨッフェ共同宣言　74

た行

大漢族主義　163
大韓民国　140
大元帥府　78
第三革命　60
第三勢力　86, 87, 94, 106, 112
大刀会　34
『大同書』　32
第二革命　50, 58, 60
第二次世界大戦　165
太平天国　14, 15, 22, 43, 46
大躍進　129, 154, 156, 168, 170
大陸打通作戦　87, 116
台湾海峡　150, 158
台湾省　15, 30
田中角栄　182
ダライラマ　129, 156, 163
段祺瑞　51, 64, 66
譚嗣同　32, 38
譚震林　174
団練　24
芝罘協定　28
治外法権　20
チベット工作会議　163
チベット自治区　163
地方民族主義　152, 163
チャーチル　130, 132
籌安会　60
中越戦争　182
中央政治局　146
中央文化革命小組　172
中華革命党　50, 58, 74
中華思想　18
中華人民共和国　128, 136, 138, 142, 161, 162, 165
中華人民共和国憲法　129, 144
中華全国総工会　76
中華民国　50, 51, 54, 56, 60, 80, 81, 84, 85, 160, 161
中華民国僑商統一連合会　54
中華民国軍政府　51

中華民国臨時約法　56
中華連邦　162
中国共産党　51, 70, 76, 84, 128, 132, 146, 160, 162, 164, 165, 166
中国国民革命　74, 76, 80, 81, 85
中国国民党　50, 51, 58, 64, 74, 76, 78, 80, 81, 84, 85, 128, 132, 134, 136, 160, 161, 162, 164, 166
中国人民解放軍　128, 160
中国人民志願軍　142
中国同盟会　36, 40, 50, 52
『中国の運命』　112
『中国白書』　136
中国民主同盟　132
中山艦事件　78
中ソ対立　182
中ソ友好同盟条約　130, 165
中ソ友好同盟相互援助条約　138
中ソ論争　182
中体西用　28, 46
中東鉄道　66
儲安平　152, 200
張学良　87, 98
張勲　51, 64
張謇　52, 60
朝貢体制　14, 18, 28, 44, 45
朝貢貿易　16, 18
張作霖　51, 58, 66, 70, 74, 76
張之洞　36
張春橋　172, 174, 178, 184
趙紫陽　169, 184, 186, 188
長征　86, 96
朝鮮戦争　129, 140, 142, 144, 150, 165
朝鮮併合　161
朝鮮民主主義人民共和国　140
直隷派　51, 64, 66, 70, 72, 74
陳雲　170, 176, 186
陳毅　136, 176
陳儀　130
陳炯明　58, 64, 78
陳水扁　161, 190
陳天華　52
陳独秀　51, 68, 70
陳伯達　172, 176
青幇　16, 48
珍宝島事件　182
丁銀　48
天京　22
程潜　136
寺内正毅　64, 66
天安門事件　169, 180, 188
天安門事件（第2次）　188
『天演論』　40
天津条約　15, 20, 28, 30
天津水師学堂　26
纏足　56
天地会　16, 43, 48
天朝田畝制度　22
天理教の反乱　16
土肥原-秦徳純協定　86, 96
唐暁文　178
唐継堯　51, 58, 60, 64
道光帝　18

党国体制　81
鄧子恢　148, 176
鄧小平　136, 150, 152, 168, 169, 170, 176, 178, 180, 184, 186, 188, 192, 202
陶成章　52
東太后　26
鄧択　172
同治中興　15, 26
同治帝　26, 30
東北義勇軍　86, 96
土地改革　128, 148, 164
土地革命　144
土法高炉　129, 154
鳥籠経済論　186
トルーマン　140, 142
東学　30

な行

内戦　164
七千人会議　170
南京国民政府　78
南京条約　14, 18, 20
南京大虐殺　100, 127
南京臨時政府　160
南巡講話　188, 193
『南北書派論』　40
二月逆流　174, 176
二月要綱　172
ニクソン　182
二・七事件　76
西原亀三　64
西原借款　51, 64
二十一カ条要求　50, 60, 62, 72
日米修好通商条約　42
日中友好協会　138
日露戦争　54
日華共同防敵軍事協定　66
日華平和条約　138
日清修好条規　30
日清戦争　15, 30, 32, 46, 160
日中共同声明　182
日中軍事協定　84
日朝修好条規（江華島条約）　30
二・二八事件　134
『日本国志』　30
ネール　150, 156
ネルチンスク条約　14
農業合作化　129
農業集団化　148

は行

拝上帝会　22
白崇禧　136
白話　68
客家　22
八旗　16
反右派闘争　129, 152, 166, 198
反革命　142
万宝山事件　86, 92
罷課　70
碑学　40, 47

東インド会社　14, 16
東トルキスタン共和国　162
罷工　70, 84
罷市　70
批陳整風運動　176
秘密結社　15, 16, 22, 24, 43, 48
百団大戦　87, 108
百日維新　15
白蓮教　16, 43
百花斉放・百家争鳴　129, 152
批林批孔運動　168, 178
ビルマルート　87, 104
馮玉祥　74, 76, 78
馮国璋　51, 64
封じ込め政策　129
武漢国民政府　78
武漢事件　174
溥儀　51, 56, 64, 160
復辟　51, 64
武昌起義　160
武昌蜂起　54
扶清滅洋　34
武装糾察隊　78
フランス領インドシナ連邦　28
フルシチョフ　129, 150, 158
ブルハン　138
プロレタリア文化大革命→文化大革命
文化革命五人小組　172
文化大革命　168, 172, 174, 176, 178, 198
米華相互防衛条約　150, 158
平均地権　52
幣制改革　86, 94
平和五原則　129, 150, 156, 201
北京条約　15, 20, 20, 28, 34
ベルサイユ講和会議　70
ベルサイユ条約　51
辮髪　56, 64
変法運動　30
変法の詔　52
変法論　24, 32, 42, 52
ボイコット運動　54, 62, 68, 72, 76, 80
望廈条約　20
澎湖島　160
彭真　172
奉直戦争　51, 74, 76
奉天派　51, 66, 70, 74
彭徳懐　129, 136, 142, 154, 156, 168, 170
彭湃　76
方励之　188
北伐　51, 76, 78, 86, 88, 161
『北碑南帖論』　40
北洋軍　51
北洋軍閥　50, 64, 74, 76, 160
保皇会　52, 58
保国会　32
戊戌政変　32
戊戌変法　15, 32, 43
保定軍官学校　160
保路運動　54
本省人　130
紅幇　16, 48

ま行

マーガリー事件 28
マーシャル 132, 134
マーリン 70, 74, 160
マカートニー 16
馬祖島 150, 158
マッカーサー 142
マルクス・レーニン主義 162
万元戸 169, 186
満洲国 86, 92
満洲事変 86, 92, 128, 161
満洲某重大事件 88
苗族 16
民権主義 52, 74
民主集中制 163
民主諸党派 152
民主進歩党 161
民主同盟 128, 152
民主連合政府 134, 136
民生主義 52, 74
民族区域自治法 163
民族自決 161
民族主義 52, 74
『民報』 40, 52
霧社事件 161
明治維新 43
蒙疆自治政権 162
蒙蔵委員会 161
毛沢東 70, 74, 129, 130, 134, 136, 138, 144, 146, 148, 150, 152, 154, 158, 168, 169, 170, 172, 174, 180, 184, 192, 198, 199

や行

約法 58
ヤルタ会談 128
ヤルタ協定 165
ヤルタ秘密協定 130
熊希齢 60
楊栄国 178
葉剣英 174, 160, 176, 184, 190
楊虎城 87, 98
楊秀清 22
揚州八怪 40
楊度 60
楊文会 38
姚文元 172, 174, 178, 180, 184
洋務運動 15, 26, 46
洋務論 24, 26
四つの基本原則 169, 184
四つの現代化 178
四人組 168, 169, 178, 184
予備立憲の詔 36
四・一二クーデタ 78
四大家族 134

ら行

雷鋒 170
羅教 16, 48
ラサ反乱 156
羅思鼎 178
羅隆基 152
李維漢 148, 163
李一哲 200
六部 36
陸平 172
利権回収運動 51
李鴻章 14, 15, 24, 26, 30, 32, 36, 52
李秀成 22
李先念 176, 186
李宗仁 136
李大釗 51, 68, 70, 74
立憲運動 52
リットン調査団 86, 92
李登輝 161, 190
李富春 176
李鵬 169, 188
劉師培 60
劉少奇 78, 136, 144, 146, 150, 154, 168, 170, 174, 176, 184
劉伯承 136
廖蓋隆 200
梁啓超 32, 40, 52, 60
梁効 178
梁漱溟 38
廖仲愷 78
遼東半島 72
廖沫沙 172
旅大回収運動 72
李烈鈞 50, 58
臨時約法 50, 51
輪船招商局 26
林爽文の反乱 16
林則徐 14, 18
林彪 136, 156, 168, 174, 176, 178
林彪事件 178
黎元洪 51, 54, 64
歴史決議 184, 193, 198
『連合政府論』 130
ローズベルト 130
盧溝橋事件 87, 100, 125, 128, 161
廬山会議 129, 154, 156, 170
ロシア革命 66, 70, 72
魯迅 68

わ行

淮勇 24
和珅 16
ワシントン会議 51, 72
和平改革 163